어린이와 죽음
On Children and Death

옮긴이 **오혜련**

연세대학교 영어영문학과를 졸업하였고, 동대학원에서 사회복지학으로
석사학위를 받은 후 2014년부터 각당복지재단 상임이사로 근무하고 있다.
번역서로『어린이와 죽음』(엘리자베스 퀴블러 로스 지음)과 편저서로
1세대 여성운동가 김현자의 삶과 사랑을 담은『사랑한 시간을 찾아서』가 있다.

On Children and Death
by Elisabeth Kübler-Ross, M.D.

Copyright © 1983 by Elisabeth Kübler-Ross Family LP
All rights reserved. No part of this book may be reproduced or transmitted in any form or by any means, electronic or
mechanical, including photocopying, recording or by any information storage or retrieval system, without permission
in writing from The Barbara Hogenson Agency, Inc., 165 West End Avenue, Suite 19-C, New York, NY 10023 U.S.A.

This Korean edition was published by Overflowing Joy(OFJ) in 2019 by arrangement with the Elisabeth Kübler-Ross
Family Limited Partnership c/o The Barbara Hogenson Agency, Inc. through KCC(Korea Copyright Center Inc.), Seoul.

이 책은 (주)한국저작권센터(KCC)를 통한 저작권자와의 독점계약으로 샘솟는기쁨에서 출간되었습니다.
저작권법에 의해 한국내에서 보호를 받는 저작물이므로 무단전재와 복제를 금합니다.

어린이와 죽음

ON CHILDREN AND DEATH
by Elisabeth Kübler-Ross

엘리자베스 퀴블러 로스 / 오혜련 옮김

샘솟는
기쁨

To Kenneth, Manny, and Barbara,
who taught me how to be a mom.

엄마가 되는 법을 알게 해준 케네트, 매니, 바바라에게 이 책을 바칩니다.

*

사랑과 고통, 희망과 절망을 숨김없이 이야기해주신
어린이들과 부모님들에게 이 책을 바칩니다.
아이가 불치의 병에 걸렸거나 자살했을 때,
또한 살해당한 자녀의 시신을 발견했을 때의 감정을 그대로 털어놓은
엄마, 아빠, 할아버지, 할머니, 형제자매들에게 마음속 깊이 감사드립니다.
이들이 경험한 어려움과 고통은 다르지만,
자녀의 죽음이라는 공통된 슬픔을 겪었습니다.
마침내 슬픔에서 벗어났을 때 그들은 연민과 이해가 깊어졌고
더욱 사랑할 수 있는 능력을 갖게 되었습니다.
이 책을 읽는 독자 여러분이
더욱 충만하고 감사한 삶을 살아갈 수 있기를 희망합니다.

＊

인간은 우리가 '우주'라고 부르는 전체의 일부분이며,
시간적 공간적으로 제한된 존재이다.
인간은 자기 생각과 느낌을 주위와 분리된 것이라고 여기는데,
이는 의식이 빚어낸 일종의 착시현상이다.
이러한 착각은 우리를 개인적인 욕망 안에 가두고,
가까운 몇 사람만 사랑하도록 만드는 감옥과 같다.
우리는 살아있는 생물과 아름다운 자연 전체를 포용하기까지
사랑의 폭을 확대함으로써 이 감옥에서
우리 스스로 해방시킬 수 있게 노력하지 않으면 안 된다.

알버트 아인슈타인(Albert Einstein)

＊

차례

CONTENTS

감사의 말

Acknowledgments

과중한 업무에도 불구하고 원고를 위해 많은 시간을 내준 톰, 새벽까지 마지막 퇴고를 위해 애쓴 매리 로우와 알렉산드라에게 감사합니다. 또한 서평을 써 준 도나, 한결같이 도운 샬롯, 그리고 무조건적인 사랑과 지지를 해준 타라, 아이라, 스티븐에게도 감사합니다. 마지막으로 삶의 경험을 통해 이해심과 사랑을 자라게 해준 가족과 두 아이에게 감사하는 마음을 전합니다.

엘리자베스 퀴블러 로스

지난 날을 회상하며

지난 일주일 동안 뉴욕에서 85명이 참가한 워크숍을 진행하고 나서 지금은 집안 거실에 앉아 있다. 참가자 중에 불치병을 앓고 있거나 비참하고 무의미한 생을 비관하거나 자살을 생각하는 사람도 많았다. 자녀나 배우자를 잃은 사람도 있었다. 더 배우기 위해서, 더욱 충만한 삶을 살기 위해 또는 그저 도움이 필요한 사람을 더 잘 돕고자 '재충전하러' 온 사람도 있었다.

나는 타자기 앞에 앉아 커다란 유리창 밖을 바라본다. 파랑새, 휘파람새, 현관 앞을 가로질러 뛰노는 아기 토끼, 집안을 들여다보는 도마뱀이 보인다. 그러다가 문득 야채밭 뒤켠 나무 위로 높이 날아오르는 독수리를 본다. 여기가 바로 낙원이 아닐까. 나무와 꽃, 그 뒤편에 펼쳐진 언덕과 산등성이, 푸른 하늘, 휴식을 취하기에 적당한 이 평화와 고요.

시공 너머에 죽은 가족의 무덤을 만들며 주변을 배회하는 인디언 원주민이 보이고, 바람을 타고 그들의 기도와 아이의 죽음을 슬퍼하는 울음소리가 들리는 것 같다. 또 오래된 영화 장면처럼 개척자들이 온다. 젊은 이들은 골드러시의 '위대한 서부의 꿈'을 품고 있다. 그들은 농사지을 자투리땅과 가족을 부양할 돈 벌 곳을 찾아 나서야 한다. 서부 개척의 길로 향하는 마차들, 허리가 굽고 더위에 지친 여자들, 냄비에 먹을 것을 끓이는 사람, 폭풍우 속에서 몸을 피하려는 사람들의 모습. 여자는 임신했으며 여행을 두려워하고 있다. 갓 태어난 아기의 울음소리가 들리고 자랑스레 첫아이의 얼굴을 바라보는 아빠의 얼굴에 맺힌 땀이 보인다. 서부로 향한 길 어딘가엔 무덤을 파는 사람들, 살아남기 위해서 고군분투하는 젊은 부부도 보인다.

인간사는 수천 년 동안 그다지 변하지 않았다. 언제나 투쟁하고, 희망을 가지고, 기다리고, 꿈을 꾸고, 성취하고, 실패하고, 또다시 시작해야 한다.

그때 마침 배달원이 물건을 전하려고 집에 들렀다. 그는 내가 쓰고 있던 글을 흘끗 보더니 의아하다는 듯이 묻는다.

"임종과 죽음에 대해 어떻게 일곱 권이나 쓸 수 있지요?"

그리고는 대답을 기다리지도 않고는 나가 버린다.

이것 참 이상한 질문이 아닌가? 임신, 출산, 가정 분만, 사산, 제왕절개, 임산부의 영양, 신생아의 모유영양과 인공영양, 임신과 관련하여 생각할 수 있는 갖가지 문제, 태아의 성장, 그리고 한 인간으로서 이 세상에 모습을 드러내는 분만에 이르기까지 얼마나 많은 책을 썼는가? 또한 수많은 도서관마다 이 같은 의학서적이 얼마나 많이 채워져 있는가?

인간은 태내부터 처한 상황이 각각 다르다. 다른 환경에서 수태되고 어머니의 뱃속에서도 다른 삶을 경험한다. 사랑을 받기도 하고, 미움을 받으며, 임신중절이나 다른 외상의 위험을 받기도 한다. 어떤 아기는 엄마 뱃속에서 기도소리를 들으며, 사랑스러운 어루만짐과 가볍게 다독이며 태아의 움직임에 귀 기울이는 사랑 속에서 자라기도 하지만, 어떤 아기는 태어나기도 전에 저주를 받기도 한다.

아기는 이 세상에서 우리와 함께 살아갈 사람이다. 사람은 서로 다른 삶을 살고, 다른 경험을 하며, 다양한 만남을 경험하는 동안 어울려 사는 법을 배운다. 인생의 만남은 내일의 씨앗을 심는 것이기도 하다.

삶이 우리 각자에게 수만 가지 가능성을 주고 있다는 사실을 생각한 적이 있는가? 죽음도 마찬가지이다. 죽음은 생의 완성이자 졸업이며, 또 다른 출발을 하기 전의 작별 인사이고, 새로운 시작을 하기 전의 종결이다. 죽음은 위대한 변화이다.

이 변화는 모든 시대와 문화, 시간과 장소를 초월해서 이루어진다. 그것을 보고 연구하고 배우고 이해하는 것은 생명의 탄생만큼 기적적인 일이다. 그보다 더 위대하다고 할 수 있다. 바로 인간의 본성, 생존과 투쟁, 그리고 궁극적으로 인간의 영적진화에 대한 이해로 이끄는 관문이기 때문이다. 죽음에 대한 배움은 우리가 '왜?' '어디서?' 왔으며 '고통과 아름다움을 수반하는 삶의 궁극적인 목적은 무엇인가?' 하는 문제에 대해 유일한 해답의 실마리를 준다.

그렇다. 나는 일곱 권이나 책을 썼다. 그러나 죽음에 직면한 인간을 연구하면 할수록 삶과 그 궁극적인 신비에 대해 더 많은 것을 배운다. 그것은 어쩌면 과거의 사상가들의 생각인지도 모른다. 그들은 그 생각을 그림, 시, 조각, 글 등으로 표현했다. 우리가 아무렇게나 '죽음'이라고 부르는 일상의 동반자에 대한 두려움이나 신비함, 난해함을 표현하기 위해 할 수 있는 모든 방법을 동원했다.

죽음을 두려워하고 대항하기보다 죽음을 알려고 하는 사람은 인생의 스승이 될 수 있다. 어른보다 죽음을 더 많이 아는 어린이도 있다. 어른은 어린이의 말을 가볍게 넘기거나, 아이는 죽음을 이해하지 못한다고 치부하거나, 또 아이의 생각이라면서 무시한다. 그러나 수십 년 후에 그들 자신이 '최후의 적'과 마주할 때 비로소 이 가르침을 기억한다. 어린아이야말로 훌륭한 스승이고 자신은 풋내기 학생이었다는 것을 깨닫게 될 것이다.

그동안 '어린이와 죽음'에 대해 책을 써 달라는 요청을 여러 차례 받았다. 대부분 내 책은 어른에 관해서 썼기 때문이다. 그래서 이 책은 이렇게 질문한다.

- 아이가 불치병에 걸렸을 때 어른과 어떻게 다른가?
- 연령에 따라 죽음의 개념은 어떻게 다르며, 그들이 끝내지 못한 생의 본질은 무엇인가?
- 이별의 기간에 어떻게 부모, 조부모, 형제자매를 잘 도울 수 있나?
- 고통스러운 이별인 아동 자살률의 증가를 어떻게 줄일 수 있나?

이 책이 제공하는 자료는 죽어가는 청소년과 아동과의 상담활동 결과이며 극심한 고통을 경험한 부모의 폭넓은 경험과 지식에서 나온 것이다. 그들 중에 자녀를 하나 혹은 둘, 심지어 셋을 잃은 엄마와 아빠도 있다. 집을 나간 후 살해된 아이의 가족도 있다. 가족은 그 어린 생명을 보호할 수 없었고 작별 인사조차 하지 못한 채 아이를 떠나보낸 것이다.

이 기회에 나에게 지식을 제공한 모든 사람들에게 감사드린다. 그들은 토론과 메일을 주고받으며 슬픔과 고통, 성장, 그 속에서 우러나오는 지혜와 지식을 기꺼이 나누었다.

나는 죽어가는 아이의 내적인 지식을 독자와 함께 나누고 싶다. 그리하여 함께 성장하며 귀 기울여야 할 내적 음성의 중요성을 깨닫기를 바란다. 인간의 직관과 정신, 즉 내면의 음성은 깨달음과 평안을 주고 사랑과 이해에서 멀어지지 않으며, 온전히 삶의 폭풍우를 헤쳐 나갈 방향을 제시한다고 확신한다.

또한 나머지 자녀에게 죽음의 고통을 차단시키려 하거나 숨기려고 하기보다 그들이 할 수 있는 만큼 환자인 형제자매를 돌보는 일에 동참하게 해야 한다는 것을 잊지 말아야 한다. 내가 가장 좋아하는 말 중 하나이다.

깊은 계곡에 폭풍우가 몰아치지 못하게 했다면,
그 아름다운 절경은 볼 수 없으리.

아이들에게서 배운 것을 함께 나눌 수 있게 해준 분들께 감사한다.

엘리자베스 퀴블러 로스

자식을 잃은 부모에게 보내는 편지

친애하는 여러분, 아이의 죽음을 눈앞에 둔 당신에게 이 편지를 보냅니다. 우리는 수많은 부모님과 함께 이 힘든 길을 걸었습니다. 이 책은 그들의 생각과 교훈을 담았습니다.

아이가 차츰 쇠잔해지고 죽음에 가까워지면 '어쩌면' 아이에게 죽을지 모른다고 알려야 하는지 궁금할 것입니다. 나는 기적을 여러 차례 목격해서 '어쩌면'이라는 말을 쓰게 됩니다.

어린아이는 자기 질병의 결과를 직감적으로 알고 있습니다. 죽음이 가깝다는 사실을 지적 차원이 아니라 영적인 차원에서 알아차리고 있기에 간혹 '엄마, 나 죽어?' 하고 묻습니다. 엄마가 그 사실을 얘기하거나 생각조차 하기 힘들다는 것을 느끼면, 성숙한 아이는 시(詩)로 표현하거나 일기장에 자신의 죽음을 쓸 것입니다.

또 가족이 아니더라도 상징적으로 표현해도 이해할 만한 친구나 특정인에게 비밀을 털어놓습니다. 같은 병실 친구나 병원 놀이방에서 만난 친구에게도 이 사실을 공유합니다. 그런 식으로 얼마나 자주 자신의 비밀을 나누는지 어른은 미처 알아차리지 못합니다.

어른이든 어린이든 우리는 모두 신뢰할 사람이 필요합니다. 어린이는 어른과 달리 의외의 사람을 선택하기도 합니다. 가령 간호보조사거나 환경미화원 아주머니, 때로는 휠체어를 탄 또래 장애우일 수도 있습니다. 그들은 단순하지만 어른이 놀랄 만큼 깊이 대화를 나눕니다. 어린 나이에 삶의 폭풍우를 헤쳐 나가야 하는 아이들은 또래 아이가 미처 깨닫지 못한 것을 알고 있습니다. 우리의 창조주는 아픈 아이의 육체적인 어려움을 대신해서 강한 내적 지혜와 직관력으로 보상합니다.

아이는 부모의 고통과 걱정, 염려, 잠 못 이루는 밤을 알고 있기에 이를 숨기려 할 필요가 없습니다. 거짓 미소를 지으며 즐거운 듯 아이 방에 들어갈 필요도 없고, 방금 양파를 썰어서 눈물이 났다는 거짓말도 하지 마십시오. 몇 번이나 양파를 썰었다고 하겠습니까? 슬프고, 더 이상 아무것도 할 수 없어서 무력하다고 하십시오. 아이는 가느다란 팔로 당신을 안아줄 것입니다. 오히려 당신을 위로할 수 있어서 좋다고 말할 것입니다. 아이에게는 자신이 걱정의 근원이라는 죄책감과 두려움을 갖게 하는 것보다 슬픔을 함께 나누는 것이 훨씬 좋습니다.

형제자매에게 알리고 참여시켜야 할까요? 그렇습니다. 불치병인 아이의 형제자매는 어떤 식이든 돌봄에 참여해야 합니다. 환자가 집에 있다면 형제자매에게 돌보는 일을 정해 주십시오. 방과 후에 매번 들를 때마다 환자가 좋아하던 강아지를 데려가도 좋고, 몸이 쇠약해서 놀지도 못하고 움직이기도 어려운 아이가 6살 정도라면 실뜨기 놀이를 좋아할 것입니다. 그밖에 어린 환자가 좋아하던 노래를 틀어주거나, 먹을 수 있다면 하루 한 끼를 먹여주어도 좋습니다.

형제자매가 웃고 장난치면서 친구를 집으로 데리고 온다거나, TV를 보고, 춤추러 가고, 공놀이 하는 것에 대해 죄책감을 느껴서는 안 됩니다. 마찬가지로 엄마가 미용실에 가거나 부모가 때때로 볼링을 하는 등 이전에 즐기던 활동을 억제할 필요도 없습니다.

불치병인 아이와 가족에게 가장 나쁜 것은 아이가 살아있는데 집안을 영안실처럼 만드는 행위입니다. 웃음과 재미, 서로 나누는 사랑과 소소한 즐거움이 지속되어야 하루하루 어려움을 견딜 수 있습니다. 어린 환자를 지나치게 보호하며, 아이의 변덕이나 욕구를 무조건 충족시켜주면서 살얼음판을 걷듯이 살아간다면 가족 모두에게 비참한 결과를 가져옵니다.

밥이 암 진단을 받고 나서 부모는 억눌린 죄책감과 회한으로 아이의 요구를 모두 들어주었습니다. 최고급 장난감이 마구 늘어나자, 부모님을 시험하던 밥은 모든 것을 얻을 수 있다고 믿어 버렸습니다. 아이는 더 이상 놀이를 하지 않으면서 다양한 요구를 하기 시작했습니다. 사랑 '대신에' 물질을 얻을 수 있다는 것을 알았습니다. 그것이 아이가 부모에게 주는 벌이었을까요? 아이 인생에서 가장 필요한 무조건적인 사랑을 선물로 받지 못한 데 대한 반항이었을까요?

형 빌리는 동생 밥이 그야말로 무엇이든지 갖게 되는 것을 보면서 놀라다가 분노와 질투를 더해 갔습니다. 밥에게 유명한 권투선수가 편지를 쓰고, 사인한 농구공과 야구공을 보냈습니다. 디즈니랜드와 바하마로 여행을 가기도 했습니다. 음악회를 보러 테네시로 가고, 콜로라도 산맥으로 날아갔습니다.

빌리는 동생을 미워했고, 밥이 했던 것처럼 부모를 시험하려고 했습니다. 처음에는 사소한 물건을 요구하고 그 다음에 더 큰 것을 요구했지만 결과는 같았습니다. 부모님은 매번 화를 내면서 '안 돼!'라고 했습니다. 왜 동생은 되고 나는 안 되냐고 하면 같은 말이 되돌아왔습니다.

"그럼, 네가 대신 암에 걸릴 테냐?"

그럴 리 없습니다. 빌리는 암에 걸리고 싶지 않습니다. 골수에 바늘을 꽂는 것도, 머리카락이 빠지는 것도 싫습니다. 하지만 그것이 무슨 상관이지요?

빌리는 일주일에 한 번 일부러 다쳤습니다. 그러나 아무도 관심을 갖지 않았습니다. 부모는 오직 아픈 동생만 관심을 가졌습니다. 엄마에게 점심에 먹을 샌드위치를 만들어 달라고 해도 '바쁜 게 안 보이니? 네가 만들어라'라고 나무랐습니다. 빌리는 잠자리에서 오줌을 싸고 체벌로 엉덩이를 맞기도 했습니다. 동생이 죽기 몇 달 전에 학교 선생님은 빌리가 휠체어 탄 장애우를 몹시 거칠게 대하는 것을 보았습니다. 하지만 학생기록부의 기록 외에 아무도 이런 빌리를 알아채지 못하였습니다.

그 집에 다녀오던 날, 빌리는 나를 차까지 바래다주었습니다. 차문을 열면서 빌리에게 잠시 내 옆에 앉으라고 했고, 어떻게 지내냐고 물었습니다. 그애는 놀라는 듯했습니다.

"저요?"

"그래, 너 말이야. 그 병은 환자도 힘들지만 형제자매가 훨씬 더 힘든 법이거든."

그애는 슬프게 나를 바라보다가 대답했습니다.

"내가 천식에 걸렸거든요? 하지만 그 정도로는 부족한 것 같아요."

당신에게도 가족에게도 잘 해야 한다는 것을 기억해야 합니다. 모두

공평하게 대하려고 노력하고, 어린 환자만 지나치게 떠받들지 말아야 합니다. 그러면 환자도 죄의식을 가지면서 자신의 가치를 부정적으로 느낍니다.

'예전에 안 된다고 했는데, 왜 내가 암에 걸리니까 다 가능하지?'

불치병은 치료비가 많이 들어서 최상의 보험으로도 충당할 수 없기도 합니다. 다양한 방법으로 도움을 주는 재단도 있지만, 아이의 죽음 이후 십만 불, 이십만 불의 치료비를 감당하는 가족을 종종 봅니다.

저녁 식탁에서 치료비 부담 문제를 가족과 함께 의논하는 것도 의미가 있습니다. 이 문제를 형제자매가 함께 배려하고 자발적으로 참여하면서 가족의 행복을 위해 부담감이나 죄의식 없이 자신만의 즐거움을 포기할 줄 알아야 합니다. 자긍심과 자존감을 얻게 될 것입니다.

어린 형제자매가 산소 공급이나 가래 빼주는 방법을 배워 환자를 돌보는 데 도움을 준다면 자부심도 갖게 됩니다. 그런 경우 돌보는 아이가 일상생활을 자신 쪽으로 돌리고 싶은 마음에 환자가 죽기를 바라지 않습니다. 설령 홧김에 그런 말을 하더라도 야단쳐서는 안 됩니다. 그 아이의 말은 너무 늦기 전에 도움을 청하는 울음소리이기도 합니다. 가족이나 가까운 친구가 아이 스스로 느끼는 무가치함과 무시당함을 이해해야 하고, 시간을 내어 그 불만을 해소시켜주어야 합니다.

가족이 함께, 또는 친한 친구와 함께 쇼핑이나 낚시, 놀이, 공놀이를 하면서 시간을 보내는 것이 좋습니다. 단지 즐거움이 아니라 '암에 걸리지 않았지만' 누군가가 자신을 돌봐준다는 느낌을 갖게 될 것입니다.

불치병을 앓는 아이를 가족이 함께 돌보는 가정은 어떤 연령의 형제자매이든 환자의 비참한 마지막 모습에 충격을 받거나 정신을 잃지는 않습니다. 때로는 복수가 차고 손과 팔에 푸른 반점이 생겨도 두렵지 않습니다. 아픈 아이를 다른 눈으로 바라보며 다른 차원에서 소통합니다. 오히려 그렇게 아픈 환자를 매일 돌보지 않은 경우라면 충격을 받을 것입니다. 그런 방문객은 병실에 들어가기 전에 사전 지식을 습득해야 합니다.

어린 환자가 숨을 거두는 순간, 생의 큰 변화를 맞이하는 이 아이와 가족들만의 시간을 갖는 것이 중요합니다. 형제자매가 어리더라도 마지막까지 함께하는 것이 좋습니다. (강요하는 것은 아닙니다) 다른 방문객이 오기 전에 가족끼리 아이가 가장 좋아하는 노래를 부르거나 함께 기도하고, 그저 아이 가까이에 둥글게 손을 잡고 마음을 모아도 좋습니다.

아이를 안으며 마지막 작별 인사를 나누고, 원하면 손수 아이를 씻기고 옷을 입혀 안치소 등 정해진 곳으로 옮깁니다.

대개 아이가 죽은 후 '비극을 떠올리지 않는' 다른 동네로, 또는 비참한 사고의 장소에서 멀리 떨어진 곳으로 이사합니다. 이는 바람직한 선택이 아니며 많은 가정이 이러한 충동적인 이사를 후회합니다. 고통은 피하기보다 직면하고 인정해야 극복할 수 있습니다. 미래에 닥칠 삶의 폭풍우도 피하려 하기보다 직면할 때 더 잘 살아갑니다.

살던 집에 그대로 사는 것이 나머지 형제자매를 위해서 좋습니다. 이미 일상생활이 심하게 흔들렸기 때문입니다. 불치병인 아이의 형제자매는 마지막 몇 주간 혹은 몇 달간 그들 자신이 장애물같이 느낍니다. 자신을 지탱하게 하는 사람이 학교 친구이거나 선생님 또는 상담교사, 아니면 이웃집 또래일 수 있습니다. 가장 불안정하고 슬픈 시기에 또 다시 뿌리를 흔드는 것은 아주 부정적인 영향을 미칩니다.

아직도 조문과 장례식에 어린이를 참여하게 할지 어떨지 모르는 가족이 많습니다. 당연히 참여해야 합니다. 죽은 아이가 바로 형제자매 아닙니까? '떠나보냄'이라는 종결과 시작의 과정이자 다시 안 올 마지막 작별 의식인데 왜 형제자매를 제외합니까?

장례식은 우리 삶에서 소중한 사람의 죽음을 공적으로 인정하는 시간입니다. 이 사실을 수용하는 의식이며, 이후에도 서서히 이별하면서 찾아가는 마지막 장소입니다. 조문과 장례식에서 슬픔의 과정은 소중합니다. 여기에서 제외된다면 가족이 아니라고 느낄 수 있습니다.

죽은 아이와 해결하지 못한 일이 있는 형제자매는 장례식에 참여하기를 거부하기도 합니다. 이는 어떤 문제를 해결하지 못했음을 의미하므로 주목해야 합니다. 그 아이를 장례식에 억지로 참여하게 해서는 안 되고, 가족 식사를 하듯이 자연스럽게 받아들이도록 해야 합니다. 계속 거부한다면 대개 공포, 죄책감, 두려움 또는 죽은 아이나 가족에 대한 불만이 원인일 수 있습니다. 장례 후 문제가 무엇이든 비난하기보다 사랑하는 마음으로 대화해야 또 다른 문제를 미연에 방지할 수 있습니다.

부모가 형제자매에게 죽은 아이의 관을 열어 보여주기를 주저하는 경우, 조문객들이 오기 전에 부모 없이 아이들만 관으로 데려 가기도 합니다. 부모의 승락을 받아 시신을 보여주고 질문이 있다면 묻게 하고 시신을 만지고 싶어하면 자연스럽게 허용합니다. 많은 형제자매들이 편지와 사랑의 쪽지, 장난감 등을 관 속 베개 밑에 넣어줍니다.

이는 감동적인 순간입니다. 마지막 순간에 형제자매 사이에 나누는 사랑과 애정입니다. 가정의 종교와 배치되지 않는다면 누이나 동생에게 어떤 말이든 건네고 계속 추모의 장소에 찾아가도 된다고 말해야 합니다. 그럴 때 아이들은 안심하고 성숙해지고, 또한 살아가면서 죽음에 부딪칠 때 수용하는 준비를 잘 할 수 있습니다.

장례식 후 며칠간은 바쁘게 지나갑니다. 정리할 것도 많고 친지가 방문하는 바람에 쉴 새 없이 출입문이 여닫히고, 답장할 일도 많습니다. 좋은 일입니다. 슬플 때 바쁘면 기분이 전환되고 때때로 웃을 수 있습니다.

고독이 찾아오고 깊은 슬픔이 시작되는 시기는 요리를 돕던 이웃의 발길이 멈추고, 친구와 친척이 떠난 후입니다. 이때 마음을 잘 가다듬어야 합니다. 슬픔이 영원하리라 혹은 얼마 지나지 않아 끝날 것이라고 기대하지 마십시오. 아무 생각도 하지 마십시오. 하루하루 최선을 다해 지내십시오. 울고 싶으면 울고, 분노가 치밀면 베개를 때리십시오. 살아온 대로 요리를 하고 정원을 가꾸면서, 아이들이나 반려동물을 돌보는 등 정성을 기울이십시오. 처음에는 기계적이겠지만 그래도 괜찮습니다. 당연히 슬프지요. 슬픔은 한동안 모든 것을 어둡게 보이게 할 것입니다.

아이의 침실을 유물을 모신 사당처럼 만들지 마십시오. 그렇다고 해서 사진이나 유품을 치우려고도 하지 마십시오. 장난감이나 자전거, 옷 등을 어떻게 해야 할지 모르면 그냥 놔두십시오. 서두를 필요가 없습니다. 시간이란 사람이 만들어 낸 것입니다. 실제로 존재하지 않습니다. 일상생활과 배우자, 그리고 당신의 고통뿐만 아니라 손자의 죽음을 슬퍼하는 조부모님에게 관심을 가지십시오. 아이들과 함께 시간을 보내십시오. 그렇게 해야 살아있는 것에 관심을 가지고 돌이킬 수 없는 현실을 잠시라도 멈출 수 있습니다.

얼마동안 이러한 생각을 하게 될 것입니다.

"내가 이 상황을 어떻게 좀 바꿀 수 없었을까? 무언가 놓친 것이 있지는 않나? 이상징후를 좀 더 일찍 발견하고 진찰을 더 받게 했더라면?"

어떤 부모는 오랫동안 이런 생각에 사로잡혀 있을 것입니다. 죄의식과 두려움은 가장 큰 적입니다. 그러한 생각을 이해할 수 있지만 설령 부모가 의학박사라고 해도 그들이 자기 아이의 의사가 될 수 없다는 것을 기억해야 합니다. 부모는 객관적인 의학전문가가 되기에는 아이와 너무 가깝습니다. 이 세상의 모든 죄의식은 영혼에 도움이 되지 않으며 무엇보다 죽은 당신의 아이에게 좋지 않음을 기억하십시오. 죄의식은 당신을 감정적으로 병들게 하고, 지속되면 신체적으로도 병들게 합니다.

변화시킬 수 없는 것들을 서서히 받아들이십시오. 그리고 남아 있는 아이들과 현실을 차지하고 있는 사람들에게 관심을 가지세요. 외로울 때는 이웃의 수많은 사람을 생각하세요. 그들과 시간과 사랑을 나누면 자기 연민의 수렁에 빠지지 않는데 도움이 될 것입니다.

그들 중 하나에 관심을 가지기로 마음을 먹는다면 말 그대로 생명을 구할 수 있는 학대 받는 아이들이나 십대 청소년들을 위한 단체가 얼마든지 있습니다. 그곳 아이들의 자살률은 놀라울 정도로 높습니다. 당신에게 사랑이 필요하다면 오히려 베풀어 보세요. 그러면 수백 배로 되돌아올 것입니다. 때로는 죽은 아이에게 이야기하는 것도 도움이 될 것입니다. 아이에게 당신이 어떻게 지내는지 말해주고 삶의 폭풍우를 잘 헤쳐 나아가고 있다는 것을 보여주십시오. 아이의 죽음이 때로는 무조건적

인 사랑을 가르쳐줄 수도 있으며 무조건적인 사랑은 아무런 요구도 기대

도 육체적 실존조차도 필요치 않기 때문입니다.

사랑으로 축원하며,

엘리자베스 퀴블러 로스

삶의 시작

*

그러자 아기를 품에 안고 있던 여인이 말했다

저희에게 아이에 대해 말씀해 주소서

그는 말했다

그대의 아이라고 해서 그대의 아이는 아닌 것

아이란 스스로 갈망하는 삶의 딸이며 아들인 것

그대를 거쳐 왔을 뿐 그대에게서 온 것이 아니다

그러므로 비록 지금 그대와 함께 있을지라도 아이란 그대의 소유는 아닌 것을

그대는 아이에게 사랑을 줄 순 있으나 그대의 생각까지 줄 순 없다

왜? 아이는 그들 자신의 생각을 가졌으므로

그대들은 아이들에게 육신의 집은 줄 수 있으나 영혼의 집마저 줄 순 없다

왜? 아이들의 영혼은 내일의 집에 살고 있으므로

결코 찾아갈 수도 없고, 꿈속에서도 가 볼 수 없는 내일의 집에

그대의 아이처럼 되려고 애쓰되 아이를 그대처럼 만들려 애쓰진 말라

왜? 삶이란 결코 뒤로 되돌아가진 않으며, 어제에 머물지는 않는 것이므로

그대는 활, 그 활에서 그대의 아이는 살아있는 화살처럼 앞으로 쏘아져 나간다

그리하여 사수이신 하나님은 무한의 길 위에 한 표적을 겨누고

그분의 온 힘으로 활인 그대를 휘게 하는 것이다

화살인 아이가 보다 빨리, 보다 멀리 날아가도록

그대의 사수이신 하나님의 손 안에서 휘어지는 것을 기뻐하라

왜? 그분은 날아가는 화살을 사랑하시는 만큼 또한 흔들리지 않는 활도 사랑하시므로.

_ 칼릴 지브란의 『예언자』, 아이들에 대하여

*

　모든 어린이가 새 생명의 기적, 새 생명 창조의 기적을 기뻐하고 흥분하는 분위기 가운데 태어나는 것은 아니다. 이 글을 쓰는 동안에도 천오백만의 어린 생명이 기아에 허덕이고 있다. 그들은 우리가 마음의 부담을 느끼지 않아도 될 정도로 멀리 떨어진 대륙에만 있는 것도 아니다.

　절망적인 어린이와 굶주리고 가난한 어린이는 전세계, 모든 대륙, 모든 나라, 모든 도시에 살고 있다. 임신중절로 수많은 아기가 태어나지 못했지만, 그것으로 문제가 해결되는 것은 아니다. 삶에 대한 우리의 태도가 변하고, '삶의 질'에 대해 새롭고 엄중한 결단을 하며, 많은 사람들이 말로만 하던 것을 실제로 행동하고, 삶과 사랑의 개념을 새롭게 하기 전에는 우리 사회의 문제는 해결되지 않는다.

　세계 어떤 지역의 어린이는 자연적 삶의 일부이다. (나는 지구상의 수많은 곳을 여행하며 거기서 일해 왔다.) 그곳은 아이가 태어나면 가족과 부족이 공동으로 돌보고 먹이고 키운다. 그림이나 공예를 가르치며, 육체적 정서적 영적으로 생존하는 방법을 가르치는 사람이 어린이 곁에 있다. 어

린이를 자산으로 여기는데, 훗날 식량과 노인을 돌보는 등 모든 필요를 채워주기 때문이다.

이러한 관점에서 어린이는 '모든 이해관계는 상호적이다'라는 보편적인 가치를 보여준다. 가족이나 종족은 어린이가 많을수록 노년의 삶을 더 보장받을 수 있다. 어른의 다음세대인 어린이는 수확과 교역, 마을의 보존과 주민의 생존을 맡게 될 것이다.

현대사회는 지난 반세기 동안 엄청난 변화를 겪었다. 현대적 교통수단이 발달하고 생활철학에서 물질주의가 팽배하고, 기술과 과학이 과거의 정신적인 가치관을 대신하면서 인간의 생활이 변화하였으며, 특히 자녀양육에 큰 영향을 미쳤다.

당신은 여러 세대가 한 집에서 살던 때를 기억하는가? 성직자나 랍비, 의사, 선생님, 잡화점 주인에 이르기까지 마을 사람의 성품과 이름을 알고 지내던 때를 기억하는가? 어린이는 소속감을 가졌고, 마을 전체가 아기의 탄생을 기다리던 때를 기억하는가? 또한 어르신들은 아기의 첫 외출복을 뜨개질하거나 바느질해서 만들었고, 이웃이 기꺼이 출산을 돕고 새 아기를 반기던 때를 기억하는가?

1980년대 미국은 대부분 이웃이 아기를 낳았는지, 또는 며칠간 어디에 다녀왔는지 잘 알지 못한다. 하지만 어쩌다가 유산을 하거나 사산을 했다는 소식을 들은 적은 있다. 산모를 보살펴주려고 고모, 이모, 할머니께서 함께하던 시절과 비교하면 지금은 얼마나 다른지, 그러면 형과 누나는 새로 태어난 아기의 작은 발가락, 손가락을 신기하게 바라보았고, 아기의 탄생 신호인 첫 울음소리를 들을 수 있었으며, 처음 아기가 엄마의 젖을 빠는 것을 바라볼 수 있었다. 이러한 광경은 어린아이의 가슴속에 영원히 잊혀지지 않을 것이다. 이는 나눔과 배움, 성장, 그리고 경외의 순간이기도 하다.

요즘 부부는 흔히 직업의 안정을 찾고 나서 아이를 낳으려고 한다. 어린 자녀에게 매이기 전에 집이나 아파트를 사기 위해 저축을 우선으로 생각하고, 자유롭게 여행하면서 문화 활동을 즐기기를 원한다. 또한 아이들이 생기기 전에 자신만의 인생을 즐기고 자유를 경험하고자 한다.

그들은 이 도시에서 저 도시로, 이 직업에서 저 직업으로 옮겨 다닌다. 계획에 없던 아기가 태어났을 때 부부에게는 아무런 가족의 지원도 없다. 아기의 옷을 뜨개질해서 만들어 줄 할머니도 없고 집안일을 돌볼 부모도 없다. 낯익은 산파도 친절히 돌볼 따뜻한 이웃도 없다. 오늘날 아이의 출산은 대개 고용된 간병인, 낯선 의사, 큰 병원, 아무나 당직의사에 의한 분만과 때로는 병원의 편의에 의한 유도분만 등으로 이루어진다.

몇 년 전 미국 중상류층 병원의 분만실에 근무할 때, 거의 3/4의 아기들이 유도분만이나 겸자분만에 의해서 출생되는 것을 보았다. 이는 단순히 진행을 빠르게 하고, 느리지만 의식 있는 자연분만을 기다리느라 시간을 낭비하지 않기 위해서였다. (시간은 돈이니까!) 건강한 분홍빛 피부의 아기는 거의 없었고 대체로 푸르스름했다. 산모들은 자신이 방금 참여했던 기적을 의식하지도 못할 정도로 대부분 진정제를 투여받았다. 대개 몇 시간이 지난 후에야 졸린 모습으로 자기가 낳은 아이가 아들인지 딸인지를 내게 물어보았다.

그러는 동안 아빠는 직장으로 돌아가 자랑스럽게 동료들과 담배를 나눠 피운다. 아기는 가래를 빼고 씻기고 기저귀를 채워, 따뜻하고 안락한 사람의 피부 접촉이 전혀 없는 새로운 환경에 적응하도록 놓여진다. 짐승의 새끼는 처음 며칠간은 어미 곁에 밀착하여 삶을 시작하지만, 사람의 아기는 그렇지가 않다. 적어도 현대식 병원, 시간이 돈이고 효율성이 어떤 가치보다 존중되는 '진보된' 기술혁신적인 성급한 우리 사회에서는 말이다.

미국 사람은 대개 고도로 비인격적인 환경에서 그의 삶을 시작한다. 산모는 방에서 마취제와 유도분만에서 회복하고 있고, 한편 아기는 돌보는 사람들의 손에서 첫 호흡을 하고 소독된 영아실로 보내진다. 아버지는 몇 시간 동안 사무실 밖에서 시간을 보내고 다시 직장으로 돌아간다. 할아버지와 할머니는 전화로 기쁜 소식을 전해들을 뿐이다. 형이나 누나는 엄마가 새 가족을 데리고 어서 집으로 돌아오기를 기다린다.

기존의 가족인 어린이들은 기적에 참여하지 않았기 때문에 이 시기를 긴장과 일시적인 버림받음, 생활방식의 방해물로서 인식한다. 따라서 그들은 새 아기를 이러한 모든 불유쾌한 변화의 원인으로 보게 된다.

모든 일이 잘 되어간다면, 산모와 아기가 건강하다면, 또한 시야를 흐리게 하는 복잡한 일들이 없다면, 생활은 이전의 방식대로 곧 재개될 것이다. 그러나 아기나 엄마에게 무슨 일이 있다면 가족들은 어떻게 될 것인가? 부모나 형제자매들은 이러한 일에 어떻게 대비를 하는가?

로라의 상실과 고독
로라는 첫아이를 임신하였다. 남편 빌리는 이 소식을 듣고 별로 좋아하지 않았다. 감사와 사랑의 흥분된 포옹 대신에 충격을 받은 듯 반응했다. 그는 직장에서 진급하기를 원한다고 말했고, 계속해서 여행하며 세상 구경하기를 원했다. 임신이 확실하냐고, 그저 생리가 늦는 것이 아니냐고 되물었으며, 방금 뉴욕에서 서부 해안으로 이사해서 기후 변화 탓인지도 모른다고 하였다.

로라는 우울해졌다. 새로 이사 온 동네에는 친구도 없고 우울한 편지로 가족에게 부담을 주고 싶지는 않았다. 임신 7개월이 되자, 직장을 그만두면서 조그만 아파트에서 책을 읽거나 사색하며 혼자 지냈다. 고립감을 느끼며 우울하고 외로웠다. 남편과의 관계도 급격히 달라진 것 같았다.

빌리는 아내와 외식도 자주하며 예의 바르고 세심한 훌륭한 가장이었다. 그러나 무언가가 빠져 있었다. 그녀는 몸속에서 움직이는 아기에 대한 감동을 남편과 함께 나누기를 간절히 원했지만 빌리는 그녀의 배 위에 손조차 대지 않으려 했다. 쑥스러워 그런 것이 아니라, 마치 이 침입자가 사라져서 자신의 생활을 누군가와 나누지 않기를 바라는 것만 같았다. 로라는 자신의 배 위에 손을 얹고 부드러운 움직임을 느끼면서 볼 위로 눈물이 흐르는 것을 알 수 있었다. 이사 온 후 말할 상대라고는 이웃에 혼자 사는 할머니와 이따금씩 동부의 가족이 보내는 편지를 배달하는 집배원 두 사람이 전부였다.

로라는 시간이 흐르면서 아기에 대한 기대가 점점 커졌다. 의사가 아기의 성별 테스트를 하겠냐고 했지만, 미리 알고 싶지 않았다. 출산할 때 명료한 의식을 갖고 싶었고, 출산과 육아에 관한 온갖 책을 모두 읽으며 준비했다. 곧 출산할 날이 다가올 것이고, 그러면 더 이상 이 사방의 벽에 갇혀 혼자 있지 않아도 될 것이다. 아기침대는 무지개 빛깔로 장식했고, 곰 인형과 아기 옷을 사려고 장난감가게를 돌아보기 시작하였다. 아직 먼 출산일을 고대하면서 뜨개질도 배웠다.

출산예정일을 며칠 앞둔 어느 날 몸이 아파 왔다. 의사는 아마 바이러스 때문일 거라 하면서 휴식을 취하라고 했다. 지난 몇 달 동안 별다른 일을 하지 않고 지냈기 때문에 이 조언이 좀 이상하다고 느꼈다. 규칙적인 운동과 걷기 외에 로라는 항상 집에만 있었다. 절대 과로를 피하였고 여러 가지 우수한 건강식도 골고루 섭취하였으며, 실제로 그것을 즐기고 있었다. 담배도 피지 않았고 술도 입에 대지 않았다. 체중이 지나치게 늘지도 않았고 혈압도 안정적이며 대체로 건강상태는 아주 좋았다. 그러므로 분명히 걱정할 만한 조짐은 전혀 없었다.

그러다가 문득 뱃속이 너무나 잠잠하다는 생각이 들었을 즈음, 뜨개질로 담요를 막 완성했다. 이런 지가 얼마나 되었지? 최근에 아무 움직임도 없다는 사실을 모르고 있었나? 지난 번 검진 때 의사가 무언가 말하지 않았던가? 그녀는 두려움을 쫓아 버리려고 애썼다. 텔레비전도 보고 책도 읽어 보려 하다가 남편에게 전화를 걸었다. 하지만 마음속에 있는 것을 말로 할 수는 없었다.

이틀 동안 로라의 마음은 시커먼 먹구름이 가득한 것 같았다. 2년이 지나도 그녀는 제정신으로 돌아오지 못했다. 그날 완성했던 담요는 펴보지도 않은 채 장 속에 그대로 있고 기분전환을 위해 샀던 장난감도 상자 째 장 안에 들어 있다.

로라가 기억하는 것이라고는 남편에게 자신의 두려움을 말할 수 없었다는 것, 의사가 진찰을 하더니 검진을 해야 하니 며칠 동안 입원하라고 했던 것, 그리고 아무런 의논도 없이 퇴원하라 하고는 그녀의 애절한 모습을 애써 피하면서 '예기치 않은 일'이 없으면 몇 주 후에 다시 오라고 했다는 말뿐이었다.

예기치 않은 일도 일어나지 않았지만, 기대했던 일 역시 일어나지 않았다. 그녀의 아기는 다시는 움직이지 않았다. 몇 주 후에 분만을 유도했지만 죽은 아기가 나오지 않자 해체해서 끄집어낼 수밖에 없었다. 로라는 이것에 대해 간호사가 하던 말을 희미하게 들은 기억이 있다. 혼자 방에 있으면서 밤에 간호사들끼리 해체된 아기에 대해 얘기하는 것을 들었던 것이다. 소리라도 지르고 싶었지만 그럴 수 없었다. 병원에서는 진정제를 먹였고 그때 이후 그녀는 온전한 자신을 느껴보지 못했다.

병원에서 멀리 들리는 안내방송을 들은 것도 기억한다.

"엄마들은 아기 맞이할 준비를 하세요."

그러면 주위 모든 방의 엄마들이 아기에게 수유할 준비를 한다. 창밖을 내다보면 행복 덩어리를 팔에 안고 휠체어를 탄 젊은 엄마와 집으로 데려가려고 차문을 열어주는 희색만면한 젊은 아빠가 보였다. 이것이 그녀가 생각할 수 있는 전부이다. 시간은 흘러가는데, 그녀는 산 것도 아니고 죽은 것도 아니다.

남편은 여전히 같은 회사에 근무하고 있으며, 승진을 위해 애쓰고, 곧 다른 주로 이사할 것이다. 로라는 할 게 아무것도 없다. 때때로 고향집에서 보낸 편지를 받고 진정제의 도움으로 밤을 지낸다. 빌리는 여전히 그녀를 가끔 데리고 나가 저녁을 사주고, 그녀는 집안 청소도 하고 가구에

먼지도 털고 TV도 본다. 그러나 남편은 그 일에 대해 얘기하고 싶어하지 않는다.

로라는 사산한 후 담당의사를 만난 적이 없었다. 다른 사람이 분비물 검사와 후속조치를 해주었다. 큰 병원에서는 있을 수 있는 상례라고 하였다. 출산에 대해 남편이 얘기한 것이라곤 오로지 청구서에 적힌 액수뿐이었다. 우수한 보험에 가입하지 않았더라면 심장마비라도 일으켰을 거라며 '내가 이 직장을 선택한 덕분에 혜택을 받으니 기쁘지 않소?'라고 했다.

로라 같은 경우는 드물지 않게 본다. 수많은 사람들이 위기의 순간에 실제적인 도움을 받지 못한다. 함께 이야기하며 고통과 좌절, 분노와 괴로움을 나눌 수 있는 사람이 주변에 없다. 마음의 고통을 덜기 위해 사람의 돌봄 대신 진정제에 의존하면서 산 것도 아니고 죽은 것도 아닌 상태로 지내는 사람들이 부지기수이다.

그러므로 우리는 어려운 문제에 봉착한 사람을 돕기 위해 바쁜 일정 중에서 시간을 내는 데 왜 그토록 인색하고 냉담한지 자문해야 한다. 그 대신에 사람들은 의식을 흐리게 하고 감정을 둔화시키는 약을 취한다. 그것은 고통에서 벗어나 다시금 아름다움과 도전과 역경의 열매로 가득한 삶을 경험하지 못하게 만든다. 왜 그런가?

마사에게 단 한 사람, 이웃

마사가 다시 임신했다는 것을 알았을 때 부부는 이혼 절차를 밟고 있었다. 마사는 남편에게 혼인서약을 한 것과 아이들을 생각해 이혼을 재고하자고 했으나 거절당해 마음에 큰 상처를 받았다.

그 후 8개월간 대부분 변호사 사무실에서 시간을 보내야 했다. 남편 존과의 격렬한 논쟁, 시댁 식구로부터의 비난 전화, 보잘것없는 수입으로 아이들과 함께 살아갈 일에 대한 걱정 등으로 잠 못 이루는 밤을 보냈다.

출산을 위해 병원에 가던 날 밤, 마사는 이웃에게 아이들을 보살펴 달라고 부탁했다. 아이들이 깊이 자다 깼을 때 엄마 아빠 모두 없다는 것을 알면 놀랄 것이 분명했다. 거의 공황상태에서 마사는 분만실로 들어갔고, 12시간 후에 예쁜 딸을 낳았다. 그리고 감사의 뜻으로 꼭 필요할 때 있어준 유일한 이웃의 이름을 아기에게 지어주었다.

이제 마사는 휴식을 취하려고 잠들 수 있었고 다시 미소를 지었다. 하지만 이 행복은 그날을 넘기지 못하였다. 평화스러운 잠에서 깨어났을 때 낯선 의사가 들어왔는데 어쩐지 불안하고 서두르는 듯하였다. '소아과 의사'라고 자신을 소개하더니 냉정하고 사무적인 태도로 아기가 심각한 장애를 갖고 있다고 말했다. 알아듣지 못할 용어와 함께 설명하면서 아기가 선천적 마비증세가 있으며 방광의 장애가 있을 수 있다고 했다. 간단히 말하자면, 외과수술이 요구되나 꼭 성공을 보장할 수 없다는 말이었다. 아기는 살아난다 하더라도 결국 휠체어를 타고 움직이는 법을 배워야 한다고도 했다.

한 사회복지사가 전 남편에게 알려야 하지 않겠냐고 했을 때 혼란스러웠다. 한참 후에야 아기의 병명은 '척추마비'라는 것을 알았다. 그녀는 공포와 희망 가운데 아기에게 젖을 먹이고 안아주면서 담요에 싸서 집으로 돌아가는 가망 없는 상상을 했다.

마사가 아직 회복단계에 있을 때 회진 온 의사들이 왔다가 막 나가려고 하자 참다못해 무언가 설명 좀 해달라고 소리질렀다. 한 간호사가 자제하라고 질책했고, 마사는 분노가 치밀고 갑자기 온 세상이 자기 위로 내려앉는 것 같았다. 아무 거나 때리고 소리지르고 울고 싶었지만 아무도 관심을 보이지 않았다. 주사를 맞고 정신이 몽롱해져 잠들었다. 자기 소개도 하지 않은 정신과 의사의 질문이 희미하게 들려 잠이 깼지만 대답하지 않았다. 그녀는 아기를 보여 달라고 주장했다. 일어나서 방을 나가려고 몸싸움까지 벌였다. 그러자 또 한 방의 주사가 그녀를 잠시나마 조용하게 만들었다.

마사의 아기는 엄마가 보기 전에 죽었다. 의사들은 마사가 너무 불안정해서 아기를 볼 수 없다고 판단하여 보여주지 않았다. 아기는 땅에 묻혔지만, 무덤도 보지 못했고 사회복지사가 모든 것을 알아서 한다고만 들었다.

마사는 몇 주일이 지나서야 집에 돌아올 수 있었다. 그동안 마사는 무엇이 최선인지 가르치려는 정신과 의사, 간호사, 사회복지사들과 싸워야 했다. 그녀가 집에 돌아오자 세 살박이 딸 캐시는 낯선 사람처럼 굴었다. 이웃집 부인에게 꼭 안겨서 마사가 안으려 하니까 울음을 터뜨렸다. 두 살박이 조니도 엄마보다 새 장난감에 관심이 있는 듯 엄마가 방에 들어가도 그저 힐끗 올려다볼 뿐이었다. 저녁밥을 준비하러 부엌에 들어가니 냄비도 그릇도 모두 엉뚱한 자리에 놓여 있었다. 모두 다른 사람의 것인 양 낯설고 서툴렀다.

다른 많은 엄마들과 마찬가지로, 마사는 진정제를 먹고 술로 마음을 달랬다. 일년 뒤, 아이들은 아버지에게로 갔다. 아버지는 아이들이 방치

되고 매 맞는다는 사실을 알고 양육권을 요구하였다. 마사는 빈 술병들과 끝없는 악몽으로 가득한 집에 홀로 남겨졌다.

우리 연수회에 마사를 데려오고 생명과 영혼을 구원한 사람은 또 그 이웃이었다. 돌보는 사람 단 한 사람만 있어도 되는 것이다.

고든 부부 아들, 마크의 죽음

고든 부부는 딸 넷을 가진 행복한 부모였다. 그들은 곧 태어날 아기에 대한 기대로 들떠 있었다. 또 딸을 낳더라도 똑같이 사랑스럽겠지만 은근히 아들이기를 기대했는데 그들의 바람이 이루어졌다.

마크가 병원에서 집으로 오던 날, 가족은 대대적인 축하 잔치를 열었다. 가족의 새 보물인 사랑스러운 7파운드의 아기는 많은 도움의 손길에 둘러싸여 있었다. 아이들은 아기를 품에 안아주었고, 큰 아이들은 기저귀 채우는 일을 도왔다. 아기는 온 식구에게 환영받고 사랑을 받았다. 가족은 아기를 가장 큰 복으로 여겼다.

내일이면 아기의 두 번째 생일이었다. 그런데 마크의 몸 상태가 좋지 않았다. 배가 보통 때보다 더 커 보였지만, 아무도 거기에 깊이 신경 쓰지 못했다. 이 행복한 날, 가족들은 모두 교회에 가려고 옷을 차려입고 있었다. 교회에서 예배 후에는 친구와 친척을 초대한 저녁 만찬이 준비되어 있었다.

다음날 아침이었다. 엘리는 마크에게 생일 선물로 받은 새옷을 입히다가 배에 덩어리가 있는 듯한 느낌을 받았다. 하지만 최근 의사 검진에서 아기가 건강하다는 말을 들어서 불길한 생각을 얼른 지워 버렸다. 며칠 후에 목욕을 시키면서 또 종양 같은 것이 만져지자 다시 불안해졌다.

병원으로 달려가는 차 속에서의 시간이 마치 영원처럼 느껴졌다. 아이를 좀 더 일찍 의사에게 데려왔어야 하지 않는가? 그렇다면 아이를 살릴 수도 있지 않나? 이런 고통스러운 생각이 한동안 그녀를 괴롭혔다.

마크에게서 윌름스 종양이 발견되었다. 그 후 몇 개월 동안은 고통의 나날이었다. (윌름스 종양은 신장 암으로 조기에 발견하여 신장을 제거하고 이미 퍼진 암세포를 모두 죽이는 화학요법으로 치료될 수도 있다. 생존율이 빠르게 증가하고 있지만 조기 발견되는 경우는 많지 않다.) 누나들은 더 이상 마크의 배를 만지거나 간지럼을 태울 수 없었고, 함께 놀면서 웃을 수도 없었다. 마크는 수술이 끝난 뒤에도 화학요법을 받아야 했으며, 배에 커다란 흉터를 남긴 채 활기가 없고 감염에 극도로 취약해졌다.

마크가 세 살이 되어도 병원에 다니거나 입원의 연속이었다. 의사와 간호사들은 최선을 다해 치료했지만 간절한 기도에도 불구하고 마크는 생일날을 맞이하지 못한 채 세상을 떠나고 말았다.

마지막에 마크의 소변에 피가 섞여 나오기 시작했고 작은 폐가 종양으로 가득 찼다. 엘리와 남편은 병원의 허락을 받아 아이를 집으로 데리고 왔다. 아이가 놀이방을 볼 수 있도록 커다란 침대 위를 베개로 빙 둘러 받쳐 놓았다. 아이들을 졸졸 따라다니던 강아지 루니도 마치 모든 진동이 고통스러울 수 있다는 것을 안다는 듯이 침대 발치에서 꼼짝하지 않고 있었다.

미키마우스와 곰 인형, 마크가 가장 좋아한 어릿광대 보조를 곁에 놓았고, 누나 넷이 돌아가면서 마크의 방에 머물렀다. 엘리와 남편은 교대로 밤새 깨어 있었다. 아들과 필요한 만큼 시간을 보내도록 직장 상사가 남편에게 휴가를 주었던 것이다.

마크를 위해 임종예배를 드리러 신부님이 오셨고, 해가 막 지평선으로 넘어가는 초저녁에 마크는 눈을 감고 숨을 멈추었다. 루니는 조용히 침대에서 내려와 침대 밑에 숨었다. 엘리와 피터는 더 이상 아이가 아플까 봐 걱정하지 않고 마크를 가슴에 안았다. 누나들은 관 속에 넣기 위해 마크가 좋아하는 장난감을 골랐다. 성 금요일, 마크를 묻었다.

사랑하는 아들을 잃는다는 것

*

차라리 너를 알지 못하고 사랑하지 말 것을
차라리 엄마 품에 너를 안지 말 것을

너와 함께 내 희망과 꿈을 묻는다
본 적 없는 미지의 아이를 위하여

하지만 내 가슴 속의 사랑과
우리가 헤어져야 하는 슬픔까지도 묻는다

내가 너에게 해주고 싶었던 것을
하나님께서 모두 너에게 해주시기를 기도한다

위험에서 내 아기를 안전하게 지켜주고

봄의 품 안에서 웃고 뛰놀게 해주시기를.

_ 아기를 위한 기도, 1977년에 친구가 보낸 시

＊

자녀를 잃는다는 것은 어떤 것일까? 누가 위기에 빠진 사람을 도울 것인가? 삶의 가장 큰 시험에 직면한 사람의 필요에 어떻게 하면 더 민감해질 수 있을까? 어떻게 자녀를 잃은 부모가 정상적이고 행복한 생활을 다시 시작할 수 있을까?

우리의 삶은 단순하고 아름답게 만들어졌다. 인생이 가져다주는 도전에는 항상 크고 작은 폭풍우가 따른다. 하지만 모든 폭풍우는 지나가고, 비온 뒤에 태양은 빛나고, 아무리 추운 겨울이라도 봄이 온다는 사실을 경험을 통해 알고 있다.

부모가 아이를 잃거나 심각한 장애 또는 불치병 진단을 받았을 때 그러한 생각은 도움이 되지도 않고 믿을 수도 없다. '그것은 신의 뜻' 또는 '적어도 잠시 동안 그를 데리고 있었잖아요' 같은 우호적인 발언은 아이를 잃은 부모에게는 혐오스러울 뿐 아니라 분노를 자아낸다.

아무도 다른 이의 삶의 고통을 막아줄 수도, 슬픔을 거두어 갈 수도 없다. 자식 잃은 부모에게 어떤 위로의 말이 소용 있겠으며, 누가 암울한 현실을 사라지게 하겠는가. 하지만 도움을 주거나 곁에 있어줄 수는 있다. 말할 상대가 필요하거나 울고 싶을 때, 어렵고 복잡한 결정을 혼자서 내려야 할 때 거기에 있어줄 수 있다. 상실을 겪기 전 기회가 있을 때마다 세심하게 귀 기울여 들어준다면, 고통스런 상실의 끔찍한 후유증을 미연에 방지할 수 있을 것이다.

　로라의 경우, 아기가 비극적으로 죽기 훨씬 전부터 우울증이 시작되었다. 로라는 태어날 아기에 대해 기쁨을 표현할 줄도 모르고 아이를 원치도 않는 남편을 어떻게 대해야 할지 몰랐다. 그 대신 소녀 시절에 거부당하면 그랬던 것처럼 그저 마음의 문을 닫아 버렸다. 남편 빌리는 회사 일에만 몰두해 있었고, 여행, 세상 구경, 그리고 그것을 위한 충분한 자유를 원했다.

　빌리는 '앞으로 나아가라'고 했던 아버지의 영향을 많이 받았다. 어느 누구도 가정을 이루라고 격려하지 않았다. 그의 어린 시절 기억은 온통 '공부해라', '좋은 성적을 받아라', '일등 해야 한다'는 훈계로 가득 차 있었다. 빌리는 다른 사람의 감정에 대해 생각해 본 적이 없었기에 아내의 우울증을 인식하지 못했고, 가정에 대한 견해가 다르다는 것도 알지 못했다. 그는 아내에게 잘 해주고, 재미없고 지루한 일상에서 벗어나 좋은 레스토랑에 데려가는 것이 좋은 남편의 역할이라고 생각했다.

　로라가 더 이상 태동을 느낄 수 없었을 때에도 아기를 원한다는 말조차 하지 않았던 빌리와는 이 비극적인 상황을 함께 나눌 수가 없었다. 로라는 분노를 억눌렀고 상당히 오랫동안 남편의 감정을 모르는 척했다. 남편이 알면 아기의 죽음을 기뻐할까 봐 두려웠고 그러한 반응에 어떻게 대처해야 할지 몰랐다.

　로라의 남편이 공동 관심사와 문제에 대해 말하고 싶어하지 않듯이 로라의 주치의도 그녀를 외면했다. 한 번도 자기주장을 한 적이 없었던 그녀는 의사에게도 자신의 의견을 적극적으로 말할 수 없었고, 다가올 충격에 대비할 수도 없었다. 진정제를 맞았기에 슬퍼할 수 없었으며 고통을 깊이 경험할 수 없었다. 그래서 삶을 다시 시작할 수도 없었다.

척추마비로 갓난아이를 잃은 마사는 누군가가 조용히 곁에 앉아 생존 가망이 낮은 선천적인 기형에 대한 소식에 미리 대비하도록 해주었더라면 큰 도움을 받았을 것이다. 정신적 충격으로 고통을 안고 살고 있는 다른 부모들과 이야기할 기회를 가졌을 수도 있다. 예상하지도 원치도 않았던 임신을 알고 난 이후 배신한 남편에 대한 좌절과 슬픔, 분노를 외부로 알릴 기회가 있었더라면 큰 도움이 되었을 것이다. 그리고 진정제를 투여받지 않고 억압된 감정을 처리했더라면, 건강한 상태로 두 자녀에게 돌아갈 수 있었을 것이다.

마사가 입원해 있는 동안 아이들이 문병을 왔더라면 엄마와 아이 사이에 불필요한 서먹함은 예방할 수 있었을 것이다. 공교롭게도 예상치 못하게 오래 집을 비운 탓에 아이들에게 입원으로 인한 분리된 생활을 대비시킬 수 없었다. 게다가 진정제에 심하게 중독된 채 낯선 사람이 되어 집으로 돌아왔다. 그래서 자녀들과 상호적이고 의미 있는 관계를 다시 시작할 수 없었다. 고질적인 알코올 중독과 지원체계의 결핍으로 이 참담한 상황에서 벗어날 수 없었고, 주위 모든 사람들에게 새로운 문제와 비극을 더해 주었다.

얼마나 더 지나야 의료진은 진정제 자체가 암이나 마찬가지로 사람을 해치는 큰 요인이라는 것을 깨닫게 될 것인가? 진정제 대신 이해심 있게 들어주고 고통과 분노를 표현하여 치유가 일어나게 하는 것이야말로 비극을 방지할 수 있는 길이라고 가르치게 되려면 얼마나 더 기다려야 하는가?

육체적 사분면(四分面)

태어나서 처음 몇 년 동안 모든 아이는 많은 보살핌과 양육을 필요로 한다. 불치의 병에 걸렸을 때도 마찬가지이다. 우리의 일차적이고 원초적인 욕구는 신체적인 보살핌이다. 고통 속에 있거나 가렵고 악취가 나며 스스로 욕구를 해결할 수 없을 때는 정서적인 문제나 영적인 문제에 관심을 갖기 힘들다.

말기 환자의 보살핌은 언제나 신체적인 욕구를 가장 먼저, 가장 중요하게 고려해야 한다. 말을 할 수 없는 말기 환자는 친지나 의료인 등 방문객이 들어오기 전에, 대변을 보았는지 혹은 침대가 젖었는지 살펴보아야 한다. 인생의 종착역에 가까워진 노인은 먹여주고, 어루만져주며, 옆으로 돌아 눕혀주고, 씻기고, 옷을 입혀주어야 한다.

인간은 다른 필요에 앞서 이 같은 욕구를 갖고 있다. 조산아의 부모는 아기가 인큐베이터나 아기침대에 있어야 하더라도 만지고 안아주고 눈을 맞출 수 있게 해야 한다. 이러한 유대는 상호관계를 형성하는데 반드시 필요하며, 조산으로 아이를 잃은 부모들에게 위로가 되고 행복한 기억으로 간직된다.

출산한 아기를 안아주거나 만져보기도 전에 잃은 부모는 슬픔의 기간이 훨씬 길고 여러 해 동안 부인하는 단계에 머무르는 경우가 많다. 사산의 경우도 마찬가지이다. 살았던 죽었던 간에 어떤 상태든지, 아기를 보고 만지고 자식임을 받아들이도록 부모에게 보여주어야 한다.

그렇게 해야 아이를 낳았다는 현실을 직시하고 잃은 것이 무엇인지 인지하며, 그만큼 슬픔을 표현해야 상실의 고통을 이겨낼 수 있다. 만일 이러한 현실검증을 하지 못한다면 슬픔은 더 길어지고 짧은 생의 존재를 부정하거나 다시 임신하기를 두려워할 수도 있다. 아기의 일그러진 모습을 상상하는 것보다 차라리 실제 모습을 보는 것이 낫다.

엄마가 신체적 결함을 가진 자신의 아기를 보면서 '아름다운 아기'라고 기뻐하는 모습을 많이 보았다. 아름다움은 보는 사람의 눈에 달려 있다. 의료인의 관점과 가치판단을 부모에게 투사하는 것은 중요하지 않다. 중대한 기형이 있거나 특별히 이상하게 생긴 부분이 있을 때는 기저귀로 가린 후 부모에게 정확히 설명해준 다음, 아기를 다 볼 것인지 부분만 볼 것인지 선택하게 해야 한다.

감정을 공유하지 않는다면

아이를 또 낳는 데 대한 두려움은 많은 부모들, 특히 아이의 죽음을 겪은 젊은 엄마에게 현실적인 문제이다. 사고로 인해 아이를 잃었다면 부모는 아무런 준비도 되어 있지 않은 상태일 것이다. 그러기에 어린 딸이나 아들의 모습을 보는 것조차 허용되지 않을 수 있다. 만일 부모 중 한 사람이 치명적인 사고의 운전자였다면 후회와 죄책감으로 가득 차 있을 뿐 아니라, 그 사고를 미리 방지할 수 있었을 텐데 하는 자책감에 고통스러워할 수 있다. 게다가 다른 가족에게 죽음에 대한 책망을 받기도

한다.

부모도 부상을 입었거나 사고 후 정신을 잃었다면, 구급차로 실려 갔을 것이고 심지어 함께 탄 사람들의 운명에 대해 듣지 못했을 것이다. 한 엄마가 생생하게 묘사했다.

"차가 미끄러지기 시작하자 나는 필사적으로 차를 제어하려고 했습니다. 애들에게 안전벨트를 매라고 소리쳤으나 내 목소리를 들었는지 모르겠습니다. 이 모든 것이 현실이 아닌 것만 같습니다. 그렇다면 나는 다리를 절단하지 않고 퇴원하고, 아들도 죽지 않았고, 어린 딸도 마비되거나 혼수상태에 있지 않았을 겁니다."

이 엄마는 병원으로 급히 실려 갔고, 의료진들은 그녀와 어린 딸의 생명을 구하는 데 필사적으로 노력했다. 하지만 딸은 의식을 되찾지 못했고 아들은 사고 현장에서 죽었다. 엄마는 생명을 구했지만 두 다리를 절단해야 했다. 아들은 그녀가 중환자실에 있는 동안 땅에 묻혔기에 시신조차 볼 수 없었다. 남편은 살아날 가망이 없는 딸을 면회하러 오면서 먼저 그녀를 만나러 왔다. 그러나 아무도 그녀의 상실, 자책과 죄책감, 그리고 두 아이와 다리를 잃는 공포에 대해 말하려 하지 않았다.

사람들은 선의로 '당신은 젊으니 아이를 더 낳을 수 있어요'라고 위로했다. 그들을 방 밖으로 내쫓고 싶은 심정이었지만 차마 그럴 수 없었다. 친구들이 아이들에 대해 얘기하는 것도 싫었고, 그들의 행복도 보기 싫었다. 고통스러운 이야기를 꺼내는 것도 화가 났다.

그녀는 남편이 두렵기도 하고 걱정도 되었다. 내면의 슬픔과 아이들을 죽게 한 데 대한 죄책감을 남편에게 말할 수 없었다. 사고 직전의 마지막 순간에 사로잡혀 그것을 설명하고 이해하려고 노력하였지만 모든 것이 헛된 것 같았다.

남편은 그녀를 떠나지도 않았고 책망하지도 않았지만 그러한 침묵은 그녀를 더 괴롭게 하였다. 아들의 장례식과 어린 베스의 위독한 상태, 그리고 휠체어를 타고 여생을 보내야 하는 그녀의 심정이 어떤지 물어보지도 않았다.

그런 남편에 대해 참담한 기분이 들었고, 남편의 방문을 받을 자격조차 없다고 느꼈다. 감추어진 수많은 감정과 억제된 침묵보다 차라리 자신을 향해 비난을 쏟아내며 소리를 지르는 편이 나을 것만 같았다.

우리는 방문을 마치고 돌아가는 남편을 만났을 때 왜 그렇게 감정을 드러내지 않느냐고 물었다. 그는 놀라는 표정으로, 의사가 절대로 그녀를 흥분시키거나 그녀 앞에서 울거나, 특히 아이들과 다리 절단에 대한 얘기를 꺼내지 말라고 했다는 것이다. 그는 자신이 아주 훌륭하게 처신해 왔다고 생각하고 있었다.

우리는 그녀에게 가장 힘들게 하는 문제를 남편에게 말하라고 했다. 남편과 아내는 서로 껴안고 울며 자신들의 억제된 감정을 나누게 되었다. 마음속의 감정을 공유하지 않는다면, 갈등을 해결할 수 없고 고통과 기쁨도 함께 나눌 수 없다.

또 아이를 낳는 두려움 극복

닉과 넬리는 봄이 오기를, 새 식구가 될 어린아기가 태어나기를 손꼽아 기다리고 있었다. 길고도 추운 겨울이 지나 이제 눈이 녹기 시작했고, 집 근처의 시냇가에 첫 봄꽃이 피기 시작했다. 출산하기에 더없이 좋은 날씨였다.

마침내 기다렸던 날이 돌아오자 넬리는 행복감으로 가득하였다. 임신 기간 동안 체중을 줄인 채로 유지하느라 힘들었지만, 이제 기다림은 곧 끝이 올 것이었다. 세 살 난 딸은 동생을 맞이할 준비가 되어 있었고, 동생이 곧 차지할 방을 준비하는 데도 협조적이었다.

넬리의 반대에도 불구하고 의사가 마취하는 것이 좋겠다고 해서, 아들을 출산할 때의 순간은 경험하지 못했다. 하지만 방으로 돌아와 간호사가 예쁜 갓난아기를 데려와 품에 안겨주었을 때 서운한 감정은 모두 사라졌다. 남편의 얼굴이 빛나고 있었다. 이제 이 아기는 우리 아들이다! 잠시 그들 셋은 하나가 되었다. 말이 필요하지 않았고 순간 행복이 완성되는 것 같았다. 딸 로리도 이 첫 만남에 데리고 왔더라면 좋았겠다고 생각했다. 하지만 닉이 나중에 로리에게 전부 얘기하기로 약속했고, 바쁘기도 해서 곧 떠나야 했다. 아기의 탄생을 알리는 편지도 써서 부쳐야 하고, 로리를 돌보는 사람도 오늘 밤 일찍 가야 한다고 했었다.

넬리는 방에 혼자 있게 되었을 때 여름에 네 식구가 바닷가로 가면 어떨까? 부모님이 유럽에서 와 보신다면 얼마나 기뻐하실까? 등을 상상하면서 행복하고 만족스러운 얕은 잠에 빠졌다가 깨어났다.

그런데 끔찍한 꿈을 꾸었다. 아니면 꿈이 아니었을까? 한동안 잠든 줄 알았는데 단 몇 분도 지나지 않았다. 그녀는 시계를 본 다음 벨을 눌러 간호사를 불렀다.

"우리 아기는 어때요?"

"왜요, 걱정하지 마세요. 아무 일 없으니까. 아기는 건강해요."

미친 듯이 물었지만 간호사는 미소만 지으며 말하더니 들어올 때만큼 빨리 나가 버렸다. 넬리는 닉을 부르고 싶었지만, 행복해 하면서 방금 나가지 않았는가. 그런 그를 걱정시키고 싶지 않았다. 그나저나 무슨 문제란 말인가? 잠깐 전만 해도 이 세상에서 가장 행복한 엄마였는데 갑자기 이유 없이 눈물이 나오려 한다.

아기를 낳은 후 심한 우울증에 걸린 이웃을 기억해냈다. 어쩌면 그 때문인지도 모른다. 그러나 그녀는 다시 잠이 들지 못하고 무언가 끔찍한 나쁜 일이 어린 아들에게 일어날 것만 같은 생각에 사로잡혀 있었다.

아기를 집으로 데려오던 날 그녀를 제외하고 모두가 들떠 있었다. 아기는 무척 느리고 식욕이 없는 것처럼 보였다. 딸이 같은 나이였을 때보다 원기가 없었다. 하지만 가족들을 놀라게 하고 싶지 않아 그런 생각을 재빨리 털어 버렸다. 딸은 마치 아기의 어린 엄마 같았다. 손가락과 발가락을 세어 보고, 안아 보고, 만져 보고 싶어했으며, 자기의 가장 큰 인형보다 조그만 이 아기를 아주 조심스럽게 대했다.

넬리는 서서히 다음 검진에서 정신과 의사를 만나야겠다고 생각했다. 무언가 심각하게 잘못되어 있음이 분명했다.

집에 온 지 둘째 날 그녀는 아기가 뭔가 이상하다는 것을 알았다. 아기는 더 무기력해지고, 남편마저 아기에게 이상이 있다는 것을 알아차렸다. 아기의 팔과 다리에서 작은 붉은 반점들을 발견했고, 즉시 병원으로 데리고 갔다.

"어서 집으로 돌아와! 네가 없으면 외로울 거야."

누나가 손을 흔들면서 말했다. 그리고는 아빠의 차는 멀어졌다. 어린 누나는 왜 엄마 아빠가 저녁 때까지 돌아오지 않는지 알 수 없었다. 갓난 동생이 심각한 감염으로 생사의 기로를 헤매고 있다는 것도 알지 못했다. 아기가 신생아 중환자실에서 인공호흡기를 달고 있는 것도 보지 못했다. 아기는 너무 작아서 모든 장치와 튜브, 산소방울에 가려 잘 보이지도 않았다.

아들은 태어난 지 일주일도 안 되어 죽었고, 닉과 넬리는 세상이 멈춰버린 것 같았다. 넬리는 신에 대한 엄청난 분노의 감정을 남편과 어린 딸에게 퍼부었다. 아기가 잘못된 것을 다들 알고 있는데, 닉이 벌써 아기의 출생을 알리는 편지를 보낸 것이 화가 났다. 딸이 동생에 대해 물어보면 '입 다물라'고 했으며 밤늦게 겨우 잠든 그녀를 깨우는 딸에게 소리질렀다. 아기의 건강이 괜찮은지 물었을 때 '거짓말'했던 간호사에게도 화가 났다.

무엇보다 고통스러운 것은, 아기를 집으로 데려오기 전에 진찰받자고 주장하지 않은 자기 자신에게 가장 화가 나고 용서할 수 없었다. 꿈이랄까? 혹은 직감인가? 그 무엇이든 왜 귀 기울이지 않았을까? 왜 남편과 의논하지 않았을까? 어쩌면 아기는 살 수도 있었을 텐데! 그 뿐만 아니라 임신 말기에 집 청소를 혼자 하고, 병원 가기 전에 봄맞이 대청소를 한다고 휴식을 더 취하지 않은 것도 후회하며 자책했다. (감염의 원인이 되었을지도 모르기에) 친구들을 집으로 데리고 왔던 딸을 책망하기까지 하였다.

하지만 소아과 의사가 신생아는 면역력이 없어 여러 가지 병균에 감염될 위험이 있다고 한 것을 그녀도 잘 알고 있었다. 모유를 먹였더라면 감염을 이겨내는 데 도움이 되었을 텐데 그러지 못한 자신이 원망스러웠다.

넬리가 방안에만 갇혀 지내며 딸과 결혼생활에 대해 소홀해지기 시작하자, 닉은 마침내 그들을 위해 상담해줄 친구를 집으로 데려왔다.

이 친구 부부도 비슷한 경험을 겪었다. 15년 만에 기다리던 아이를 낳았는데 겨우 4일 만에 잃고 말았다. 그들은 하나님을 원망하지는 않았지만 거의 이혼 직전이 되어서야 남 탓하기를 멈추고 서로 도와주고 위로하기로 마음을 고쳐먹었다. 그 후 세 고아를 입양했는데 무척 행복한 가정을 이룬 것 같았다. 하나님은 정말 어린이를 원하는 부모를 찾아서, 사랑받지 못하고 소외된 아이를 보내주는지도 모른다고 말했다.

닉과 넬리는 그 후 두 명의 건강한 아이를 더 낳았다. 아직도 아이 방에 있는 어린 아들의 사진을 바라보곤 한다. 다행히 가슴 떨리는 큰 고통은 사라졌고 괴로운 기억은 희미해졌다. 그들은 아기를 잃은 부모들이 잘 살아가도록 도와주는 〈사랑의 친구들(Compassionate Friends)〉이라는 모임에 참여하고 있다.

어느 날 넬리는 나에게 보낸 편지에서 이렇게 말했다.

"사랑과 돌봄이 무엇인지 모르고 지낼 뻔했어요. 그러한 교훈을 얻기까지 왜 그토록 큰 고통을 겪어야만 할까요?"

우리는 모두 삶의 시험을 겪고 폭풍우를 헤쳐 나가야 한다. 친구의 도움을 받기도 하면서 서서히 이를 극복하게 되고, 인생의 고난에 대해 깊은 이해심과 지혜를 갖게 된다.

갑작스러운 죽음

뉴햄프셔의 부부가 갑작스러운 죽음을 대비해야 하는 사람들에게 희망을 주는 편지를 공유했다. '비피(V.P.)'라는 이 아버지는 나의 첫 저서 『죽음과 임종에 관하여(On Death and Dying)』를 읽고 편지를 쓰게 되었다고 한다. 그 책은 갑작스러운 죽음에 의해 충격을 받은 가족에 대한 것이 아니라 죽어가는 환자의 간호를 다루었다.

*

『죽음과 임종에 관하여』는 훌륭한 책이지만, 나 같은 경험을 한 사람에게 큰 도움이 되지 않습니다. 우리는 23개월 된 아들을 둔 평범한 가정이었는데 어느 날 비극적인 사고가 일어났습니다. 10월 27일, 아들이 집 밖에 있다가 연못에 빠졌습니다. 오후 1시 30분에 병원에서 사망 선고를 받았고요. 아내와 제가 장례 준비를 위해 집으로 갔는데, 3시 30분쯤 병원에서 다시 연락이 왔습니다. 아들의 심장이 다시 뛰기 시작했으니 종합병원으로 가자는 것이었습니다. 우리는 동의하고 큰 병원으로 갔습니다. 아들은 의식을 되찾지 못한 채 10월 29일 오전 7시 30분에 세상을 떠났습니다.

이런 갑작스러운 죽음에 대해 어떻게 대처하고, 어떻게 극복하고 다시 적응을 하는가 등에 관한 책이 필요하다고 생각합니다. 아내와 나는 정신치료의 도움으로 정상생활로 다시 돌아올 수 있었습니다. 하지만 도움을 받기까지 한동안 너무 힘들었습니다.

갑작스러운 죽음에 관한 책은 이처럼 한꺼번에 몰아치는 환난이나, 사람들이 경험하는 외로움과 절망을 다룰 수 있을 것입니다. 저는 그러한 책이 어떤 내용을 다루어야 한다는 말씀을 드리려는 것이 아니라, 단지 살아남은 사람들을 위해 그런 책이 진즉에 나왔어야 했다는 것입니다.

일 년 정도 못 만났던 사람들은 아들과 아내의 안부를 물어보지요. 나는 아들이 죽었다는 나쁜 소식으로 그들의 기분을 망치게 할 것을 생각하면, 마음 상하고 죄책감이 듭니다. 그들은 물어본 것을 미안해할 것이고 나 역시 대답하기 괴로워서 그 비극을 모르는 사람들은 되도록 만나지 않으려고 했습니다. 또한 직장 동료들도 아이의 죽음에 대해 들은 후 나를 어떻게 대해야 할지를 몰라 했습니다. 대개는 괴로우니까 나를 피하려 했습니다. 마치 조의금 좀 내고 할 도리를 다 했다는 듯이, 그런 일이 자기들에게도 일어날지 모른다는 두려움 때문에 가까이 오지 않으려는 것 같았습니다.

세상이 갑자기 종말에 다다르고 멈춰 버린 뒤로는 일상적인 일들이 전과 같게 느껴지지 않습니다. 모든 의욕을 잃었습니다.

*

미국에서는 매년 백만 명의 어린이가 실종된다. 이 중에 10만 명은 집을 나선 때부터 집이 아닌 다른 장소에서 죽음을 맞이할 때까지 어떤 일을 겪었는지 아무런 단서도 없이 영안실에서 발견된다.

갑작스러운 비극적 죽음이나 살인에 의해 아이를 잃은 부모는 마음을 열고 감정을 공유할 수 있는 안전한 장소가 필요하다. 그곳에서 필요하다면 (제지당하지 않고, 안정제 없이) 맘껏 소리 지르고 '차마 하지 못한 말'을 입 밖에 낼 수 있다. 아이 잃은 부모를 위한 워크숍에서 (삶, 죽음, 그리고 변화 워크숍에서도) 부모는 나이에 상관없이 그동안 마음속의 고통과 살해당한 자녀의 마지막 순간에 대한 끔찍한 기억을 떨쳐 버리기 시작한다. 법정 출두, 경찰서에서의 기억과 실종된 아이로 인해 잠 못 이루고 울부짖던 밤에 대해 털어놓는다. 아무도 놀라거나 거북해서 자리를 뜨는 사람은 없다. 이 워크숍에서 비난과 비판적이던 태도는 이해와 동정심으로 바뀐다.

여기서 서로의 고통뿐 아니라 희망도 함께 공유한다. 많은 부모는 아이의 죽음이 다가왔다는 징후를 내적으로 인식하고 있었다고 말한다. 이러한 비슷한 '예감'을 가진 사람과 그 특별한 상황에 대해 이야기하면서 위안을 얻을 뿐 아니라 인간의 영적 본성을 더 깊이 이해하게 된다.

어른은 아이의 즉흥적인 그림이나 다른 창작품, 시, 또는 '하찮은' 말 속에 숨겨진 의미를 아이가 죽은 다음에야 깨닫는다. 어떤 아버지는 사고가 난 후에야 아버지의 날 카드를 발견하고, 식탁에서 '엄마, 사랑해요'라는 쪽지를 발견하기도 한다. 즉흥적인 그림의 주제나 색상의 선택에서 임박한 죽음의 내적 자각을 나타내는 아이들도 있다.

워크숍을 마칠 때 이 부모들은 다시 노래 부르며 웃을 수 있고 아이들과의 행복하고 즐거웠던 기억을 서로 이야기할 수 있게 된다. 이 부모들에게도 어쨌든 삶은 새롭게 다른 모습으로 다시 시작되어, 같은 비극을 당한 부모와 조부모를 위한 봉사활동으로 확대되는 경우가 많다. 아이를 잃은 가족들이 비슷한 처지의 사람들에게 도움의 손길을 주는 것으로부터 시작된 〈살해당한 아이들의 부모 모임〉, 〈사랑의 친구들 모임〉, 〈촛불을 밝히는 사람들 모임〉 같은 봉사단체는 어려움에 처한 전세계 수백만 명에게 도움을 주고 있다.

다음 이야기는 아이 잃은 부모를 위한 워크숍에서 발췌하였다. 부모의 용기를 보여줄 뿐 아니라 보다 깊고 풍부해진 삶과 인간 내면의 힘, 내적 지식을 보여준다. 우리가 얻고자 하는 결과는 가장 극심한 내적 분노와 절망, 말할 수 없는 슬픔과 고통의 자리를 희망과 평화가 대신하게 하는 것이다.

한 부부는 해외여행 중에 8살짜리 딸을 이상한 사고로 잃었는데, 그 여행을 가지 않았더라면 좋았을 단서가 있었음에도 미처 깨닫지 못했던 이야기를 했다. 어린 딸이 죽은 후에야 그들은 그 아이가 작은 사랑의 표시를 남기려고 준비했다는 '증거'를 발견했다.

*

일주일 동안 7살, 8살인 딸 둘을 데리고 친구 부부를 방문하기로 했습니다. 이 부부는 우리와 상당히 많은 시간을 함께 보냈고, 최근 이혼했다가 재결합하려고 노력하는 중이었습니다.

공항으로 갔습니다. 그런데 1년에 수천 마일을 여행했지만, 비행기가 꽉 차서 못 타기는 처음이었습니다. 비행기표를 정원보다 더 많이 팔았기 때문입니다. 우리 부부는 불안한 기분이 들었습니다. 비행기를 못 타게 된 얘기를 하면서 찜찜한데 가야 할지 말아야 할지 고민했습니다. 하지만 아이들이 무척 들떠 있었고 우리도 가고 싶어서 떠나기로 결정했습니다.

그런데 딸이 거기에서 갑작스러운 사고를 당했습니다. 넘어지면서 머리를 부딪쳤는데 뇌출혈이 된 것입니다. 우리는 딸을 안아 눕히고 인공호흡을 해서 빨리 병원으로 데리고 가려 했으나, 불행히도 가장 가까운 병원이 18마일이나 떨어져 있었습니다. 딸은 겨우 20분간 더 생존했습니다. 딸은 수요일에 죽었습니다. 7살 난 동생의 생일이 금요일이었는데 장례식은 토요일, '아버지의 날'은 일요일이었습니다.

평상시와 다른 점이 있었다면, 딸은 비행기에서 방문하는 집 아주머니께 감사 편지를 썼습니다. 이는 전에 없었던 일이었습니다. 그 편지를 자매의 이름으로 썼는데, 놀러 가는 길에 이런 일을 한다는 것은 이상한 일이었습니다.

'우리를 초대해 주셔서 감사합니다. 아주머니와 함께 지내게 되어 기쁩니다. _사랑하는 L과 A'

우리는 이상하다고 생각했습니다. 그 아이는 비행기에서 쓴 카드를 동생에게 주면서 아주머니께 드리라고 했습니다. 언니가 이 특별한 카드를 썼다는 걸 알고 있었던 7살 난 딸은 5주일쯤 지난 후 내게 건네주었습니다.

또 아버지의 날이 5주일 지난 후였습니다. 우연히 L의 서랍을 보다가 두 번째로 쓴 아버지 날 카드를 발견했습니다. 그 카드도 역시 여행을 떠나기 전에 쓴 것이었습니다. 왜 카드를 두 번 썼는지는 알 수 없었으나 내용이 좀 이상했습니다. 노아의 방주 그림이었는데 '아빠, 아버지의 날을 축하드려요. 제게 행복한 날들을 주셔서 감사해요. 사랑하는 L'이라고 썼습니다. 여느 때와는 아주 다른 카드였습니다. '아빠, 아빠는 멋있어요. 사랑해요. 아빠가 나의 아빠라 좋아요. 아버지의 날을 축하드려요. 아빠, 많이 사랑해요.'라고 쓴 카드에는 이름을 쓰지 않았고, 그저 '아빠의 맏딸, 많은 키스와 포옹과 함께'라고만 썼습니다. 5주가 지나서야 발견된 이 카드는 너무나 특별한 것이었습니다.

*

또 다른 어머니는 사고로 죽은 10대의 딸에 대한 기억을 얘기했다.

*

딸이 죽은 뒤에 딸의 사진들을 보았습니다. 11살 반부터 죽을 때까지 그애는 마치 각각 다른 다섯 사람처럼 행동하였습니다. 매년 바뀌었지요. 외모가 변화했고, 죽기 전 여름에는 자신의 생애를 정리했습니다. 그야말로 모든 일을 정리했습니다. 해결할 일이 있는 사람은 명단을 만들어 만났습니다.

딸이 죽기 열흘 전쯤 저녁 식사에 데리고 나갔습니다. 딸은 항상 A학점을 받는 우수한 학생이었지만 학교생활은 그리 편안하지 않았습니다. 그애는 15살이었고, 월반을 했습니다. 자기만의 삶을 살고자 월반한 것이기에 장래에 대해 나누었지요. 앞으로 뭐하고 싶냐고 물었더니, '글쎄요, 엄마. 학교에 진학하고 싶지 않아요. 제 나이에 직장을 갖는 것도 어렵구요. 내 생은 거의 끝나가요.' 이 세 문장 하나하나 똑같이 힘주어 말했습니다. 어느 하나를 더 강조해서 말한 것도 아닙니다.

저는 엄마로서 이렇게 말했죠. '무슨 말을 하는 거냐? 겨우 15살인데!' 그때 그애가 무슨 일이 일어날지 예감하고 있다고는 전혀 생각지 못했습니다. 저를 거쳐 갔던 이 존재가 선생님, 그것도 대단한 선생님인 줄 미처 알지 못했지요. 그애는 주변을 깨끗이, 모든 것을 완벽하게 정돈해 놓았습니다.

마지막 두 주간은 모든 옷을 다림질하는데 보냈습니다. 15세 소녀의 방은 깨끗이 정돈되어 있었습니다. 그저 놀라울 뿐이었습니다. 신분증을 일부러 안 가지고 나갔는데, 이는 나를 위한 사랑의 배려였습니다. 차로 떠나면서 다시는 집에 돌아올 수 없다는 걸 알고 있었기에, 엄마가 새벽 1시 30분에 깨어 딸이 죽었다는 소식을 듣기를 원치 않았던 것입니다. 다음날 오후 3시에야 그 소식을 알았습니다.

그 아이는 언제나 신분증을 가지고 다녔는데 그날은 그러지 않았습니다. 나는 침대 바로 옆에서 작은 공책을 발견했습니다. 이것이 그애가 쓴 것입니다.

'모든 사람들의 문제를 해결해 주었으면 좋겠다. 적어도 도와주려고 노력할 수 있으면 좋겠다. 괴로움에 처해 있는 내 가까운 친구, 형제, 자매, 한 비행기에 탄 모든 사람들 말이다. 당신 자신이 겪는 고통의 원인을 모두 알 수 없다. 당신 자신이 마음과 영혼과 온몸의 에너지를 총동원해서 고통을 치유하는 것만이 최고의 방법이다. 그것을 피하지 말고, 계속 붙들고, 잡고, 함께 뛰고, 직면해라.'

*

11살 딸을 잃은 한 아버지가 자신의 경험과 기억을 이야기했는데, 우리 사회는 어머니에 비해 아버지가 이런 얘기를 할 기회가 흔치 않다.

딸은 12월에 다른 어린 소녀와 함께 납치당했습니다. 그 아이가 먼저 살해된 채 발견되었고, 다음날 제 딸도 발견되었습니다. 딸은 그 달에 있었던 엄마 생일에 수채화를 그려 선물하였고, 지금은 그것을 표구해 두었습니다. 딸은 제게 많은 메시지를 전해 주었는데 이제야 깨닫고 마음에 품고 있습니다…

언젠가 그애가 물었습니다. '아빠, 아빠는 부활을 믿으시나요?' 딸이 살해당했을 때 11살이었습니다. 저는 대답했습니다. '글쎄, 아가. 부활에 대해 확신은 없어. 그래서 긍정도 부정도 할 수가 없구나. 그런데 왜 묻니?' 딸은 '글쎄요, 아빠. 제가 한때 83살이었다는 강한 느낌이 있어요.' 이것이 그애가 내게 주었던 작은 메시지였습니다.

딸이 죽기 전 아내에게 이 선물을 주었습니다. 바다와 파도 그림입니다. 오른쪽 밑 1/4에는 검은 바위가 있는데, 이는 곧 닥쳐올 미래를 보여주는 것 같습니다. 한쪽 구석 전체를 차지하고 있는 그 위에 자기 사인을 했습니다. 윗부분에 있는 큰 해와 짙푸른 색과 노란 색. 저는 이제야 이해하기 시작했습니다.… 바위 위로 부서지는 파도는 밝은 파랑이고 그곳에 무지개가 있습니다. 저희는 이것을 저희에게 주는 선물이라고만 생각했습니다.

엘리자베스 박사님이 말하는 것을 듣고서야 저는 그애가 죽기 전날 즉흥적으로 그린 그림을 통해 그 일이 일어날 것임을 우리에게 알리고자 했다는 것을 깨달았습니다. 이것은 저희에게 커다란 위안이 되었습니다. 이 그림이 저희에게 커다란 의미를 주기에 모두와 함께 나누고자 합니다.

*

바로 그때 다른 부모가 일어나서 말했다.

"제 딸의 그림을 보여드려도 될까요? 오늘 뭔가 배우고 나니 한결 기분이 나아졌어요."

(그 엄마는 자살한 딸이 그렸던 그림을 보여주고, 15살 때 쓴 시에 대해서도 얘기해 주었다.)

한 어머니는 19살 딸이 자동차 사고로 죽기 전에 창작했던 작은 '캐릭터'에 대한 기억을 얘기해 주었다.

*

제 딸은 키가 170센티가 넘고 가슴이 작았어요. 하지만 3살 아래 여동생은 유명한 여배우처럼 풍만했지요. 그애는 '엄마, 나를 왜 이렇게 낳았어요? 가슴이 풍만해지긴 틀렸어요'라고 말하곤 했어요. 그러면서 가슴이 풍만한 우스꽝스러운 캐릭터들을 창작해서 아이들과 함께 벽지, 바티크 염색, 도자기에 그려 넣기를 좋아했어요. 제게 훌륭한 유산을 남겨준 셈이지요. 딸이 만든 도자기 화병과 항아리들은 모두 이집트인의 얼굴을 하고 있어요.

그애는 금문교에서 자동차 사고로 죽었는데 사고가 나기 바로 몇 달 전에도 차가 세 바퀴나 구르는 끔찍한 사고를 당했어요. 그래서 차를 수리하는 동안 제 차를 빌려주었는데 석 달 후에 죽은 거예요. 주행하다가 방금 일어난 사고를 피하려 길을 벗어났다가 다시 제 길로 돌아왔는데 그때 마침 길을 건너는 어린아이를 다시 피하려다가 균형을 잃고 10야드 떨어진 분리대를 박은 것입니다.

6개월 반이 지난 후 아들도 죽었습니다. 아들은 누나가 죽은 지 1주일 후에 하나님께 편지를 썼답니다. '하나님, 하나님이 산타클로스가 아닌 것은 알지만, 크리스마스 선물로 우리 누나가 잘 있다는 걸 알려주실 수 있어요? 언젠가는 누나와 함께 있을 수 있다는 것을 알지만 '언젠가'라는 단어가 너무 먼 것 같아요. 저는 누나를 사랑하고, 함께 있기를 원해요. 제발 누나가 잘 있는지 알려주세요.'

열일곱 번째 생일 바로 다음날 아들도 아주 같은 사고로 죽었어요. …그날은 누나의 19살 생일 3일 전이었고, 아들의 생일 다음날이었어요. … 제 아들은 나름대로 훌륭한 화가이며 만화가였어요. 장례식에 왔던 사람들은 제 아들이 부정을 긍정으로 변화시킬 줄 아는 힘이 있었다고 입을 모아 말했어요.

당시 10살이었던 막내딸도 그 사고 때 오빠와 함께 타고 있었어요. … 그애는 90살 노인처럼 지혜롭게 행동했어요. … 의식을 잃었다가 정신이 드니 개가 자기 팔을 끌어당기고 있었는데, 개도 다리를 심하게 다친 상태였어요. 오빠를 보자 도움을 청해야겠다는 것 외에는 아무 생각도 없었어요. 일어나서 걷기 시작했어요. 몇 마일 떨어진 비포장도로 위에 있었던 아이는 도와달라고 울부짖으며 소리질렀지요. 심하게 다친 개에게 윗도리를 찢어서 다리에 붕대를 매줄 정도로 침착했어요. 그리고는 그렇게 심한 충격 속에서도 먼 길을 걸어간 거예요. … 도움이 가장 필요할 때 항상 누군가가 있는 법이죠.

그애들이 저희보다 훨씬 좋은 곳에 있다는 확신이 점점 강해집니다.

저는 둘 사이의 사랑과 영적 유대가 강해서 아들이 제 누나를 따라갔다고 믿어요. 우리가 사명을 완수할 만한 수준으로 모든 것을 마쳤을 때 본연의 집으로 돌아갈 수 있다는 믿음으로 버티고 있습니다. 그러면 우리는 평화와 고요 속에 살고, 다시는 고통도, 분노도, 두려움도, 그 어떤 부정적인 것도 겪지 않을 것입니다. 저의 딸과 아들의 어머니라는 것이 하나님의 축복이라고 느낍니다.

*

감전 사고로 아들을 잃은 어머니의 이야기이다.

*

사고를 당하기 전 한 달 동안 아들은 언제나 식탁 위에 쪽지를 남겨놓곤 했습니다. 직장에 나가려고 일어나 보면 식탁 위에 쪽지가 있었습니다. 저는 종종 '일하러 가기 싫다. 그냥 집에서 늦게까지 자면서 푹 쉬었으면 좋겠다'고 한숨 섞인 푸념을 하곤 했습니다. 그런데 그 쪽지에는 '엄마, 사랑해요.'라고 쓰여 있었습니다. 하나님께서는 내게 무언가 알려주시려 했던 것 같습니다.… 저는 한 달 내내 이상한 느낌이 들어 일기장에 기록했던 내용을 기억합니다.… '하나님, 제 아들이 오늘 아침에 썼던 쪽지로 인해 감사합니다. 제게 정말 필요한 것이었어요.' 정말입니다. 그 쪽지는 제게 하루하루를 버티게 해주는 힘이었습니다.

사고 난 후 응급실에 들어갔지만, 기억나는 것은 그애 발뿐입니다. 마치 우리가 오래전부터 거기 있었던 것 같은 기분이었습니다. 마침내 도대체 무슨 일이 벌어지고 있는 거냐고 물었습니다. 친구와 함께 간호사를 따라갔는데, 누군가 제 앞에서 아들이 죽었다고 말했습니다.

60

하지만 저는 버텨냈습니다. 그렇게 참아내며 세월을 보내다가 상실과 직면해야 했던 것은 약 6년이 지난 후였습니다.

상실이 일어난 바로 그때를 놓치지 말고 상실의 상황을 직면하라고 다른 사람들에게 말하는 이유가 바로 이것입니다.

*

홀로 위기에 직면할 때

위기 상황에서 불의의 사고를 당했을 때 가장 큰 고통을 받는 사람은 아무런 지원체계도 없는 사람들이다. 수감자를 돕기 시작한 이후로 우리는 아이의 갑작스러운 죽음을 홀로 맞이해야 했던 수감자의 아내를 많이 접하였다. 상실 초기 그들은 자신이 마치 과부인 것 같았다고 말했다. 과부는 남편을 잃었을 때 동정과 위로라도 받을 수 있지만, 수감자의 아내는 위기의 순간에 공범이라도 되는 듯이 사람들로부터 기피당하고 아무런 도움이나 지원도 받지 못한다.

L부인이 유난히 우울한 교도소 방문을 마치고 돌아온 날이었다. 아들이 한 시간 이상 엄마를 기다리다 낚시하러 나갔다는 사실을 이웃 사람이 알려주었다. 그녀는 어려운 경제 사정 때문에 얼마 전 이사 온 비좁은 아파트 안을 서성거렸다. 그 동네에는 아는 사람이 하나도 없었다. 그녀는 자신이 약하고 외롭다고 느껴졌다.

어머니에게 전화를 할까 했지만, 전부터 수없이 들어왔던 똑같은 얘기만 할 것이 뻔하였다.

"네 남편과 헤어져라. 나쁜 사람이야. 절대 가망이 없을 거다."

그렇게 심한 고난을 겪어온 사람에게 어머니는 어쩌면 그렇게 비판적일 수 있을까? 하고 생각하였다. 남편은 나쁜 사람이 아니었다. 단지 연약하고 싸움에 너무 쉽게 말려들 뿐이었다. 그는 모욕을 당하자 칼을 꺼냈다가 그것이 싸움으로 이어져 상대방이 크게 다치고 말았다. 그녀는 그 사람이 죽지 않기를 기도했다.

몇 시간 후 전화벨이 울렸다. 아마 어머니에게 온 것이리라. 낯선 목소리가 들려왔고, 순간 가슴이 철렁 내려앉았다.

"누구세요? 무슨 일인가요?"

그 사람은 사고가 난 소년에 대해 묻고 있었다. 아들이 어디에 있는지 아냐고도 물었다. 낚시를 하러 가긴 했지만 어디 있는지는 잘 몰랐다. 머리가 핑 돌고 정신이 멍해졌다.

"무슨 일이 일어났어요? 말해 주세요! 알아야겠어요!"

하지만 전화선 저편에 있는 남자는 그저 병원으로 오라고만 말하였다.

버스가 도착하기까지 시간이 한없이 길게 느껴졌다. 사람들은 세상의 시간을 다 차지한 것처럼 모든 정거장마다 타고 내렸다. 마침내 병원에 도착하자 접수창구의 여자가 무슨 일로 왔느냐고 해서 말했더니 병원을 똑바로 가로질러 있는 응급실로 가라고 했다.

그녀는 정신없이 달리기 시작하다가 들것에 실린 환자와 부딪칠 뻔해서 욕을 먹기도 했지만 아무 말도 없이 계속 달렸다. 응급실 입구 대기실에 도착했을 때 무서운 공포감에 사로잡혔다. 대기실에 앉아 아무런 안내도 받지 못하고 확인할 생각도 없이 무작정 기다렸다. 이곳에 실려 온 사람 중에 정말 자기 아들이 있는 건지 알 수가 없었다.

더 이상 그냥 앉아 있을 수 없었다. 마침내 한 방문을 열고 들어갔더니 간호사들이 웃으며 담배를 피우고 있었다. 그들은 그녀가 들어오든 말든 신경도 쓰지 않았다. 계속해서 커튼을 하나씩 젖혀 보았다. 커튼 뒤에는 나이 든 사람과 젊은 사람, 흑인과 백인 할 것 없이 들것에 실린 채 기다리고 있었다.

그때 가까운 방에서 무슨 소리가 들렸다. 그녀는 노크도 하지 않고 그 방으로 뛰쳐 들어갔다. 간호사와 의사들이 지금 막 아들의 팔에서 튜브들을 떼어내고 있었다. 그는 눈을 반쯤 뜨고 있었고, 코와 입가에는 피가 묻어 있었다. 그것이 그녀가 볼 수 있는 전부였다. 누군가가 그녀에게 나가라고 소리쳤다. 간호사 중 한 사람이 팔을 잡아 밖으로 끌어냈다. 아들에게 가까이 가서 엄마가 왔으니 이제 괜찮다고 말하려고 필사적으로 힘을 다했다. 하지만 그들은 허용하지 않았다. 아들은 이미 죽었다고 말할 뿐이었다.

그녀는 진정제를 먹었다. 어머니가 장례식 절차를 돌봐주러 오셨다. 그녀는 아직도 아들에게 가까이 가려 하는데 미처 손이 닿기도 전에 끌어당겨졌던 기억을 떨쳐 버릴 수가 없다. 아직도 이웃의 목소리를 듣는다. '아들이 오랫동안 엄마를 기다리다가 떠났어요'라고. 그 소리가 들릴 때면 눈물이 솟구치고 아직도 기다리고 있다. 무엇을 기다리는가?

어머니가 전화해 주기를, 이해해 주기를, 필요로 할 때 곁에 있어 주기를 기다린다. 남편이 석방될 때를 기다린다. 그녀의 삶에 다시금 햇빛이 비추기를 기다린다. 하지만 다른 어머니들과 같이 햇빛이 다시 빛나리라고, 어머니가 언젠가는 정말 이해해 주시리라고, 정의가 이기고 남편이 다시 돌아오리라고 믿어지지가 않는다.

도움을 요청하는 것

어떤 부모는 폭행당하고 살해된 자녀로 인한 깊은 고통 중에 램 다스(Ram Dass)와 스티븐 래빈(Stephen Lavine) 같은 영적 지도자의 도움을 받는다. 그들은 부모의 고통과 상실의 특성을 경시하지 않고 그들로 하여금 삶에 대해 보다 깊은 이해와 통찰력을 갖도록 도와준다. 다음은 희생된 자녀의 부모와 램 다스가 교환한 편지에서 발췌한 것이다.

*

11살짜리 딸이 유괴되어 살해된 때부터 램 다스와의 깊은 교류가 시작되었습니다. 저는 딸이 이 세상에 사는 동안 자신의 삶에 적극적으로 참여한 사람이었다고 생각합니다. 특별히 마지막 3년간은 빛나는 존재가 꽃피는 것을 보여주었습니다.

딸은 가족과 많은 친구들, 친척, 젊은이, 노인, 모두를 사랑했으며 적극적으로 다가갔습니다. 언제나 누구에게나 작은 '사랑'의 표현을 잊지 않았습니다. 상대방을 미소 짓게 하고, 기분 좋게 해주려고 노력했고, 자기가 그를 좋아한다는 것을 보여주었습니다. 자신의 실패와 좌절은 어떻게든 견뎌냈고, 용기를 잃거나 주저앉지 않았습니다.

꽃잎들이 열려서 태양을 향하고 있었습니다. 그애는 부모에게서 나온 존재가 아니었습니다. 우리 중 가장 뛰어나고, 가장 강하였습니다. 우리 딸의 죽음은 많은 사람들에게 깨달음을 주었고, 딸을 모르던 놀랍도록 많은 사람들도 이 가르침을 받아들이게 되었습니다.

다음은 램 다스가 보낸 답장이다. 하누만(Hanuman) 재단신문에 게재되었고, 많은 부모들에게 영감을 주었다.

따님은 이 세상에서의 짧은 생을 마쳤으나 남은 사람들에게 엄청난 슬픔과 고통을 남겼으며, 우리의 약한 믿음이 몹시 흔들리게 하였습니다. 어머니가 겪은 그런 상황에서 어느 누가 제정신일 수 있겠습니까? 그런 사람은 아마 거의 없을 것입니다. 있다고 해도 분노와 슬픔, 공포와 고독으로 절규하는 사람에게 평정과 드넓은 평화를 속삭이는 셈이겠지요.

저는 어머니의 고통을 어떤 말로도 완화시켜드릴 수 없습니다. 또한 그렇게 해서도 안 될 것입니다. 그 고통은 따님이 어머니께 준 유산이기 때문입니다. 따님이나 저나 일부러 그런 고통을 주는 것은 아니지요. 하지만… 엄연히 고통은 존재하지요.… 완성에 이르려면 불로 정화시켜야 합니다. 당신은 삶보다 죽음을 통해 이 시련에서 벗어날 것입니다. 그러면 모든 인간을 자녀로 삼으시는 위대한 성자들이 왜 견딜 수 없는 고통을 짊어지며, 살아있는 사자(死者)라고 불리는지 이해하게 될 것입니다. 당신이 참을 수 없는 것을 참아냈을 때에 당신 안에 있는 무엇인가가 죽기 때문입니다. 그 영혼의 암흑 속에서만 당신은 하나님이 보시는 것같이 볼 수 있고, 하나님이 사랑하시는 것과 같이 사랑하게 됩니다.

지금은 당신의 슬픔을 표현할 때입니다.… 억지로 강한 척하지 마십시오. 이 경험을 통해 더 큰 사랑과 지혜를 갖게 될 것입니다. 그러니 지금은 조용히 앉아 따님과 이야기하고, 몇 년 동안 당신과 함께 지낸 것에 대해 따님에게 감사하며, 따님이 가던 길을 가도록 격려할 때입니다.

당신과 따님은 앞으로 계속 만나게 될 것이며, 서로 통하는 길을 알고 있습니다. 이성적으로는 무슨 일이 일어나는지 절대로 '이해'할 수 없습니다. 하지만 당신의 마음이 하나님께 열려 있기만 하면, 당신만의 직관적인 방법을 찾아낼 것입니다.

따님은 지상에서의 할 일을 하려고 당신을 통해 왔습니다. (죽음의 방식을 포함해서) 이제 따님의 영혼은 자유롭고, 당신과 따님의 사랑은 변하는 시간과 공간의 풍파 속에서도 흔들림이 없을 것입니다. 그 깊은 사랑 속에 저도 들어가고 싶습니다.

*

상처받은 감정의 치유

갑작스러운 죽음은 대개 부모와 남겨진 자녀에게 깊은 죄책감을 느끼게 만든다. 오랜 질병 끝에 갑작스럽게 죽을 때도 마찬가지이다. 그러한 감정에 깊이 빠진 한 부모가 다음과 같이 썼다.

*

저를 포함한 〈사랑의 친구들〉 모임의 부모들에게 죄책감을 잘 처리할 수 있는 방법을 가르쳐주시기 바랍니다. 제시가 살아있는 동안 작별인사를 못한 것, 죽기 전에 사랑한다고 말하지 못한 것이 몹시 마음에 걸립니다. 그애가 많이 고통스러워했을까요? 아마 누구도 이 질문에 완벽하게 대답을 못하겠지요. 그애는 죽은 다음에도 살고 있을까요? 그는 우리 때문에 외롭고 슬플까요? 그애가 전보다 더 잘 지내고 있다는 어떤 표시나 단서만 있더라도 도움이 될 것 같아요. 우리 부모들은 이런 의문에 대한 대답을 모르기 때문에 더욱 괴롭답니다. 제 아들은 그날 아침에 제가 오기를 기다리고 있었습니다. 그애는 저를 보지 못하였습니다. 제가 그토록 가까이에 있었는데… 그애는 엄마를 보는 대신 자신의 죽음을 본 것입니다. 저를 필요로 했을 때 제가 그 자리에 없었다는 죄책감을 평생 가지고 살아야만 합니다. 어머니로서 이 죄책감을 어떻게 처리해야 합니까? 곁에 있을 수 있었는데.…

*

자녀를 잃어가고 있거나 이미 잃은 부모를 위해 특별히 출판된 간행물에서 나는 다음과 같이 조언하였다.

*

마가렛 거너, 내셔널 뉴스레터 편집자
9619 아바코 시티 세인트 루이스, MO 63136

사랑하는 마가렛, 1월 22일 보내주신 편지에 감사합니다. 내셔널 뉴스레터(National Newsletter)에서 자녀를 잃은 부모들에게 도움이 되는 글을 요청해 주셔서 감사드립니다. 저는 유럽, 이집트, 예루살렘, 알라스카, 하와이 등지를 여행하고 방금 돌아왔습니다. 여행할 동안 답지한 2,000여 통의 편지에 일일이 답장을 할 수 없어 대신 이 글을 쓰는 것을 양해해 주기 바랍니다.

편지를 보내주신 여러분께

뉴스레터의 편집자인 마가렛 거너 씨가 저에게 자녀를 잃었거나 자녀가 죽음의 과정 중에 있는 모든 부모들을 위해서 글을 써 달라고 요청하였습니다. 여러분도 알고 있으리라 생각합니다만, 저는 『죽음과 임종에 관하여(On Death and Pying)』, 『안녕이라고 할 때까지 사는 것(To Live Until We Say Goodbye)』, 죽어가는 어린이의 문제를 주로 다룬 책, 『죽음, 임종과 더불어 사는 것(Living with Death and Dying)』 등 많은 책을 썼고, 이 분야에서 20여 년간 일해 왔습니다.

여러분과 나눌 수 있는 것이 많이 있으나, 지난 10년 동안 불치의 병에 걸린 자녀와 길고도 험난한 길을 함께 걸어가는 부모들을 돕는 일에 주력해 왔습니다. 뿐만 아니라 자녀들이 갑자기 살해당하거나 자살하거나, 사고로 죽음을 당한 수많은 부모들을 도와주는 일도 했습니다. 그들은 치유받을 수 있는 시간도, 마음의 준비를 할 시간도 갖지 못한 사람들입니다.

시간은 치유자입니다. 시간은 우리에게 회상할 기회를 주며, 전에 말하지 못했던 많은 것들을 말할 기회를 주기 때문입니다. 시간은 후회하는 것들을 돌이키게 해주며, 우리를 떠나가고 있는 사람에게 사랑의 에너지를 쏟을 기회도 줍니다. 시간은 준비할 여유를 줍니다. 우리가 충격과 마비에서 천천히 회복할 수 있게 도우며, 운명과 배우자, 형제자매, 심지어 죽어가는 자녀와 하나님에게 대한 분노까지도 사그라지게 해줍니다.

이것은 인간의 자연스러운 반응입니다. 우리는 하나님께 호소할 시간이 필요하고 궁극적으로는 마지막 작별이 있기 전에 '작은 죽음'이라 말할 수 있는 다양한 상실에 대처하기 위한 시간이 필요합니다. 작은 죽음이란 화학요법을 받는 어린이가 예쁜 머리카락을 잃는 것과 집을 떠나 병원에 입원하는 것을 비롯하여, 걷거나 춤을 출 수 없고, 공을 찰 수도 없으며, 무도회에 갈 수 없고, 친구를 집으로 데려올 수 없으며, 킥킥거리며 웃고, 장래를 계획할 수 없는 것을 말합니다. 이런 여러 가지 상실이 일어날 때 애도할 수 있다면 최후의 슬픔은 최소화될 것입니다.

그리고는 자연스럽게 마지막 슬픔에 대한 준비 기간이 오는데 그것은 이루 말할 수 없는 슬픔을 동반합니다. 결혼 예복을 입은 아들이나 딸의 모습을 결코 볼 수 없으리라는 것, 졸업식에서 그들을 볼 수 없으리라는 것, 손자를 기다릴 수 없으리라는 사실 등을 마침내 현실로 받아들여야 하기 때문입니다.

가족은 이렇듯 '결코 일어날 수 없는 일'에 대해서 애통해 합니다. 어린 환자 자신도 역시 체념하면서 떠나기 위한 마음의 준비를 하고, 사람들을 만나는 것도 점점 피하게 됩니다. 우리가 언제 생명을 연장시키는 장치를 멈출 것인지를 안다면, 그리고 언제 그를 집으로 데려와야 하는가를 알고, 또한 죽음이라는 마지막 큰 변화의 시기가 올 때까지 오직 사랑만을 줄 수 있다면 이 기간은 평화와 고요의 시간이 될 것입니다.

갑작스런 죽음으로 자녀를 잃은 분은 대부분 이러한 시간적 여유를 가지지 못했습니다. 그런데 갑작스런 죽음은 엄청난 비극이지만 어떤 면에서는 축복으로 여겨지기도 합니다. 여러분은 길고도 고통스러운 치료과정에서 오는 괴로움과 형제자매에게 미치는 영향을 걱정하지 않아도 되기 때문입니다. 부모들이 아픈 아이를 디즈니랜드에 데려가는 등 필사적으로 '보상하려는' 노력을 하는 동안 버릇만 나빠지고 다른 형제들은 무관심 속에 방치됩니다. 이러한 노력은 사실 아픈 어린이보다 다른 형제에게 더 필요합니다.

형제자매는 부모에게 같은 대접을 요구했다가 '네가 대신에 암에 걸릴 테냐?' 등 잔인한 대답을 듣고 거절당하는 일이 많습니다. 많은 형제자매들은 부모의 불공평한 대우로 인해 아픈 형제에게 적개심을 품게 되고, 이 적개심은 쓰라림과 부당하다는 느낌, 그리고 엄청난 죄책감으로 이어집니다.

여러분 중에 남아 있는 자녀들과 이러한 문제에 대해 고민하는 분이 있다면 때를 놓치기 전에 그들에게 사랑과 에너지를 쏟기를 바라는 마음으로 이 얘기를 합니다. 또한 그 누구도 그러한 위기를 당했을 때 절대로 당신에게 진정제를 투여하지 못하게 하려고 이 얘기를 하는 것입니다. 진정제로 인해 당신은 모든 감정을 제대로 다 경험하지 못하고, 모든 고통을 다 쏟아 내지도 못하며, 눈물을 흘리지도 못합니다. 그렇다면 당신 자신을 위해서뿐 아니라 가족과 그 곁에 있는 사람을 위해 다시 살아날 수가 없습니다.

갑작스런 죽음을 통고받은 사람들이 방음 장치가 된 방에서 가능한 한 빨리 슬픔과 고통을 쏟아 낼 수 있을 때, 훨씬 잘 견뎌 나간다는 것을 알게 되었습니다. 그래서 병원 응급실에 통곡하는 방을 설치하기를 권해 왔습니다. 그곳에서 사람들은 정신없이 바쁜 전문가들 없이, 가능하다면 〈사랑의 친구들〉 모임의 회원들과 함께 있는 것이 좋습니다. 그들은 교과서가 아닌 인생의 학교에서 배운 사람들이며, 눈물을 비우고 삶을 다시 시작할 수 있도록 도와주는 사람들입니다.

나와 샨티 닐라야(Shanti Nilaya)[1] 임원과 함께 가졌던 닷새간의 워크숍에서는 특히 자녀의 자살로 고통스러워하는 사람에게 남아 있는 죄책감과 끝내지 못한 일을 해결하도록 도와주었습니다. '어떻게 했더라면 비극이 미연에 방지될 수 있었나'라고 생각하는 부모에게는 수많은 질문이 따라다닐 것입니다. 죄의식은 힘을 위축시키고, 여러분이 충만한 삶을 통해 궁극적으로 상실을 겪는 다른 사람을 돕는 데 방해가 됩니다.

이 워크숍에는 여섯 달 사이에 자녀를 모두 암으로 잃었으면서도 정신과적 치료나 진정제의 도움 없이 현재 비슷한 상실을 겪는 다른 사람들을 돕고 있는 부모가 참석하였습니다. 다른 〈사랑의 친구들〉 회원도 마찬가지로 국내외에서 그런 일을 하고 있습니다.

하나님께서는 자녀에게 감당할 수 없는 고난은 주시지 않는다는 것을 기억하십시오. 그리고 내가 가장 좋아하는 구절을 기억하십시오.

"깊은 계곡에 폭풍우가 몰아치지 못하게 했다면, 그 아름다운 절경은 볼 수 없으리."

이는 자녀를 잃은 후에 오는 고통과 괴로움, 슬픔과 절망을 인정하

---

1 저자가 주관했던 단체로 버지니아주에 세워졌으며 현재는 해산되었음. 산스크리트어로 최후의 평화의 집이란 의미이다. 곧 우리가 육체를 떠나 최후에 돌아갈 곳(역자 주)

지 말라는 뜻이 결코 아닙니다. 다만 겨울이 지나면 반드시 봄이 돌아오는 것처럼, 마음먹기에 따라 그 고통에서 벗어나 어려움에 처해 있는 많은 이웃에게 긍휼, 이해, 지혜, 사랑을 보낼 수 있다는 것입니다. 이 은사를 다른 사람들을 돕는 일에 사용하십시오. 내가 지금 하고 있는 죽어가는 어린이를 위한 활동도 독일 나치의 강제수용소에서 겪은 공포스러운 기억에서 나온 것임을 이해해 주십시오. 가스실에서 96,000명의 어린이들이 죽어갔습니다. 모든 비극에서 축복 또는 저주, 사랑 또는 원망이 나옵니다.…선택은 당신의 것입니다!

여러분, 이 사실을 기억하시기 바랍니다. 우리는 죽음과 사후생에 대한 연구를 통해 놀라운 사실을 발견했습니다. 그것은 죽음이라는 변화를 겪는 사람들은 우리가 아는 것보다 훨씬 더 생명력 있고 무조건적인 사랑과 아름다움에 둘러싸여 있다는 사실입니다.

그들은 죽은 것이 아닙니다. 우리 모두가 겪고 있는 진화의 여정에서 우리보다 앞서간 것뿐입니다. 그들은 오래된 옛 친구들, 수호천사들, 그리고 앞서간 가족과 함께 있습니다. 그들은 부정적인 감정을 느낄 수가 없기 때문에 당신이 그리워하듯이 당신을 그리워할 수 없습니다. 함께 있는 것은 단지 육체의 삶을 사는 동안 받은 사랑과 보살핌에 대한 기억뿐입니다.

하와이 호놀룰루의 세계적인 화가 마릴린 선더맨(Marilyn Sunderman)이 내 초상화를 그리는 중이었습니다. 그녀는 높은 곳의 계시를 통해서 영감을 받고 그림을 그립니다. 그런데 '죽음과 임종을 연구하는 55세의 여인'을 그리기 시작했을 때 나비를 올려다보고 있는 작은 소녀의 독특하고도 아름다운 모습이 떠오르는 것을 보고 깜짝 놀랐습니다. 그녀는 이 그림이 〈사랑의 친구들〉 지부에 걸릴 그림이라고 들었습니다. 육체는 단지 고치일 뿐이고, 죽음은 마치 나비가 고치에서 나오듯 우리 속에 있는 불멸의 죽지 않는 부분이 육체를 벗어나는 것이라고 하는 이 깨달음은 여러분에게 가장 큰 선물이 될 것입니다.

마이다넥(Majdanek) 강제수용소 어린이들이 가스실에 들어가기 전에 손톱으로 작은 나비들을 새겨놓았듯이 여러분 자녀도 죽음의 순간에 나비처럼 자유롭게 날아오를 것입니다. 그들은 더 이상 고통 없는 곳으로, 평화와 무조건적 사랑의 땅으로, 시간 제약도 없이, 생각하는 즉시 여러분에게 닿을 수 있는 곳으로 어떠한 장애 없이 간다는 것을 알고 있습니다. 겨울의 혹독한 추위 다음에 꽃피는 봄이 돌아오니 기뻐하십시오. 온누리에 돌아나는 새 잎사귀와 생명을 즐기십시오.

*

머리 부상과 혼수상태

머리 부상

스티븐이 드디어 고등학교를 졸업하게 되자 부모는 안도의 숨을 쉬었다. 그는 다섯 남매 중 맏이였는데 태어나자마자 동생들이 계속 생겼기 때문에 충분한 관심을 받지 못하고 자랐다. 부모는 그를 동생들과 비교하곤 했는데 오히려 동생들이 책임감이 더 강해 보였기 때문이다. 게다가 그가 '맏이'로서 모범을 보여주기를 기대했지만 그러한 기대는 한 번도 채워지지 않았다.

동생들은 공부도 잘하고 저녁 식사 전까지 숙제를 마치는데, 그렇지 못한 스티븐은 계속해서 잔소리를 들어야 했다. 여동생들은 '돌대가리'라고 놀렸고, 아버지는 '멍텅구리'라고 자주 야단쳤다.

"머리를 그렇게 안 쓰니 도대체 나중에 무엇이 되려고 그러니?"

어머니는 심부름도 제대로 하지 못하고 돌아오는 그를 혹독하게 나무랐다.

어느 날은 외출을 나간 그가 저녁 시간이 지나도록 돌아오지 않았다. 하지만 어느 누구도 대수롭게 생각지 않았다.

"잊어버리기를 잘하니까 아직도 엄마가 뭘 시켰나 생각해 내느라고 거리를 헤매고 있을 거야."

아버지는 무관심하게 중얼거렸다. 한 시간 뒤 전화벨이 울렸다. 수화기를 들고 있던 아버지가 갑자기 침묵하더니 얼굴이 창백해졌고, "네, 거기로 곧 가겠습니다. 다른 할 말 더 있습니까? 아직 살아 있기는 한가요?"라고 했다.

30분 후에 그들은 차를 타고 인근 병원으로 급히 갔다. 충격으로 정신이 멍한 상태인 부부는 서로 아무 말도 하지 않았다. 그들이 아는 것은 스티븐이 교통사고를 당했고, 한 시간 이상 파손된 차체에서 끌어낼 수가 없었으며, 방금 가까운 병원 응급실로 이송됐다는 내용이 전부였다.

지난 몇 주간 스티븐의 모습이 마음속을 스치고 지나갔다. 얼마 전 그가 고등학교를 졸업하였을 때 가족 모두는 대단히 자랑스럽게 여겼다. 그날 졸업사진이 배달되어 왔는데 스티븐은 아직 보지 못했다. 졸업무도회에서 예복을 입은 그의 모습은 그토록 어른스럽고 의젓해 보였다. 패트가 초대에 응했을 때 얼마나 흥분하였던가. 마침내 처음으로 성공했다는 마음이 들었는데 이런 일이 일어나다니! 너무나 불공평하다!

"당신까지 죽지 않으려거든 속도를 줄여요."

부인이 남편에게 말했다.

"죽는다고? 오, 하나님! 제발 그것만은 안 돼요. 살려주세요! 어떤 것을 포기하게 되더라도 상관없으니 제발 살려만 주세요!"

그들은 병원에 도착하여 꼬불꼬불한 복도와 계단을 통과하여 마침내 접수창구에 다다랐다. 하지만 기다리라는 말만 들었을 뿐이었다. 얼떨떨한 상태에 있는데 다른 병동으로 가라고 했다. 모든 것이 현실이 아닌 것 같고 사람들은 모두 자기 일을 하는 데만 바쁜 듯이 보였다. 어머니는 소리 지르고 싶었지만 아무도 관심 갖는 이가 없었다.

"당신들은 이곳 어디선가 내 아들이 살기 위해 필사적으로 싸우고 있다는 것을 모르나요?"

마침내 아주 젊은 의사가 자신을 소개하였다. 부서진 차 속에 갇혀 있던 젊은이는 정말 아들이었다. 아들을 차에서 꺼내는데 시간이 많이 걸렸다고 했다. 지나가던 친구가 알아보고 집 전화번호와 주소를 알려주었다. 스티븐은 그날 아버지 날에 깜짝 놀랄 선물을 준비하기 위해 친구 집 지하실에서 오랜 시간을 보냈다고 했다. 그 선물을 숨겨 달라고 부탁하고는, '저녁 식사 시간에 늦으면 부모님이 화나시니까 빨리 가야지'라고 말하면서 서둘러 떠났다고 한다. 그것이 그의 마지막 말이었다.

당장 그를 보는 것은 불가능했다. 아들의 상태가 좋지 않았다. 그렇다. 숨은 붙어 있지만 살아날 가망이 거의 없었다. 스티븐의 마지막 말이 부모의 마음속에 깊이 새겨졌다. 1분이 한 시간처럼 느껴졌고 한 시간이 하루처럼 느껴졌다. 어떻게 될지 모르는 채 그저 기도하고 가느다란 희망을 붙잡고 계속 기다렸다. 그때 같은 대기실에서 어린 아들과 함께 앉아 있던 한 어머니가 K부인에게 소리쳤다.

"도대체 머리가 어떻게 된 거예요? 검사 결과를 기다려야 한다는 사실도 모르세요?"

그 말이 바늘처럼 찔렀다. 스티븐이 다른 사람들이 이해할 수 없는 그 무엇에 깊이 몰두하고 있는 것도 모르고 얼마나 놀려댔던가? 무슨 꿈을 꾸고 있는지 물어본 적이라도 있었던가?

마침내 그들은 안쪽 방으로 안내되었다. 얼마 전까지만 해도 자랑스러운 졸업생이었던 아들이 처참한 모습으로 누워 있었다. 얼굴은 퉁퉁 부었고 표정이 없었다. 안색은 뭐라고 말할 수 없는 이상한 색깔이었고 몸 전체에 푸른 반점이 도드라졌다. 한쪽 눈은 좀 밀려나 보였고 양쪽 눈 밑은 푸른빛으로 그늘져 있었다.

"눈은 가벼운 문제입니다."

다른 의사가 설명했다.

"맥박과 혈압, 체온이 계속 유지되면 수술을 할 수 있습니다. S박사님은 상담이 있어 나가셨는데 오시면 수술을 맡으실 것입니다."

튜브와 기계들이 있었고 간호사들이 바쁘게 드나들고 있었다. 늙은 흑인 보조간호사가 와서 K부인의 손을 가만히 잡으며 잠시 바라보았다. 그것이 충격과 불신으로부터 벗어나게 하였다. 누군가 처음으로 '돌보아준' 것이었다.

진찰실에서 10분 정도 주치의와 이야기했다. 의사는 집에 가서 '눈을 좀 붙이라'고 권했다. 아니, 이런 상황에 어느 부모가 잠 잘 생각을 할 수 있겠는가? K씨는 차를 운전하기에는 너무 지치고 참담하였기 때문에 큰딸에게 전화해서 집으로 데려다 달라고 하였다.

K씨는 몇 시간 사이에 늙어 버린 것 같았다. 맏아들이 가족의 위로와 도움도 없이 홀로 수술실로 실려 들어갔다는 생각이 머릿속을 떠나지 않았다. 부엌에서 거실로, 위층에서 아래층으로 서성거리면서 전화벨이 울리기를 기다렸다. 아들이 무사하다는 소식이 오기만을 간절히 기도하였다. 이른 아침이 되자 더 이상 기다릴 수가 없었다. 왜 전화가 없는 걸까?

왜 누군가가 스티븐의 상태를 알려주지 않는 걸까? 아들은 지금 자신의 젊은 목숨을 건지기 위해서 처절한 투쟁을 하고 있지 않은가?

병원에 도착하자 그들은 거의 환자 같았다. 이번에는 복도가 텅 비어 있었다. 깊은 정적은 전날 밤의 시끄러움 만큼이나 고통스러웠다. 그곳은 색깔도 없고, 어디에도 다정한 목소리는 없는 것 같았다. 다시 이곳에서 저곳으로 가라는 말만 들으며, 마치 로봇이 된 것 같은 느낌이 들었다.

"스티븐이 어디 있는지 아무도 몰라요?"

이렇게 소리지르고 싶었지만, 앞으로 몇 시간, 며칠, 혹은 몇 주 동안 의존해야 할 사람들을 화나게 할까 두려웠다. 마침내 방금 신경외과 수술을 받고 나온 환자들이 있는 3층에 도착했다. 스티븐은 간신히 수술을 견디어 냈고, 의사들은 아직 회복실에서 나오지 않은 상태였다. 의사들은 지쳤겠지만 스티븐은 아직 살아 있었다. 그렇다고 해도 정상적인 젊은이로서 살아날 가망은 1퍼센트도 되지 않는다.

부모는 다시 좁은 대기실에서 기도하며 희망을 품고 기다렸다. 그렇게 며칠간 단지 허락된 몇 분 동안 아들 얼굴을 볼 수 있었다. 그 사이 집에서 잠깐 쉬고, 아이들 먹을 것 챙겨주고, 아들 친구들한테 걸려 오는 많은 전화를 받는 것의 연속이었다.

부모는 처음으로 맏아들을 알게 되는 것 같았다. 한 친구는 1년 전에 여동생이 익사할 뻔했을 때 스티븐이 어떻게 도와주었는지 말해 주었다.

"스티븐이 그때 동생을 구하지 못했다면 아마 저는 자살을 했을지도 모릅니다. 동생이 살려 달라고 소리지르는데도 저는 그냥 웃고만 있었어요. 근데 갑자기 파도 아래로 사라지더니 보이지를 않았어요."

스티븐은 친구가 죄책감에 빠지지 않도록 그의 여동생을 구해 주었다고 부모에게 말한 적이 없었다. 집에서 숙제하지 않는다고 화내던 바로 그때도 아들은 도움이 필요한 친구를 조용히 돕고 있었는지도 모른다는 생각이 들었다.

직계 가족만이 스티븐을 면회할 수 있는데도 많은 친구들이 차가운 병원 복도에서 서성댔다. 그는 다리도 움직일 수 없었고, 자기에게 무슨 일이 일어났는지를 전혀 알지 못했다. 병원에서는 혼수상태에 빠진 환자들을 전문적으로 돌보는 병원으로 보내자고 제안했다. 그러나 그곳으로 가기 직전에 스티븐의 학교 친구 부모가 뇌손상 아동의 부모를 위한 기관을 알려주었다.

혼수상태

데이비드는 튼튼하고 건강한 19살의 소년이었다. 하지만 1975년 그가 운전하던 오토바이가 자동차와 충돌하는 순간 그의 삶은 완전히 달라져 버렸다. 즉시 두개골 골절에 대한 응급 처치를 받았지만 의식을 찾지 못하였고 입원하자마자 뇌경색 증세를 나타냈다. 혈종을 제거하기 위해 2번의 수술을 받았으나 증세는 오래 계속되었다.

희망과 한숨이 교차되는 몇 달간의 치료 끝에 가족은 아들을 집으로 데려갔다. 7년이라는 긴 세월 동안 어머니는 말도 할 수 없고 말을 알아들을 수도 없는 사지가 마비된 젊은 아들을 보살펴 왔다. 관절은 눈에 띄게 변형되었고 침대에 누운 채 아무런 기능도 할 수 없었다. 어머니는 아들을 볼 때마다 의사들이 환자를 억지로 살려 내려고 과잉진료를 한다는 생각을 떨쳐 버릴 수 없다. 몇 년이고 끝없이 침대에 누워 꼼짝도 못한 채 가족과 간병인이 돌아 눕혀야 하고, 아기처럼 먹여주어야 하고, 팔다리도 움직이지 못하며, 가족들이 말하는 것에 아무런 반응도 못한다. 한마디 말도 못하는 자식의 몸을 지켜보아야 하는 부모의 고통에 대해서 그들은 무감각하다. 그 어머니의 편지가 이를 말해 준다.

*

엘리자베스 선생님께

데이비드에 대한 선생님의 조언에 감사드립니다. 근래 몇 달간 아무 염증이 없는데 의사가 계속 항생제를 투여하고 있는데도 그걸 막기는 참 어려운 일입니다. 의사가 약을 끊는 것을 두려워하는 이유는 최근 캘리포니아 법원의 결정 때문입니다. 항생제, 약, 또는 음식을 투여하지 않음으로써 환자를 죽게 한 두 의사가 고소당했습니다. 저는 음식을 주지 말라고 말한 적은 없지만 항생제를 투여하는 것은 내키지 않습니다. 그러나 이 의사와 더 이상 논쟁하고 싶지 않습니다.

저는 너무나 낙심하여 마치 벽에 부딪치는 것 같았습니다. 선생님의 편지를 받은 이후 데이비드는 다시 진찰과 검사를 받았습니다. 진찰은 10월에, 검사는 추수감사절 다음날에 있었습니다. 뇌 단층촬영 결과를 보았는데 너무 나빴습니다. 의사는 아들에게 무슨 일이 있었느냐고 물었습니다. 의사는 '그토록 비정상적인 뇌'는 처음 보았으며 차사고 때 때문만이 아니라 두 번에 걸친 수술의 결과라고 하였습니다.

그 이후 저는 도저히 마음을 안정시킬 수 없었고 거의 매일 일어날 때마다 울거나 수시로 터져 나오는 울음을 억지로 참고 있습니다. 사실 7년이 지나서가 아닌, 사고가 난 직후 처리했어야 할 일이었습니다. 저는 데이비드가 그렇게 형편없이 심하게 뇌손상을 입었는지 몰랐고 부상의 정도도 추측할 수 없었습니다. 말하자면 그전에 잘 몰랐던 상태를 지난 6개월 동안 비로소 확실히 알게 된 것입니다.

지금 저는 아들이 그 깊은 부상을 입고도 살아남았고 우리 역시 긴 세월 동안 고통을 감내했다는 사실이 믿겨지지 않습니다. 이런 말을 하기는 싫습니다만 저 자신의 고통을 극복하기 위해 심리치료를 받고 온갖 노력을 다했지만 결국 헛수고가 되고 말았습니다.

어쨌든 선생님을 뵙기를 원합니다. 어떻게든 제 감정을 좀 더 표출할 필요성을 간절히 느낍니다. 때로는 감정표현을 한 것 같지만 요즘에는 그렇게 하지 못한 것 같습니다. 데이비드가 사고를 당했을 당시에 그냥 죽도록 내버려두었더라면 모든 게 훨씬 쉬웠을 것입니다. 그냥 떠나도록 말이죠. 저는 그날 밤에 이미 갔다는 것을 느낌으로 알았습니다. 검사 결과 살 가망이 희박한 것으로 나오기도 해서 그가 육체를 떠났다고 생각할 수 있었습니다.

저는 의사가 단지 치료를 잘 했다는 소리를 듣고 싶어서 혹은 비난받기 싫어서 항생제를 조금씩 조금씩 주는 걸 이해할 수 없습니다. 사람들이 데이비드가 그 상태로 65세 또는 그 이상 살 수 있겠다고 말하는 것을 들을 때마다 소름이 끼칩니다.

*

캐런 퀸란(Karen Quinlan)의 이야기는 세상의 큰 관심을 끌었다. 이 젊은 여인은 몇 년 전 약물 과용으로 혼수상태에 빠졌고 생명을 연장시키는 장치로 생명을 유지하고 있다. 거의 10년이 지난 지금도 혼수상태에 빠져 있고 굳어진 작은 몸은 요양원에서 잘 보살핌 받고 있다. 그리고 놀랍도록 헌신적인 부모는 아직도 딸을 방문하고 있다. 캐런은 뇌의 대부분의 기능을 상실했고 말하거나 대답할 수도 없으며 사지도 움직일 수 없다. 그러나 이 길고도 지겨운 비극의 주인공 캐런의 존재는 세상 사람에게 새로운 자각을 가져다주었다. 그전에는 그러한 문제를 드러내고 말하기에는 세상이 너무도 무감각했고 무관심하였다.

수많은 기관과 전문가들이 윤리적, 도덕적, 그리고 종교적인 관점에서 인공적으로 삶을 연장시키는데 대한 토론을 벌여 왔으며, 정상적 삶으로 소생할 가망이 전혀 없는, 뇌 계통이 손상당한 젊은이의 삶을 연장시키는 문제에 대해 찬성과 반대의 뜨거운 논쟁이 계속될 것으로 보인다.

그들은 요양소, 장기 수용시설, 혹은 집에 존재하고 있되 삶을 살고 있지는 않다. 그리고 경제적, 감정적, 육체적으로 가족과 보호자에게 엄청난 부담을 안겨주고 있다. 그들은 살아있는 사람에게 삶의 귀중함을 깨우쳐준다. 우리가 할 수 있을 때 서로 나누고, 대화하고 응답하며 서로 웃고 즐겨야 한다고 말하고 있다. 하지만 얼마나 오랫동안 이 모든 대가를 치르며 그러한 사람을 살게 할 수 있단 말인가? 얼마나 오랫동안 항생제를 투여한단 말인가?

가족은 이러한 가슴 아프고 어려운 결정을 스스로 내려야 할 필요가 있다. 병원의 진료가 더 진척이 없고 가정의 경제적 자원을 고갈시킬 때, 먹여 주고 움직여 주고 따뜻한 목욕을 시켜 주고 주어진 환경에서 최대한 육체적인 안락함을 줄 수 있는 사람을 확보할 수만 있다면 그 젊은이는 집으로 데리고 와야 한다. 형제자매가 카세트를 틀어 주거나, 학교 친구들이 이따금 들르며, 가족이 이 반응 없는 어린이와 가능한 한 많은 활동을 함께 할 수도 있다. 우리는 이러한 아이들의 청각이 살아 있고 빈번한 자극은 때로는 느리지만 놀랍도록 점진적인 향상을 가져다준다는 사실을 알고 있다.

가족은 또한 '의식(consciousness)'과 '인지(awareness)'를 구별하는 것이 중요하다는 것을 알 필요가 있는데, 후자는 뇌의 기능에 의존하고 있지 않은 것이다. 이 어린이의 영혼이 간헐적으로 잠시 육체를 떠나 있을 동안 자기 주변에 무슨 일이 일어나고 있는지를 완벽하게 이해한다. 그러나 육체라는 껍질 속에 다시 돌아왔을 때에는 손상된 뇌로 인해 무슨 일이 일어나고 있는지를 이해하지 못한다. 그저 멍한 눈으로 바라보거나 아무 반응도 하지 못할 것이다. 그렇기 때문에 가능한 한 환자 곁에서 일상생활을 지속하는 것이 중요하다.

얼마 지나면 친구와 형제자매는 발길을 끊는다. 전혀 관심조차 주지 않는 친구에게 무슨 말을 해야 할지 모른다. 별거나 이혼한 상태로 사는 경우에 남편도 점점 뜸해지는데(우리가 다룬 환자의 경우 80%는 그러했다) 자신의 해결되지 않은 죄책감이 자주 환자를 마주하는 것을 꺼리게 하는지도 모른다. 그래서 흔히 어머니는 혼자서 환자를 돌볼 책임을 떠맡게 되고, 이를 감당하기에 너무 벅차다.

환자의 상태가 변함이 없고, 몇 년간 최선의 치료와 돌봄에도 불구하고 아무런 진전을 보이지 않는 경우, 부모는 이해심이 많은 의사와 상의하여 언제 항생제를 끊을지 결정하도록 허용되어야 한다.

더 많은 사람이 우리의 육체라는 형체는 진정한 인간이 아닌 껍질, 즉 고치에 지나지 않는다는 것을 알기 원한다. 그렇게 된다면 떠나보내는 데 대한 갈등을 덜하게 되고, 모든 대가를 치러가면서 생명을 연장시키지 않은 것에 대해 죄의식을 덜 가질 것이다.

한 어머니는 신경퇴행성질환에 걸린 세 살 반 된 딸에 대해 편지를 썼다. 그 아이는 최근에 혼수상태에 빠져서 전혀 말할 수 없는데도 불구하고 어머니는 의사소통을 할 수 있는 것처럼 느낀다. 여기서 말하고 싶은 것은 혼수상태에 빠진 어린이는 대부분의 시간을 육체에서 빠져나와 있으며, 그동안 주위사람들이 하는 모든 대화를 들을 수 있고 사랑과 보살핌이라는 보편적인 언어를 이해할 수 있다는 사실이다. 환자 자신은 자신의 상태에 대해 두려움도, 고통도, 괴로움도 느끼지 않는다.

어린이에게 자연스럽게
삶을 준비시키는 방법

마음을 한데 모아, 어린이를 위해 어떤 삶을 만들어줄 것인지 보자.

－아크웨사스니 노트(AKWESASNE NOTES)[2], 모호크 네이션, 루즈벨타운, 뉴욕

사람은 다섯 가지 자연스런 감정을 가지고 태어나지만, 그 감정을 왜곡시키고 부자연스럽게 만드는 경향이 있다. (86쪽 표 참조) 이는 우리의 에너지를 고갈시키고 마음껏 눈물을 흘리지 못하게 만든다. 그리고 분노의 억제, 복수심, 질투와 경쟁, 자기 연민 등 여러 문제를 야기하며, 육체와 정신을 파괴하고 자기 자신과 타인을 향한 폭력을 행사하는 데까지 이르게 한다.

삶을 제한하는 두려움

두려움은 자연스런 감정이나, 선천적으로 가지고 태어나는 두려움은 단 두가지뿐이다. 하나는 높은 데에서 떨어지는 두려움이고, 다른 하나는 갑작스런 큰 소음에 대한 두려움이다. 이 두려움은 삶을 보전

---

2 AKWESASNE NOTES: 캐나다와 미국 사이의 AKWESASNE에 거주하는 모호크족이 세운 신문사 이름

하는데 필요한 것이어서 유익하다고도 할 수 있다.

당신 안에 얼마나 많은 두려움이 있는가? 또 얼마나 많은 두려움을 자녀에게 물려주고 있는가? 사람은 두려움을 기초로 하여 삶 전체에 대해 결정을 내린다. 즉 실패와 성공, 버려짐과 거부, 고통과 죽음, 나이 드는 것과 주름진 얼굴, 사랑받지 못하는 것, 너무 살찌거나 너무 마르는 것, 윗사람이나 이웃이 어떻게 생각할까 하는 두려움 등이 그것이다. 우리는 삶에 부담을 주고 에너지를 고갈시키는 후천적인 두려움이 너무나 많다.

우리는 의식적이던 무의식적이던 후천적 두려움을 자녀에게 물려주면서 그것이 자녀에게 얼마나 큰 상처와 고통을 주는지 깨닫지 못한다. 예를 들어, 이미 걸음마를 시작한 아이에게 세발자전거를 태운다든가, 조금 더 큰 아이가 두발자전거를 타는 것을 두려워하는 부모라면 아이에게 정서불안을 일으킬 뿐 아니라 두려움을 안고 살아가는 또 하나의 세대를 만들 것이다.

자연적인 감정	왜곡된 부자연스러운 감정
두려움 : 높은 곳에서 떨어지는 것, 크고 갑작스러운 소음	실패, 거부, 사랑 받지 못함, 성공, 고통, 폭력, 상사, 이웃의 여론 등에 대한 두려움
비탄 : 상실에 대처하는 법, 울음과 나눔으로 표현된다.	자기연민, 오랜 기간의 나쁜 기분, 우울, 죄의식, 수치심, 자책감, 비난
분노(15초 동안) : 변화, 자기주장, 자기보호를 가져온다.	긴 시간 동안의 분노, 격노, 미워함, 복수심, 극심한 괴로움, 원한
질투 : 성장을 위한 자극과 동기를 부여한다.	부러움, 경계심, 소유욕, 죄책감
사랑(무조건적인) : 보살핌, 관심, 돌봄 '아니요'라고 말할 수 있는 능력, 다른 사람으로 하여금 독립적이 되도록 한계를 설정한다. 자존감, 자신감, 자애감	조건적인 사랑 : 이는 다른 사람으로 하여금 사랑이나 인정을 '사도록' 유도한다.(우리는 이를 매춘이라고 한다)

여기에 부언한다면, 사람을 사분면으로 나눌 수 있는데, 육체의 사분면은 생후 일년이 가장 중요하다. 이때 받을 수 있는 모든 보살핌을 다 받아야 한다.

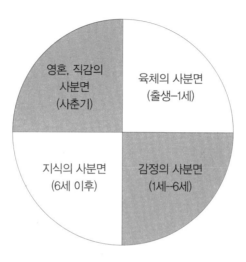

T부인은 언제나 방금 미장원에서 나온 듯한 '품위 있는 숙녀'였다. 늘 백악관의 점심 식사 초대를 받은 것처럼 잘 차려입고 사무실에 갔다. 핸드백은 신발과 어울리는 것을 들었으며, 그 누구도 T부인의 삶이 두려움으로 가득 차 있으리라고 생각하지 않았다.

그녀에게 가장 큰 두려움은 다른 사람, 특히 이웃 사람이 자기를 어떻게 생각하느냐였다. 성공적인 경력을 쌓기 위해 열심히 일했고, '가난한 출신의 여자'라는 것을 애써 감추었다. 옷을 사기 위해 한푼이라도 아껴야 했고 컨트리클럽 회원권을 포함하여 무엇이든 사기 전에 잔돈까지 모아야 했다는 것을 아무도 짐작하지 못했다. T부인은 남편을 잃게 되면서 남편의 병원비와 장례비를 지불하고 나서 남은 돈이 거의 없었다.

T부인의 두 딸은 결혼하여 미용사로 일하고 있었고, 집을 떠나 약혼자와 동거 중이었다. 이것이 T부인이 친구와 이웃에게 감추고 싶은 현실이었다. 지난 몇 달 동안 T부인은 외아들 봅과 끊임없이 갈등하며 밤마다 다투었다.

18살의 봅은 T부인의 기준으로 보면 늘 '나쁜' 친구들과 어울렸다. 사실 그리 나쁜 아이들도 아니었다. 고등학교에 다니면서 저녁이면 집에서 이야기를 나누거나 록음악을 즐기며 놀았는데, T부인 집에서도 자주 놀았다. 밴드를 만들려고 돈을 모으고 있었고 가끔 여자친구와 함께 영화 구경을 하기도 했다.

T부인은 지난 몇 달 동안 집에 돌아와 아들이 부엌 냉장고 위에 올라가 있는 것을 보면 꾸짖곤 했다. 봅은 단정치 못하고 만사가 태평해 보였다. 무엇보다 화나게 하는 건 아들이 매일 똑같은 낡은 티셔츠만 입고 있다는 것이다. 여자친구에게서 받은 것인데 원래 색이 어떤지 모를 정도로 낡아 빠진 티셔츠였다.

T부인은 아들과 그의 친구들에 대해 얘기할 때마다 노골적으로 혐오감을 드러냈다. 마치 자신을 해쳤거나 모독한 듯이 한 번 소리지르면 봅이 집에서 나갈 때까지 멈출 수가 없다면서 자신의 상태를 솔직히 인정하였다.

어느 날 밤 T부인이 '삶과 죽음'에 대한 강의를 듣고 집에 돌아왔을 때 봅은 밤마다 분노를 일으키게 했던 그 티셔츠를 입고, 같은 자세로 앉아 있었다. T부인은 그 순간을 다음과 같이 설명했다.

"그날 밤 집에 돌아오자 아들이 친구들과 함께 또 그곳에 앉아 있는 것을 보자마자 전처럼 막 퍼부으려고 했습니다. 그 순간 아들이 처음 보는 사람같이 느껴지면서 '봐, 그 티셔츠 입어도 괜찮아. 오늘 밤에 여자친구를 데려다주다가 사고가 나면 그 티셔츠 입은 채로 묻어 줄게'라는 말이 저도 모르게 나왔습니다."

누군가 예쁘게 보이면 사랑받고 단정하고 세련되어야만 칭찬받는다고 생각한다면, T부인과 마찬가지로 이러한 가치관을 자녀에게 물려줄 것이다. 또한 자녀가 자기 뜻을 따르지 않으면 몹시 불안해 할 것이다. 또한 자녀가 자기 뜻을 따르지 않으면 몹시 불안해 한다. 흥미롭게도 미용사인 T부인의 딸을 만난 적은 없지만 어머니의 이러한 가치관을 어느 정도 물려받았을 것이다.

상상하기도 싫지만, 왜 어린이가 삶이 활짝 피기도 전에 죽어야 하는가? 왜 아이들을 잘 입히지 못하면 이웃이 어떻게 생각할까 하는 두려움 때문에 어머니와 아이들 사이가 갈라져야 하는가?

감정의 사분면

영아기의 아이들이 갑작스러운 큰 소음이나 높은 데서 떨어지는 두려움을 느끼는 것은 본능이지만, 죽음에 대한 두려움은 갖고 있지 않다. 유년기의 아이들은 어른과 분리되는 것을 두려워한다. 아이들에게는 버림받는다는 두려움과 사랑하고 보살펴줄 사람이 없어지는 것에 대한 두려움은 대단히 크고 본능적이다. 어린이는 스스로 의존성을 인지하고 있으며, 어린 시절에 버림받는 경험을 했다면 깊은 상처가 남는다. 그 아이는 자신이 겪은 정신적 충격에서 벗어나고, 버림받는 두려움, 고통,

불안과 분노에서 해방되어야 한다.

이같이 격한 감정은 가족을 잃었을 때만 일어나는 것은 아니다. 우리 사회에서 각종 유기사건이 수없이 일어나지만, 사랑하는 사람의 죽음과 관련된 상실이 아니라면 이를 알아차리는 사람들이 거의 없다. 비상연락 체계도 작동하지 않고, 의지할 사람도 없고, 위로하러 찾아올 이웃도 없다. 어떤 식이든 버림을 받았다고 느끼는 어린이는 쉽게 상처받으며, 앞으로의 삶에서 전반적인 불신감이 형성되어 친밀한 관계를 허용하는 데 대해 두려움을 겪으며, 이별하게 한 사람에 대한 원망과 사랑의 결핍이 주는 깊은 슬픔 등이 자리잡게 된다.

르네는 그러한 아이였는데, 치유되기까지 30년이 걸렸다. 르네가 5살 때, 아버지는 갈 데가 있다면서 차에 타라고 했다. 르네는 무척 기분이 좋았다. 아버지는 여러 해 동안 술에 빠져 있었고, 엄마는 정신병원을 드나들고 있었다. 그애의 생활에 웃음과 행복은 거의 없었다. 그런데 아버지가 어딘가 데리고 간다고 하신다. 아버지에게 감히 어디 가냐고 물어볼 수도 없었다. 동물원? 공원? 축구경기장? 왜 아버지가 주중에 집에 오셨는지 알 수 없었지만, 엄마가 또 심하게 아프다는 것은 알고 있었다. 하루 종일 잠들어 있었고, 샌드위치를 만들어 주러 내려오시지도 않았다.

아버지는 큰 건물 앞에 차를 세웠다. 천천히 문을 열고 르네를 데리고 안으로 들어갔다. 아버지는 말이 없었고, 미소 한 번 보이지 않았다. 르네는 아버지가 자기에게 화가 나셨다고 생각했다. 르네는 스스로 아침 식사를 차리고, 먹은 접시를 싱크대에 갖다 놓는 아이였다. 부모가 싸울 때는 매번 그 자리를 피했는데 오늘은 다투는 소리가 들리지 않아 웬지 좋은 일이 있을 거라는 기대를 하고 있었다.

아버지는 르네의 손을 잡고 야릇한 냄새가 나는 방으로 갔다. 한 수녀가 다가와서 아버지에게 무슨 말을 했지만 르네에게는 아무 말을 걸지 않았다. 먼저 아버지가 방을 나가고 잠시 후 수녀도 나갔다. 르네는 조용히 앉아서 기다렸지만 아무도 오지 않았다. 아버지가 화장실에 가셨다고 생각했지만 그보다 더 오래 걸렸다. 마침내 자리에서 일어나 창밖을 보니 아버지가 건물 밖에 주차한 차를 향하고 있었다. 그는 최대한 빨리 뛰어갔다.

"아빠, 아빠! 가지 마세요!"

그러나 차문이 닫히고, 그 낡고 낯익은 차는 모퉁이를 돌아 시야에서 사라졌다.

르네는 어머니를 다시는 만날 수 없었다. 정신병원에 입원한 지 2년 만에 자살하였다. 아버지도 여러 해 동안 보지 못했다. 한참 세월이 지나서 한 낯선 부인이 그를 찾아왔다. 아버지와 결혼했다면서 가능하면 그를 수녀원에서 데리고 나갈 계획이라고 말했다.

르네는 집으로 돌아갈 수 있었다. 그는 할 수 있는 모든 방법으로 아버지를 기쁘게 하려고 노력했다. 새집에 페인트칠도 했고, 시간만 나면 집안일을 하면서 아버지에게 인정받으려고 노력했다. 그러나 아버지는 언제나 그랬듯이 말이 없었다. 그러한 아버지의 침묵은 지난 날 아무런 설명도 없이, 엄마와의 작별 인사도 마지막 키스도 나누지 못한 채 집에서 끌려 나온 그때의 악몽을 되새기게 했다.

아버지는 르네를 왜 수녀원에 맡겼는지, 왜 미리 일러주지 않았는지 말하지 않은 것처럼 고맙다든가 잘했다는 말을 일체 하지 않았다. 그래서 르네는 성인이 될 때까지 내면에 존재하는 거부와 버림받음의 두려움을 인지하지 못한 채 어른의 비위를 맞추려고 노력하며 성장하였다. 알코올 중독과 정신병에 민감하였으며 누군가와 특별히 가까워지는 것을 두려워했다.

그의 삶 전체는 오로지 아버지를 기쁘게 해드리기 위한 일의 연속이었다. 그는 심히 큰소리를 내지 못했고 불쾌한 감정을 표현하지도 못했다. 그의 얼굴이 밝아질 때는 공원에서 부모와 함께 뛰노는 아이들을 보거나 부모가 밀어주는 그네를 타고 있는 아이들의 모습을 볼 때뿐이었다. 자신은 왜 자라면서 저런 사랑과 웃음을 경험하지 못했는지도 모르는 채 그 아이들의 웃음소리를 즐기며 공원에서 시간을 보냈다.

르네가 보다 성숙한 어른이 되었을 때 비로소 자신의 고통과 분노, 근심, 그리고 유년기에 예상치 못하게 버림받은 사실을 객관적으로 바라볼 기회를 가졌다. 그 결과 그는 자유로운 사람으로 소생할 수 있었다. 마음을 털어놓을 수 있는 안전한 장소에서 자신의 고통에 함께한 사람들로 인해 르네는 오랫동안 참았던 눈물을 쏟아낼 수 있었다.

그렇게 보낸 일주일은 마음의 짐을 내려놓기에 충분했다. 그 시간 동안 르네는 무조건적인 사랑을 받고 있다고 느꼈다. 갈등이 해소되면서 그동안 왜 자신이 다른 사람을 신뢰하지 못했고 친밀한 관계를 맺을 수 없었는지 이해할 수 있었다.

가능하다면 부모가, 아니면 누군가가 이 어린 소년과 대화를 나누고, 놀이와 그림에 관심을 가지면서 그의 우울과 고독감을 이해하려고 했다면 수십 년간 괴롭힌 고통과 해묵은 갈등에서 쉽게 벗어날 수 있었을 것이다. 이러한 일은 지난 시대에나 있을 수 있는 일이라고 생각하는가? 아니다. 그러한 일은 오늘날도 매일 우리 주변에서 일어나고 있다.

수많은 성인이 유년기의 상처를 치유받지 못해 고통받고 있다. 어린이는 '울보', 또는 '계집애 같은 아이'라고 놀림 받거나 '사내아이는 우는 게 아니야' 같은 말을 듣지 않고 슬퍼할 수 있도록 허용해야 한다. 남자든 여자든 어렸을 때 자연스런 자기감정을 표현할 수 없다면, 훗날 자기연민 같은 심리학적 문제에 직면할 것이다. 유년기에 당한 슬픔과 두려움을 그때그때 표현하고 다른 사람과 나눌 수 있다면 마음의 상처를 예방할 수 있다.

감정의 공유

사랑하는 가족이 죽어갈 때, 죽기 전 며칠이나 몇 주 동안 집에서 잘 돌보아 준다면 죽음은 악몽이 아닌, 나눔과 사랑의 아름다운 경험일 것이다. 또한 이는 죽음을 받아들이는 데 큰 도움이 된다. 아이들은 좋아하는 음악을 틀어주거나 그저 방에 들르는 것만으로 돌봄에 참여할 수 있다. 아이들의 슬픔은 아름다운 창작물로 표현되곤 한다. 한 어린이는 외할아버지가 말기환자로 집에서 돌봄을 받다가 돌아가셨는데, 후에 학교에서 다음과 같은 글을 썼다.

*

이 이야기가 사실이 아니었으면 좋겠지만 사실이다. 우리 외할아버지를 뜨거운 불로 화장하여 차가운 강에 재를 뿌린다고 한다. 내가 죽음이라면 얼마나 좋을까. 나는 아무도 죽게 하지 않을 것이고 사람들이 어디서나 아름다운 삶을 살게 할 것이다. 재가 뿌려질 그 강에서 할아버지는 멋진 숭어를 낚곤 하셨다. 할아버지가 영원히 죽지 않았으면 얼마나 좋을까. 나도 너무 슬프지 않다면 얼마나 좋을까.

*

어린이의 자연스런 질투심

자연스러운 감정인 '질투'는 어린이에게 배우기를 바라게 만들고, 형이나 언니를 흉내 내면서 그들과 경쟁하도록 하는 자극제이다. 질투의 감정은 자연스럽지만, 주위 사람이 책망하고 바꾸라고 하거나, 얕잡아볼 때 부정적인 감정으로 변한다.

한 번은 내가 2학년 학생의 집에 동화책을 가지고 갔다가 나오려 할 때였다. 그의 5살짜리 여동생이 내 무릎에 올라와서 귓속말을 하였다.

"엘리자베스 아줌마, 내년에 우리에게 오실 때는 이 책을 아줌마께 모두 읽어드릴 거예요."

자기도 곧 책을 읽을 수 있으리라는 강한 자부심을 느낄 수 있었다. 그 애는 큰 오빠에게 글자를 가르쳐 달라고 해서 곧 글을 읽을 수 있을 것이다. 이는 자연스러운 질투이다. 그러나 이렇게 주목 받고자 하는 자연스런 욕구가 장기적 불치병을 앓는 형제자매와 함께할 때는 특별한 문제를 야기할 수 있다.

부모가 병든 아이를 지나치게 감싸면 다른 형제자매는 불치의 병에 걸린 형제에 대해 점차 부정적인 태도를 보인다. 병에 걸린 어린이가 영웅

대접을 받거나, 유명한 사람이 편지를 하게 하거나 방문하도록 하고, 다른 형제는 상상도 못할 만한 풍족한 선물이나 특권을 주는 경우를 우리는 수없이 보아 왔다. 부모가 죄책감으로 과도한 관대함을 보이면, 다른 형제자매는 주의를 끌거나 특권을 얻고 싶은 마음에 툭하면 울음을 터뜨리게 되고 결국 심리적, 신체적 질환으로 발전하기도 한다.

형제자매는 단순히 병에 걸리기 전의 '정상적인 생활'로 되돌아가기 위해 병든 아이가 죽기를 바란다. 그러다가 막상 병든 아이가 죽으면 낮에는 죄책감과 두려움에 사로잡히고 밤에는 잠을 잘 이루지 못한다. 부모는 조문객을 맞이할 준비와 장례식 준비를 하느라 바빠서 이런 아이들의 행동을 눈치채지 못할 수 있다. 남아 있는 형제자매가 장례식에 참석하고 싶어하지 않는 데 대해 아무도 관심을 보이지 않고 그들이 겪고 있는 내적 혼란을 잘 이해하지 못한다.

불치병에 걸린 아이의 형제자매들의 모임에서 우리는 매번 질투와 불공평에 대해 이야기를 한다. 어떤 어린이는 훌륭한 정신과 의사가 될 잠재력을 가지고 있는 듯했다.

어린 소녀가 사무실에 찾아와서 급히 상담을 하고 싶다고 했다. 나는 앉으라고 권하면서 왜 그토록 당황스럽고 급한지 들으려고 했다. 그 아이는 내일이 생일인데 언니가 죽은 후 첫 생일이라면서 다소 감정 없이 말하였다. 그리고 엄마는 죽은 언니에게 무엇이든지 하고 싶은 대로 허락했기 때문에 언니가 얼마나 부러웠는지 모른다고 했다. 로리가 불평하면 엄마는 이렇게 말했다.

"네가 맏이였다면 그렇게 해줬을 거야."

로리는 언니가 죽는다면 자기가 맏이, 즉 넘버원이 되는 것을 상상하기도 했다. 언니가 죽은 후 로리는 지금까지 그 죄스러운 상상을 다시는 하지 않았는데, 내일이 생일이고, 자신이 이제 맏이이자 넘버원이라는 생각이 났다. 하지만 자신의 문제의 답을 듣기 전에 그것을 정말 즐거워할 수 없었다. 그 문제란 바로 어린이는 천당에서도 계속 자라는가 하는 것이었다.

"글쎄, 계속 자라지 말라는 법은 없지. 내 생각에 우리 모두는 살아 있어도 성장하고 죽어서도 성장하고 영원토록 성장과 배움을 멈추지 않을 것 같아."

나는 곧바로 대답해 주었다. 이 말은 로리의 마음을 안심시키기에 충분하였다. 로리는 이번 생일을 즐기게 되어 행복한 마음으로 방을 나섰다. 어린이는 그토록 단순하고, 직선적이며, 정직하다. 우리 어른들도 이 어린아이처럼 될 수만 있다면!

어떤 독자들은 전에 '라 라비다'라는 아동병원의 한 작은 소년에 대해 했던 얘기를 기억할 것이다. 신장이식을 받아야 하는 이 소년은 상상의 총으로 어린 소녀를 쏴 죽이는 동작을 하였다. 간호사는 이 아이의 행동 속 상징 언어를 이해하지 못해서 당황스러웠다.

그 아이는 죽은 사람의 신장을 이식받으려고 기다리고 있었는데 기약이 없었고, 생각대로 되는 게 아무것도 없는 것 같았다. 아버지가 단 한 번 아이를 병원 밖으로 데리고 나가 놀고 돌아왔는데 하필 그날 신장이 제공되어 그만 기회를 놓치고 말았다.

이제 그는 하루가 가고 한 주가 지나고 한 달이 지나도록 그저 앉아서 누군가가 죽어서 신장이 제공되기를 기다리고 있을 뿐이었다. 이 소년이 상상 속에서 어린아이를 '쏴 죽이는 것'으로써 좌절감을 표현하는 행위가 놀랄 일인가?

이는 어린이가 사용하는 상징 언어의 좋은 예이다. 이 소년은 신장을 얻고자 하는 욕구를 '보여주고' 있었다. 그를 방문했을 때 호숫가에 데리고 가서 물을 향해 함께 돌을 던졌다. 돌을 하나씩 던질 때마다 분노가 더욱 커지며 극단적인 감정을 드러내더니 한 번도 입 밖에 내지 않았던 이야기를 하였다. 지난번에 이식받으려던 신장이 몸에 맞지 않은 다음부터, 그리고 여동생을 낳은 다음부터 엄마가 더 이상 찾아오지 않는다고 했다.

안타깝게 어른은 흔히 어린이의 요구를 듣고도 제대로 파악하지 못하고 상징 언어를 이해하지 못한다. 당연히 이 어린 소년은 자기 자리를 빼앗았다고 느껴지는 갓난 여동생을 질투하고, 엄마가 아기 때문에 자기와 함께 보낼 시간이 없다는 데 화가 났다. 또한 자기가 살 수 있게 신장을 줄 누군가가 죽지 않는 데 화가 났다.

아버지와 처음으로 함께한 단 하루의 즐거운 날이 그가 신장을 받을 수 있는 단 하루였다는 사실도 화가 났다. 한마디로 이 소년이 화가 나는 것은 충분히 이해할 만하다. 하지만 대개 아동병원은 그런 감정을 드러낼 공간이 되어 주지 못한다. 간호사는 그가 조용히 있을 때는 친절하게 대했지만 화가 나면 다른 병원으로 보내 버리겠다고 계속해서 위협했다고 한다. 그 '다른 병원'이란 바로 대학병원인데, 어린이가 수술을 받거나 죽어갈 때만 보내지는 곳이었다.

"이곳의 친구와 마지막까지 지낼 수 있게 아무도 예상치 못할 때 죽었으면 좋겠어요."

그애는 철학적으로 말했다. 그런데 어린이는 죽음을 이해하지 못한다고 믿는 어른이 아직도 많이 있다!

사랑의 여러 가지 측면

또 하나의 자연스러운 감정은 '사랑'이다. 사랑이란 무엇인가? 얼마나 많은 사람이, 얼마나 많은 시인이 사랑을 몇 마디 말로 묘사하려 노력하였는가? 사랑은 모든 시대를 통해서 가장 큰 수수께끼이고 과제이며 축복이다. 사랑은 두 면이 있는데, 모두 충만하고 보람된 삶을 위하여 중요하고 필수적이다.

앞에서 언급했듯이 생후 일년 동안 아기가 건강하게 발달하려면 가능한 모든 신체적 접촉, 영양, 사랑이 필요하다. 이것이 사랑의 한 면이다. 우리는 죽을 때까지 피부 접촉을 요구한다. 나이가 들수록 더욱 그러하다. 요양원 노인들과 맞벌이 부모를 둔 어린아이가 함께 지낼 수 있는 프로그램을 개발하여 서로 만지고 사랑을 주고받고 껴안으며 시간과 공간, 눈물과 웃음을 함께 나누면 좋을 것이다. 노인의 손길이 필요한 아기를 어르거나 집에 가고 싶어하는 어린이를 돌보며 옛날이야기도 들려주면서 함께 앞날의 계획을 세운다면 노화의 급격한 진행을 덜하게 할 것이다.

아이들은 조그만 손으로 주름살을 만져 보면서 흥미와 사랑스러움을 발견하고, 인생의 토대가 되는 '무조건적인 사랑'을 경험한다. 이러한 상호적 섬김을 발전시킨다면, 세대차를 극복하고 수많은 약 복용과 정신과 치료를 미연에 방지하는 동시에 맞벌이 부부의 걱정도 덜어 줄 것이다. 신체적 접촉을 통해 친밀감을 경험하고 사랑을 받고 성장한 어린이는 이러한 신체적 안락함을 다른 사람에게 전달할 수 있는 토대를 갖추게 된다.

인큐베이터에 있거나 인공호흡기 같은 기계 장치에 의존하는 아기는 부모와의 피부 접촉이 어렵다. 부모는 언제 어디서라도 아기 피부와 접촉할 수 있는 방법을 찾아야 한다. 때로는 발을 비비거나 머리를 살며시 만지는 정도의 접촉은 가능할 것이다. 이는 생명에 지장을 주지 않는 한 얼마든지 더 권장되어야 한다.

어린아이가 의존하려 할 때 '안 돼'라고 말하고, 자립심을 기르도록 격려하는 것은 사랑의 또 다른 측면이기도 하다. 딸이 12살이 되도록 엄마가 신발 끈을 매어 주는 것은 사랑의 표현이 아니라, 아이가 스스로 할 수 있다는 것을 믿지 못하는 데서 오는 행동이다. 이런 엄마는 아이 스스로 자존감, 자기애, 자부심, 그리고 자신감을 배우지 못하게 만든다.

'안 돼'라고 말하지 못하는 대신에 모든 요구를 다 충족시켜주는 부모는 아이를 강하게 성장시키지 못하고 연약하게 만든다. 그런 아이는 부모에게 사랑받았다는 느낌을 갖지 못하고, 할 수 있는 것과 할 수 없는 것의 경계를 구별하지 못하고, 자신의 한계를 인정할 줄 모르는 청소년으로 자랄 수 있다. 아마 버릇없는 아이처럼 보이고, 그의 응석을 받아 줄 만한 친구를 찾기 어렵다는 것을 깨달을 것이다.

이는 불치병인 아이의 부모가 알아야 할 중요한 사실이다. 그렇지 않으면 가족의 생활을 끔찍하게 파멸시킬 수 있다. 아이가 갑자기 심각한 질병으로 죽을지 모르고, 자신의 꿈을 이룰 만큼 성장할 수 없다면, 부모는 최선을 다해 무엇이든 보상하려 할 것이다. 부모는 비탄과 연민, 죄책감, 슬픔, 그리고 이 비극이 왜 일어났는지 끝없는 질문 속에 뒤엉킨 착잡한 감정을 느낀다. 그러나 부모가 병든 아이를 떠받들면 떠받들수록 아이는 더 많은 요구를 하고, 부모뿐 아니라 형제자매와 다른 가족에게 원망하는 마음이 쌓여 간다.

이 상황에서 부모는 아이가 버릇없고 감사할 줄 모른다는 것을 인지하지만 분노할 수 없기 때문에 무의식적으로 다른 아이에게 대신 화풀이하기도 한다. 부모는 아이들이 소박하고 당연한 부탁을 요청해도 화를 내며 거부하기만 한다. 이러한 편애와 원망의 악순환은 대개 가족이 스트레스를 받을 대로 다 받아 에너지가 고갈되어 버린 좋지 않은 시기에 시작된다.

죄의식 없이 진심으로 아픈 아이를 사랑하는 부모는 아이와 더 많은 시간을 함께 보내며 얘기하거나 추억을 함께 나누는 일을 하되 버릇이 나빠지지 않도록 조심한다. 환자아이가 움직이거나 활동할 수 없게 되더라도 건강한 가정은 이 새로운 문제를 창의력에 대한 도전과 공동의 모험으로 받아들인다. 그러기에 함께 의논하고 환자아이를 포함하여 모든 형제자매가 함께 즐기는 놀이와 활동을 만든다.

한 아이가 숨을 거두기 전 그 집을 방문했을 때 감동적인 경험을 한 적이 있다. 그애는 뇌종양으로 이미 시력을 잃었는데 유치원생인 여동생이 가만히 다가와서 아픈 오빠가 깜짝 놀라지 않도록 발소리가 들리게 하면서 방에 들어가야 한다고 설명했다. 오빠와 함께 놀았던 여러 가지 소리가 나는 장난감과 악기를 보여주기도 했다.

부모는 이 어린 소녀를 모든 과정과 보살핌에 참여시켰으며, 집에는 아무런 긴장감이나 근심 없이 진실한 사랑의 분위기가 가득하였다. 어린이가 이러한 어린 시절의 추억을 갖는다는 것이 얼마나 큰 축복인가! 그 아이는 안정감과 사랑받는다는 느낌을 갖고 성장할 것이다.

분노 억제에서 오는 해로움

분노는 어른이 거의 이해하지 못하는 또 하나의 자연스러운 감정이다. 자연스러운 표현 중에 '싫어, 엄마!'라고 하는 것은 자신의 의지를 주장하는 첫 표현이며 동시에 자기 자신의 의견을 가졌다는 뜻이다. 자연스런 형태 그대로 받아들여진다면 아이는 자신의 선택에 더욱 자부심을 갖고 스스로 실수를 통해 배움을 얻는다. 또한 자부심과 자존심을 가지고 의사 결정을 내리는 사람으로 발전하게 한다.

어린이의 강한 주장은 부모가 해결하지 못한 문제를 자극하는 일이 많다. 아이들은 매를 맞거나 볼기를 맞거나, 마구 구타당하고 위협을 받기도 하며, 최소한 자기 방으로 쫓겨간다. 어린이는 '싫어!'라고 했다고 해서 깜깜한 옷장 안이나 다락에 갇히기도 하고, 그밖에 잔인한 형태의 벌을 받기도 한다. 아동학대와 아동구타는 너무 흔해 미국에서는 아이들이 1학년에 입학하기도 전에 얼마나 많은 내적, 외적 상처를 숨기고 있는지 모른다.

자연스런 감정인 분노를 표현할 기회를 갖지 못한 채 성장한 아이들은 결국 원한과 분노를 억압한 채 보복과 복수의 욕망을 가지며, 궁극적으로 극심한 증오심을 키우는 결과를 초래한다. 표면적으로 그들은 온순하고 순종적으로 보일지 모른다. 그러나 일시적으로 잠잠한 휴화산처럼 분노는 언젠가 폭발하고 말 것이다. 그들은 평소 착하다가도 갑자기 사나워진다. 그런 아이는 청년기가 되었을 때 아무런 이유 없이 무고한 사람을 죽일 수 있다. 그러한 방식으로 몇 년 동안 혹은 수십 년 동안 억눌린 증오심과 복수심을 표현하기 시작한다.

이처럼 예상치 못한 자식의 범죄에 대해 부모는 믿지 못하겠다는 반응이다.

"그애는 언제나 착한 아이였어요. 그런 짓을 했다니 믿을 수 없어요."

이것을 이해하는 것은 왜 그렇게 중요한가? 더 많은 젊은 부모가 어린 자녀를 양육할 때 자연스러운 감정을 표현하게 하고 그들에게 무조건적인 사랑을 보여주며 양육하는 것이 얼마나 중요한가를 알기 바란다. 이것이 한 세대의 어린이에게만 잘 행해진다고 해도 음란물의 감소와 감옥이나 문제아동시설을 없애게 하는 데 도움이 될 것이다. 또한 자녀가 살해된 가정을 위로하는 데 시간을 덜 쓰고 차가운 보호시설에서 가출 어린이를 찾아내는 일도 줄일 수 있다. 왜 아동 자살이 증가하기만 하는지 알려고 할 필요도 없다.

다음의 몇몇 사례는 우리의 무지와 이해 부족이 어떤 문제를 일으키는지 밝혀 주고 있다.

리온은 존경받는 소아과의사로 큰 종합병원 의사들 중 가장 온순한 사람으로 알려져 있었다. 리온은 어린이 말기환자를 대하는 기술을 향상시키고, 서서히 나타나는 '소진'에 대처하기 위해 우리가 주최한 워크숍에 참석하였다.

우리는 서두에 '소진'이란 아무런 이유 없이 일어나는 것이 아니라 해결되지 못한 문제를 이해하지 못한 데 오는 것이라고 설명하였다. 그 문제를 직시하고 형태와 근원을 밝히고 제거하지 않는다면 비슷한 문제를 가진 누군가가 우리를 자극하면 과민반응을 한다. 상담이나 치료 시간에 환자에게 표현할 수 없어 화산처럼 내면에 억눌린 감정이 생각지도 못한 장소와 시간에 엉뚱한 사람을 향하여 폭발하기도 한다.

둘째 날 주제는 '삶, 죽음, 변화'였는데(1982. Macmillan사가 출판한 『Working It Through』에 자세하게 설명되어 있다.) 리온은 한 참가자의 비명소리를 듣자, 갑자기 바닥에 놓인 매트리스를 때리며 마치 보이지 않는 아기를 때리고 목 졸라 죽이려는 듯 행동했다. 매트리스를 때리고 베개를 비트는 살인적인 분노를 보여주고 나서야 10년 동안 마음을 괴롭혔던 이야기를 흐느끼며 털어놓았다.

운다든가 분노를 나타내는 것은 그의 가정에서 '금지된 일'이었다. '훌륭한 사람은 울거나 소리지르거나 분노를 표시하지 않는다'는 가르침을 받으며 자랐다. 그는 감정을 잘 조절해서 그를 아는 사람들은 '파리 한 마리도 죽이지 못할 온순한 사람'이라고 말했다.

그가 젊은 인턴일 때 첫아이가 태어났다. 병원에서의 끔찍한 일과로 과로했고, 지치고 탈진해 있던 그는 '아빠'라는 새로운 책임을 감당할 준비가 되어 있지 않았다. 그의 이미지는 늘 '좋은 사람'이었기에 아내는 아기가 밤에 깼을 때도 도와줄 것을 기대하였다.

그는 당시로 돌아가 매트리스를 때리는 행동을 함으로써 끊임없이 울어대는 아기에 대한 엄청난 분노의 순간을 재생했다. 리온은 어린 아들을 공중으로 쳐들고 죽을 만큼 때리고 목을 조른 다음 마침내 창문 밖으로 던져 버렸다.

실제로 이 모든 몸짓과 감정을 경험했지만, 식은땀과 살인적인 분노를 자각한 그는 아들을 해치지는 않았다. 그는 결코 그날 밤의 공포를 누구에게도 얘기하지 않았다. 일년 반이 지나 레지던트가 되어 또 다시 갓난 딸을 돌보아야 했을 때 이전의 끔찍했던 모든 일이 되풀이되리라고는 생각지 못했다.

리온은 소아과 전문의가 되었고, 병원에서 가장 사려 깊고 부드러운 의사가 되기 위해 의식적인 노력을 다했다. 그 이틀 밤의 기억을 억누르고 있었기에 '내부의 히틀러'를 찾고 나서야 왜 자기가 소아과 전공을 택했는지 깨달을 수 있었다. 마음이 편안해진 리온은 죄책감과 파괴적인 욕망을 고백하며 슬픔과 회한의 눈물을 흘렸다. 이러한 카타르시스와 이해의 결과로 감정적, 육체적으로 훨씬 나아져서 워크숍을 떠났다.

일상에서 억압된 작은 분노들은 죄 없는 개를 걷어차는 것부터 이유 없이 견습 간호사에게 화풀이를 하거나 오래 전 상처가 건드려졌을 때 실제로 살인을 하게 되는 파괴적인 행동으로 나타난다. 어린이의 억압된 분노는 종종 동물, 또는 자신을 방어할 수 없는 신체적으로 약하거나 약점이 있는 다른 아이들을 향해 섬뜩하고 잔인한 행위를 하게 만든다. 분노는 차고 넘치는 감옥, 세계 각처에서 일어나는 전쟁, 그리고 늘어만 가는 폭력의 원인이다.

용서

어린이에게 자연스럽게 분노를 표현할 수 있는 분위기를 조성하고 격려할 때 비로소 용서와 회복으로 나아갈 수 있다. 신경계통에 이상을 가져오는 워딩-호프만병으로 고통 받고 있던 12살 롤란도는 교회에서 세례를 받고 나서 며칠 후에 일어난 놀라운 경험을 얘기했다.

그에게 세례는 엄청나고 강렬한 감동을 주는 영적 경험이었다. 그런데 그에게 격렬한 분노와 거절감을 주는 사건이 발생했다. 끓어오르는 분노로 흐느끼며 우는 그에게 어머니 루스는 뒷마당에서 감정을 가라앉히고 오라고 말했다. 롤란도는 엄마에게 자기를 휠체어에서 내려 땅에 앉혀 달라고 부탁하면서 큰 숟가락을 갖다 달라고 말했다. 그는 구덩이를 파고 물을 채웠다. 한 시간이 지나자 장난감 병정도 가져다 달라고 했다.

엄마는 그것들이 부서지고 물에 집어던져질 것이라고 짐작했다. 그러나 엄마가 목격한 것은 구덩이에 채워진 물을 묻혀 장난감 병정의 이마에 찍어 주는 신성하고도 진지한 의식이었다.

상실은 성장과 이해의 촉매

보석은 마찰 없이 다듬을 수 없고, 사람은 시련 없이 완성에 이르지 못한다.

_중국의 격언

부모가 불치병에 걸린 가정에서 자라는 아이들의 반응은 다양하다. 대개 10대 청소년이 유년기 어린이보다 더 큰 영향을 받는데, 이는 부모의 철학과 삶의 고난에 대해 얼마나 개방적이고 솔직한가에 달려 있다. 일찍이 조부모나 친척의 죽음에 접해 본 어린이는 나중에 부모나 형제자매가 불치병에 걸리더라도 더 잘 대비되어 있다.

불치병에 걸린 부모의 10대 자녀가 공격적이고 성적으로 문란하고 버릇없는 행동을 하더라도 이를 비난하지 않고 임박한 상실에 대한 두려움 때문이라고 각별히 이해해 줄 수 있는 어른이 필요하다.

한 부인은 유아기에 어린 남동생이 죽었을 때 부모의 무심한 대처로 인해 여전히 고통을 받고 있었다.

*

몇 년 전 자살기도 후 다시 삶을 받아들이려고 노력했던 때의 얘기를 편지로 썼지요. 그리고 이후에 저의 병에 대해 두세 번 편지했습니다. 어제 선생님의 최근 저서 『죽음, 임종과 더불어 사는 것』을 발견하고 이 편지를 씁니다. 겨우 앞부분을 읽기 시작했지만, 제 첫 죽음 경험에 대해 말씀드리고 싶습니다.

제가 10살 때 13개월 된 남동생 대니가 세상을 떠났습니다. 대니는 바이러스에 감염되어 탈수가 일어났고, 병원에 입원한 지 1시간 만에 목숨을 잃었습니다. 학교에서 점심을 먹으러 집에 왔을 때, 대니는 어떠냐고 엄마에게 물었습니다. 엄마는 괜찮다고 했습니다. 괜찮다는 것을 '나을 것'이라고 이해했습니다. 그럼 언제 집에 오냐고 물었더니 대니가 죽었다고 했습니다.

나는 뒤돌아서서 거실로 걸어가 멍하니 서 있었습니다. 대니의 죽음은 사실일 수 없다고, 죽었을 리 없다고 생각했습니다. 그리고 울어서는 안 된다고 중얼거리기 시작했습니다. 나는 다 큰 아이이고 큰아이는 울지 않으니까요. 엄마는 내가 부엌으로 돌아와 울기 시작하기까지 거의 10분 동안 움직이지 않고 서 있었다고 했습니다. 그때 한 번 울었고 그 후로 운 기억이 없습니다.

우리는 대니를 집으로 데려왔습니다. 나는 다른 사람이 일어나기 전에 아주 일찍 일어나 동생이 누워있는 관 앞에 서서 대니를 바라봤습니다. 어느 순간 대니의 숨소리가 들리는 것 같았습니다. 장례식 날 엄마는 나를 이웃집에 보냈습니다.

집에 돌아오자 대니는 없었습니다. 동생이 가 버리고 없으리라는 것을 아무도 말해 주지 않았습니다. 대니가 아직 있을 줄 알았습니다. 모두 파티를 열고 있는 것처럼 보였고, 내 동생이 죽었는데 왜 그렇게 즐거워 보이는지 알 수 없었습니다. 몇 달 후 우리는 새집으로 이사했습니다. 그것이 마치 몇 주일 사이에 일어난 것만 같았습니다. 동생의 죽음 이후 네 달은 아무런 기억도 나지 않습니다.

선생님 책에 정말 감사합니다. 저는 모두 그 책을 읽어야 한다고 생각합니다. 어린이는 자신이나 다른 사람의 죽음을 경험하기 훨씬 전에 죽음, 또는 죽음의 경험에 대비해야 한다고 생각합니다.

대니의 죽음은 너무 큰 상처였습니다. 내가 정신적으로 병들기 시작한 것도 그때부터입니다. 엄마는 제게 대니가 나으리라는 희망을 갖게 하고는 곧 산산이 부수어 버린 것만 같았습니다. 왜 대니가 괜찮다고 했는지 결코 이해할 수 없습니다. 엄마에게 그것을 물었는데, 엄마는 대니에게는 괜찮은 일이었다고 말했습니다. 더 이상 아프지 않고 고통도 안 받으니 잘 된 것이라고요. 그러나 10살인 나에게 죽는다는 것은 결코 괜찮은 일이 아니었습니다.

아무도 설명해 준 기억이 없습니다. 장례식 후에 대니를 데려갈 거라고 아무도 말해 주지 않았습니다. 말해주었더라면 이웃집에 가기 전에 작별 인사를 했을 것입니다. 장례식에 가고 싶었지만 너무 어리다면서 데려가지 않았습니다. 대니가 묻힌 장소는 커다란 비밀이었습니다. 어디 묻혔는지 확실히 알게 된 것은 15년이 지난 후였습니다.

*

형제자매와 함께 나눔

어린 환자가 집에 있을 경우, 특히 형제자매가 마지막 시간을 함께 보내도록 허용하고 격려하는 것을 굳이 피하지 않는다면 장례식에 참석하게 하는 것은 중요하다. 한 어머니가 세 딸들에 관한 편지를 써 보냈다. 그중 두 딸은 21개월 된 남동생의 생명을 앗아간 같은 병에 감염되어 있었다. 7살짜리 딸은 그 병으로 벌써 50번이나 입원을 했으며 다섯 살인 딸은 심한 탈수 현상으로 입원한 것을 포함해서 400번이나 입원을 했다. 9살인 언니는 아직까지 병의 징후를 보이지 않고 있었다. 남동생이 죽은 후 이 어머니는 어떻게 딸들에게 동생의 죽음을 받아들이도록 도왔는지를 다음과 같이 적어 보냈다.

*

소아과 의사의 조언에 따라 장례식 장소로 아이들을 데려가 따로 아기를 보게 하였습니다. 그때 M(5세)은 왜 아기가 일어나서 말하지 않는지 이상하게 생각했고, 키스를 하고 싶어했습니다. 다음날, 장례미사에 아이들을 데리고 갔지만 묘지에는 데려가지 않았습니다. D(9세)는 장례미사에 대해 혼란스러워했고, L(7세)은 아기의 죽음에 대해 아무런 감정도 보이지 않았으며, 어떤 말이나 행동으로도 표현하지 않았습니다.

L과 M은 둘 다 같은 병에 걸렸다는 것을 알고 있었고 우리는 L이 그의 죽음에 의해 영향을 많이 받았으리라고 생각했습니다. 그렇지만 M은 전혀 이해하지 못할 줄 알았는데, 장례식 사흘 후 입원할 때 반응을 보고 깜짝 놀랐습니다. 그애는 죽을까 봐 무서워 병원에 가기 싫다고 했습니다. '엄마가 아기 곁을 떠나서 죽었기 때문에' 내게서 떨어지지 않겠다는 것이었습니다. (그전에는 그런 일이 없었습니다.)

10일 후, 그애는 응급차에 실려 다른 병원으로 옮겼다가 다시 돌아왔습니다. 그 기간 동안 죽음에 대한 두려움을 표현하면서 아기를 사랑하기는 하지만 함께 땅속에 묻히기는 싫다고 했습니다.

일요일 밤 집으로 돌아온 후 잠을 제대로 자지 못하고 밤새 서성거렸습니다. 월요일에는 아주 조용히 지내더니 밤에 잠을 자려 하지 않았습니다. 대화를 나눈 후에야 비로소 자기는 언니들이 잘 있는지 지켜야 했다고 말하는 것이었습니다. 자기가 아기를 점검하지 않아서 죽었다고 생각하는 것이었습니다. 한 시간에 적어도 두 번씩 깨면서 우리와 함께 잤습니다.…

그애가 이렇게 행동하는 데는 아기의 죽음 외에 여러 가지 원인이 있었던 듯합니다. 즉, 장례식 직후 6주간의 입원, 3년 동안 받은 약물 치료 중단, 놀이방에 다니다가 이번 주부터 유치원에 다니기 시작한 것 등입니다.

선생님이 권면하신 대로 M과 함께 동생 곁을 지키지 못한 미안함에 대해 나누었습니다. 그애는 때로 동생을 지키지 못했다고 했고, 나는 그것과 아기의 죽음은 아무런 연관이 없다고 강조했습니다. 오늘은 조금 명랑해지고 덜 무서워하는 것 같습니다. 어제 저녁에 밤새 깨지 않고 잠을 잤고, 내일이나 모레에는 자기 방에서 잘 수 있을 것입니다.

제가 말씀드린 대로 두 딸은 죽은 아기와 같은 병이라는 것을 압니다. 그런데 L은 아무 감정도 나타내지 않습니다. 이것이 정상일까요? 우리 집안은 지난 4년 6개월 동안 번갈아 아이들이 입원하는 바람에 분명히 정상적이지 않았습니다.

*

이 용기 있는 어머니에게 답장을 쓰면서, 먼저 그토록 어렵고 긴 시간 동안 가족 간의 유대를 위해 노력한 것을 극구 칭찬하였다. 아이들은 '자기들이 처해 있는 환경을 고려할 때 정상적으로 행동한다. 어린아이는 부모가 근심하는 것을 느끼고, 또한 이러한 일에 대해 조용히 말할 수 있는 때가 언제인지 감지하고 있다.'

그 어머니는 아기가 죽은 후에 아기를 볼 수 있도록 아이들을 장례 장소에 따로 데려갔을 뿐만 아니라, 입원한 딸 곁에 같이 있어줌으로써 아이가 중병을 앓을 때 갖기 쉬운 버림받은 듯한 두려움을 갖지 않도록 많은 노력을 기울였다. 다만 어머니가 아이에게 죽음 이후의 삶에 대해 나누었으면 좋았을 거라는 아쉬움이 남는다. 죽음을 땅에 묻힌다는 것에 연관시키지 말고 오히려 아름다운 천국과 연결 짓도록 고치와 나비의 은유를 말할 수도 있었을 것이다.

어린아이가 병이 나거나 입원하게 될 때 가장 두려워하는 것은 부모와의 격리이다. 부모는 아무런 제약 없이 아픈 아이를 면회할 수 있어야 한다고 믿는다. 하지만 아이가 3~4세에 분리의 두려움과 더불어 신체적 장애에 대한 두려움이 찾아온다. 이 나이에 아이들은 주변에서 죽음을 보기 시작한다.

차가 고양이나 개를 덮치는 것을 보면 장애가 발생된 끔찍한 몸과 죽음을 연관시킨다. 또는 고양이가 새를 물어뜯는 것을 보기도 한다. 이때도 어린이는 자신의 신체를 의식하고 몸을 중요하게 여기게 된다. 어린 소년은 소녀가 갖지 않은 어떤 것이 있음을 발견하고, 슈퍼맨이나 아빠처럼 크고 힘이 세지기를 원한다. 채혈할 때는 마치 불구가 될 것처럼 소리를 지른다. 부모는 대개 울지만 않는다면 무슨 장난감이든 사 주겠다고 약속하며 아이를 달랜다. 그런 경우 백혈병같이 호전과 재발이 반복되는 질병을 앓는 어린이에게 해로운 영향을 주게 되고, 크게 울면 울수록 큰 장난감을 얻으리라는 것을 재빨리 감지한다.

어린이는 정직하고 개방적으로 대해야 하고, 착하게 행동하면 장난감을 주겠다고 약속하지 말아야 하며, 치료의 과정이 고통스러울 거라고 알려주어야 한다. 어떤 일이 일어날지 말로만 하는 것이 아니라 보여주기도 해야 한다. 흔히 인형이나 곰인형에게 그 과정을 연출하여 어떤 일이 일어날지 정확히 알게 한다. 그렇다고 해서 주사를 맞거나 골수검사를 할 때 울지 않는다는 뜻은 아니다. 그러나 적어도 부모가 정직했다는 것을 알고, 중병 초기에 거짓말을 하지 않는 것이 아이에게는 치료의 과정을 보다 수월하게 받아들이게 할 것이다.

분리와 장애의 두려움 외에 어린이는 죽음을 마치 일시적인 사건처럼 말하기도 한다. 이는 매우 중요한 개념이며 성인이 보다 잘 이해해야 할 점이다. 죽음을 일시적인 사건으로 보는 것은 또래 아이들이 '안 돼'라고 말하는 엄마 앞에서 무력함을 느끼는 경우에 더 잘 일어난다.

4~5살 어린이의 유일한 무기는 엄마가 당장 죽기를 바라는 것이다. 이 연령의 어린이에게 '엄마는 나쁜 엄마니까 지금은 죽게 만들었다가, 2~4시간 후 쯤 내가 피넛 버터와 젤리 샌드위치를 먹고 싶을 때 엄마를 다시 일으켜야지'라는 의미이다. 이런 생각이 바로 죽음을 일시적인 사건으로 믿게 한다.

실제로 4살짜리 내 딸은 가을에 개를 땅에 묻고 이와 비슷한 반응을 보였다. 갑자기 나를 쳐다보면서 '정말 슬프지 않아. 내년 봄 튤립이 나올 때 개는 다시 일어나서 나랑 함께 놀 거니까'라고 말하는 것이 아닌가. 과학적인 관점에서 본다면 옳지 않을 수 있지만, 어린아이에게 이러한 믿음을 간직하게 한다는 것은 중요하다. 산타클로스를 믿을 나이의 어린아이에게 산타클로스가 없다고 말하지 않는 것과 마찬가지다.

캘리포니아에서 온 엄마는 오빠의 죽음에 대한 네 살짜리 딸의 반응을 얘기했다. 오빠의 죽음 후에 딸이 마술적 사고에 사로잡힌 것을 흥미롭게 바라보았다. 아마 딸은 오빠를 '훨씬 낫게' 할 방법을 찾았던 것 같다. 아들이 죽은 후 9개월이 지나자 이 엄마는 딸이 보인 반응에 대해 시(詩)를 지었다.

*

우리 오빠는 갔어요

아빠는 말하기를 오빠가 떠났대요
엄마는 말하기를 오빠가 죽었대요
하지만 오빠는 바로 어제도 여기에 있었는데
대체 무슨 말을 하는지 잘 모르겠어요

아빠는 그토록 슬퍼 보이고,
엄마는 계속해서 울어요
이 모든 것들이 끔찍하도록 무서워요
모두 다 오빠가 죽었기 때문이지요

오빠의 곰인형은 침대 위에 앉아 있고

오빠의 장난감이 서랍에 들어 있어요

나 혼자 자는 것이 무서워

옷장 문이 닫혔나 확인하지요

아빠는 오빠가 지금 천국에 있다지만

나는 그게 어딘지 궁금해요

엄마는 언젠가 우리 모두 그곳에 간다지만

나는 잘 모르겠어요

내가 마법사면 얼마나 좋을까

그러면 무엇을 할지 아세요?

오빠를 그 상자에서 벌떡 일어나게 만들 거예요

그래서 나랑 뛰면서 놀 수도 있게요

하지만 마법은 실제가 아니죠

적어도 엄마가 그렇게 말했어요

그래서 나는 혼자 자야 할 거예요

그리고 랜씨는 죽어야만 할 거예요.

*

아이들이 성장하면서 죽음을 영원한 사건으로 보기 시작할 것이다. 그
들은 흔히 죽음을 의인화(擬人化) 하는데 미국은 '부기맨'이고, 스위스는

'큰 낫을 든 해골'이다. 이는 문화에 따라 다르다. 어린이가 조금 더 나이가 들었을 때 비로소 죽음을 영원한 사건이라고 믿는데, 약 8~9세 이후부터 어른과 마찬가지로 죽음의 영원성을 인식하게 된다.

부모들에게 수많은 편지를 받는데, 암에 걸린 R. S라는 여인의 편지를 소개하고자 한다. 암환자인 그녀는 가족과의 공유가 환자와 가족 모두에게 얼마나 중요한가를 잘 보여 준다. 이 여인의 솔직함과 용기, 이해심은 암과의 투쟁에서 이기게 했고, 네 자녀를 키우면서 한 자녀가 자살기도를 하는 등 복잡한 사정 속에서 가족을 잘 유지해 나갔다. 대부분 사람들은 삶의 폭풍우를 잘 헤쳐 나오면 행복감과 자부심을 갖는데 이 가족의 경우도 그러하였다. 다음은 그녀의 편지이다.

*

타자가 서투른 것을 용서해 주십시오. 신경계통에 광범위한 손상을 입어 손가락을 마음대로 조절하기가 어렵습니다. 저는 몇 년 전에 매사추세츠에서 5일간 워크숍에 참석했습니다. 정말 감동적인 경험이었습니다.

저는 33세에 말기 유방암 진단을 받았습니다. 어린 네 아이들이 놀랍게도 큰 힘이 되어 주었습니다. 저는 사실대로 말했고 아이들은 잘 받아들였습니다. 다행히 병이 차도가 있어 3년간 그렇게 지탱해 왔습니다.

아이들은 이제 10대 청소년이 되었고 아이들이 자라는 것을 볼 수 있을 만큼 오래 살았다는 것이 자랑스럽습니다. 저는 경제적인 필요성 때문에 강의도 하고 기사를 쓰기도 합니다. 남편과는 암 진단 받은 지 2년 만에 이혼했습니다.

2년 전에 아버지가 폐암에 걸리셨는데 뇌까지 전이됐습니다. 병원에서 2주일간 혼수상태에서 의식이 오락가락 할 때, 아버지는 집에 가고 싶다고 하셨습니다. 의사들은 반대하며 협조하지 않았지만 우리는 아버지를 집으로 모시고 왔어요. 아버지가 생명을 연장하는 동안 10명의 손자들이 할아버지를 찾아와 할아버지에게 깊은 사랑을 표현했고 돌아가시면 얼마나 보고 싶을지 말했습니다.

아버지는 특히 제 어린 아들에게 감동을 받으셨습니다. 그 아이는 할아버지만 존경했고, 자신의 감정을 잘 드러내지 않았어요. 아버지가 아프기 2년 전쯤 야구공을 사 주셨는데 그 공을 장에 넣어두고 용돈으로 한 개를 더 샀어요. 당시 그 행동의 의미를 이해하지 못했는데, 할아버지를 뵈러 가면서 사 주신 공에 사인해 달라고 하는 거예요. 아버지는 사람을 알아보지 못할 정도로 몹시 허약한 상태인데도 기적적으로 깨어나셔서 '사랑한다, 할아버지가'라고 써 주셨습니다. 애정이 가득 찬 순간이었습니다. 아버지는 2주일 후 어머니의 품에서 돌아가셨습니다. 임종을 지켜본 우리 모두는 영혼이 승천하는 것을 보았습니다.

워크숍에 참석했을 때, 내가 죽으면 우리 아이들을 책임질 오빠에 대해 선생님께 말씀드린 적이 있지요. 오빠는 제 병이나 동생의 죽음에 대해 말한 적이 없습니다. (제 동생은 23살에 뇌종양으로 죽었습니다) 선생님이 권고하신 대로 저는 하나님을 믿습니다. 아버지의 마지막을 함께 보내고 임종을 지켜본 후 우리 남매는 더 가까워졌습니다. 저는 지금까지 살 수 있음을, 하루하루, 한 순간 한 순간 참되게 살 수 있음을 하나님께 진심으로 감사합니다. 하나님은 제가 우울할 때마다 용기를 주셨습니다.

선생님을 만난 이후 '영혼의 안내자'와 대화했다는 사람들의 얘기를 들었습니다. 우연히 우리 그룹에서 얘기를 나누게 된 여자였습니다. 그녀는 저의 병이나 소망 같은 것은 전혀 알지 못하였는데 제 가까이에 두 명의 안내자가 있는 것을 보았다고 하면서 내게 그 안내자를 본 적이 있냐고 물었습니다. 저는 솔직히 본 적이 없다고 할 수밖에 없었습니다. 저도 그 안내자를 보고 싶었습니다. 매우 외로웠고, 네 명의 아이들을 앞에 놓고 막막하게 느낄 때가 자주 있었습니다.

다음날, 그 여자가 이른 아침에 전화를 했는데 숨을 가쁘게 쉬고 있었습니다. 우리 집 전화번호를 그저께 밤에 프로그램 진행자에게 받았다고 했습니다. 그 여자가 꿈에 '천사'를 보았는데, 제게 꼭 말해 주라고 했답니다. 흰옷을 입은 메리라는 힘 있는 천사와 분홍색 드레스를 입은 어린 소녀였다고 합니다. 제가 가까운 미래에 도움이 필요할 것이며, 그때 이 천사들을 찾아야 한다고 말했다는 것입니다. 그때까지 무엇을 보기는커녕, 아무런 실재도 느끼지 못했기 때문에 실망했습니다.

그런데 한 주일이 지나지 않아 중요한 문제가 발생하였습니다. 맏딸이 심각한 우울증에 빠져 약을 먹었던 것입니다. 그 아이는 24시간 동안 혼수상태에 빠져 있었습니다. 그 아이의 생명과 정신상태도 걱정이었지만 무엇보다 영혼과 정신적인 고통이 큰 걱정이었습니다. 딸은 정신이 들자 정신과 의사를 불러 달라고 하더군요. 그해 초 몇 달간 입원하더니 이제는 자신의 삶을 긍정적으로 생각하게 되었고, 삶의 태도를 바꾸었습니다. 그리고 엄마가 결국 죽을 것이라는 사실을 마음으로 받아들였습니다.

그애는 지역의 '마약 퇴치사업'에 깊이 관여하게 되었습니다. (딸은 마약에 깊이 빠지지는 않았으나 잠재성을 발견하였습니다) 딸은 용기를 내어 우리가 살고 있는 '작은 마을'의 고등학교에 다시 입학했는데, 그애에게는 힘든 일이었습니다. 작년과 올해 못다 한 공부를 보충했고, 이번에 평균 B학점을 받았습니다. 이는 불가능할 일이라고 상담자가 말했던 일입니다. 하지만 몇 달 후에 졸업할 것이고, 근처 대학교 심리학과를 전공하기로 입학 허가를 받았습니다. 그애는 같이 이야기 나눌 사람이 필요한 십대들을 돕는 데 시간을 보냅니다. 아직도 나이가 어리지만 자랑스럽게 생각합니다.

다시 시작하는 것

엘리자베스 선생님, 저는 지금 버몬트 콩코드의 무즈 강둑 위에 아름답게 서 있는 조그만 단칸방 오두막에 앉아 방금 온 신문을 읽고 있습니다. 10개월 된 딸 로라는 침대에서 옹알거리고 있습니다. 저녁 잠에 들기까지 깨어 있으려는 듯 눈꺼풀을 뜬 채 버티고 활발하게 움직입니다.

작년 이맘때 저는 보스톤에서 있을 선생님의 강의를 듣기를 고대하고 있었습니다. (12월에 〈LD&T(삶, 죽음, 변화)〉 워크숍에 참석하고 나서지요.) 임신 중이었는데 걱정 속에 출산을 기다리고 있었지요. 재작년에 8개월 된 딸 에린을 교통사고로 잃고 난 후여서 출생할 아이를 과연 사랑할 수 있을지 확신이 서지 않았기 때문입니다.

보스턴에서의 강의가 끝난 후 마음속에 해결되지 않는 삶과 죽음에 대한 문제를 풀어 보고자 선생님과 짧은 시간 이야기를 나누었지요. 제가 집에서 출산하기를 원한다는 것을 포함해서 말이죠. 선생님께 출산과 지난번에 얘기한 후 '진전'에 대해 말씀드리고 싶었어요.

저는 집에서 출산하기 전까지 그에 대해 확신이 서지 않았습니다. 생사가 걸린 크고 무거운 부담을 느꼈고, 만약 출산 중에 무슨 일이 일어난다면 그 죄책감을 감당할 수 없기 때문입니다.

그러나 에린의 사고를 겪은 후, 아이가 죽은 다음 병원에서 갇혀 지내고 나서 아기의 삶은 어딘가 더 나은 곳에서 시작하기를 원했습니다. 이 오두막은 제게 있어 특별한 장소이기에, 밤 11시에 진통이 시작되었는데 산부인과 의사가 아닌 산파에게 전화를 했습니다. (병원에 갈지 확실하지도 않으면서 한밤중에 산부인과 의사를 깨울 수도 없었고요.) 진통을 하는 동안 산파가 오면 내 곁에 있을 수 있으리라고 생각해서 새벽 적당한 시간까지 결정을 미루기로 했습니다.

로라 메이는 새벽 4시 30분에 태어났습니다. (산파는 3시 45분에 도착했습니다.) 아기는 머리만 나왔는데도 예민하게 울었습니다. 그래서 아기가 살아있음을 알았습니다! 그 아기는 에린과는 전혀 다른 사람이며 영혼이었습니다.

에린이 태어났을 때 아기의 눈을 들여다 보자 텔레파시 같은 지혜의 섬광을 느꼈습니다. 그래서 그애가 그렇게 빨리 죽었는지도 모릅니다.

나는 '오래된' 영혼을 보았던 것입니다. 로라는 육체적으로 나와 훨씬 더 가깝습니다. 늘 엄마에게 안기려 하고 나를 필요로 하는 것만 같고, 간직해 둔 사랑을 몽땅 퍼부어 주기를 바라는 듯합니다.

내가 영적인 면에서 성장할 수 있도록 로라는 에린의 죽음이 남긴 육체적인 고통을 아물게 해주었습니다. 에린이 죽은 지 10일 후에 나는 4-5시간 동안 믿을 수 없을 정도로 큰 평화와 사랑으로 채워지는 환상을 보았습니다. 그동안 저는 무조건적인 사랑이야말로 온 세상 문제의 해결책임을 경험했습니다. 그 환상의 마지막에 에린의 얼굴에 반짝이는 빛들이 점처럼 나타났습니다. 그는 미소 지었고, 그 미소가 사라지자 무서운 고통의 현실로 돌아왔습니다.

로라의 존재가 고통의 자리를 메워 주었으므로 저는 사랑의 잠재성에 대해 더 깊이 깨닫게 되었습니다. 무조건적인 사랑의 하나님이 제게 내재하심을 알았고, 그 사랑을 만나고자 노력하였습니다. 저는 지역의 종합건강진료소의 도움으로 치료를 받아 왔습니다. 그곳에서 가장 큰 도움을 준 것은 정신요법을 겸한 요가와 명상이었습니다. (선생님의 LD&T 워크숍에 두 번 참가했던 사람이 인도했음) 현재 아직은 집에서 어린 아기와 함께 있으면서 규칙적으로 요가를 할 만큼 훈련을 하지 못했지만 제 안에 영적인 존재와 접촉하려고 노력하며 아직도 제가 건재하다는 것을 확인합니다. 이 긴 여정을 인내하며 받아들이려고 노력합니다.

'명상을 하지 않는데' 대해 나를 책망하지 않는 것이 가장 어려운 부분입니다. - '교회에 가지 않는 것'과 비슷한데 - 사람들이 다들 한다고 해서 그것만이 유일한 길은 아니지요. 사랑의 명상 공간으로 빠져들면 때로는 고통스러운 슬픔을 그치게 할 수도 있고, 평온해져서 울지 않을 수도 있다는 것을 압니다. 그렇지만 긴장을 풀기 위해 아직도 웁니다. 그 평온한 공간에 항상 있을 수 있다면 얼마나 근사할까요. 아마 죽어서나 그렇게 되겠지요.

내가 무슨 말을 하고 있는지 모르겠군요. 아마 이 오두막에 오래 갇혀 지냈기 때문일 거예요. 여기는 아직도 눈이 많이 오거든요.

에린의 삶을 기념하고 그의 죽음에서 배운 교훈을 살리기 위해 용기 내어 '에린의 편지'를 지역신문 편집자에게 보내려고 합니다. (선생님도 기억할는지요? 제가 뉴욕의 12월 워크숍에서 그 편지를 읽었습니다.) 만일 단 한 사람이라도 감동을 받는다면, 세상과 접촉이 없는 한적한 이곳의 저에게도 도움이 될 것입니다.

또한 에린의 비석을 만들 예정인데 이름과 날짜 앞에 쓸 비문을 확정했습니다. '사랑이 전부이다'입니다.

제 남편 V에 대해 말하지 않았군요. 이 모든 일을 겪는 동안 그는 저와는 전혀 다른 여정을 가고 있답니다. 우리가 모든 것을 함께 나눌 수 있을 순간에 곧 다다르기를 희망합니다. 에린에 대한 제 사랑과 그 아이의 삶과 죽음을 둘러싼 경험에 대해 확신을 갖게 해주신 선생님께 진심으로 감사를 드립니다.

*

사랑의 치유력

1982년 여름, 에린의 어머니는 다시 생각과 느낌을 편지로 써 보내왔다. 그것이 '사랑이 전부이다'라는 말의 진실한 의미를 이해하는 데 도움이 될 것 같아 여기에 소개한다.

*

저는 요즘 에린 생각을 더 자주 합니다. 제가 원하는 것이 아니지만 우리 부부는 결혼생활을 끝내려고 하기 때문입니다. 이혼한다는 것을 가장 두려워했습니다. 그애는 사랑의 선물이었고, 사랑 그 자체였습니다. 어린 시절에 교회 주일학교 강단에 쓰여 있던 구절, '하나님은 사랑이다'라는 말이 묵상 중에 순간적으로 이해가 됩니다! 에린은 이달 말에 3살이 되었을 텐데 그 아이 생각을 많이 하게 됩니다.

*

나는 1980년 4월의 편지(다음에 나옴)를 자주 읽었습니다. 이 편지는 내 자신이 직접 쓰고 싶었지만 패트 이모께서 대신 수고해 주셨습니다. 아이가 죽은 뒤 이모께서 이 편지를 타자할 때 햇빛 한 줄기가 유리창을 통해 이모에게 쏟아져서 에린의 승천을 확신하게 되었다는군요. 어쩌면 에린은 이 편지를 쓸 때를 기다려서 승천했는지도 몰라요. 그 편지는 다음과 같습니다.

*

옛날에 작은 천사가 하나님의 빛 가운데 살았습니다. 그녀는 지상에서도 여러 번 살았고, 하나님과 다른 천사들과도 대화를 많이 했기 때문에 지혜가 많았습니다. 전설에 의하면 이 천사는 하나님의 경지에 도달할 정도로 완성의 단계에 있었습니다. 그러나 그녀는 마지막으로 한 번 더 지상에 가기를 원했습니다. 천사의 자비심은 사랑과 용서와 이해심의 교훈을 얻기 위해서 지상에 내려온 두 아름다운 영혼에게로 퍼져 갔습니다. 천사는 이전에도 지상에서 그들과 함께한 적이 있었는데, 이번에 다시 잠시 동안 그들과 있으면서 영향을 주겠다고 생각했습니다.

하늘나라에서 지상을 내려다보면서 그 천사는 친구천사에게 말했습니다.

"지상에 가지만 그들과는 잠시 같이 있을래. 그래야 내 목적을 달성할 수 있으니까."

친구천사가 말했습니다.

"두 사람을 도와주기 위해 그 고통스러운 죽음의 과정을 또 되풀이해야겠어? 네가 그들을 사랑하고 전에도 여러 번 그들과 함께 있던 것을 알아. 하지만 넌 이제 하나님과 거의 일치하는 경지에 있는데 꼭 그럴 필요가 있을까?"

"하지만 난 꼭 해야 돼."

작은 천사는 그대로 했습니다. 그녀는 얼마나 큰 기쁨을 그 부모에 안겨주었는지요. 아기를 낳은 부모는 그 아름다움에 놀랄 뿐이었어요.

할아버지와 할머니, 증조할머니는 아기의 눈이 우주의 지혜를 반영하는 것을 보았습니다. 그들은 작은 아기의 몸에 어떻게 그런 성숙한 인간의 모습이 나타나는지에 대해 감탄했습니다.

'오, 우리 작은 천사!'라고 증조할아버지가 말했습니다. '오, 이 귀여운 것'이라고 증조할머니가 말했습니다. '아 귀하기도 해라!'라고 할머니와 할아버지가 말했습니다. '오, 네가 우리에게 오다니 영광이다'라고 작은 천사에게 아저씨와 아주머니가 말했습니다.

그런데 천사가 지상을 떠날 때가 다가왔습니다. 하늘나라에서 천사가 계획했던 갑작스러운 죽음은 계절과 바다의 간만을 바꿀 수 없는 것처럼 변경할 수 없었습니다. 그녀는 지상에서 성금요일(Good Friday)로 알려진 금요일을 택했습니다. 이 날은 수천 년 전에 그의 친구인 예수가 사망한 날이어서 그녀도 이 날을 택했습니다.

천사와 예수는 종종 영혼이 성장한다는 것이 얼마나 어려운 것인지에 대해 이야기를 나누었습니다. 예수께서는 그녀에게 사람이 하나님과 일치를 이루면 모든 이해를 초월하는 평화를 누릴 수 있다고 말씀하셨습니다. 천사는 그가 사랑하는 사람들이 이것을 경험하기를 원했던 것이며, 그의 짧은 여행도 이것을 목적으로 했던 것입니다.

그녀는 벌써 오래전부터 상호비방은 성장을 저해하고 인간관계를 그르칠 뿐이며, 증오는 부정적인 결과를 가져온다는 것을 알고 있었습니다. 사람들이 사랑하는 마음으로 서로를 대하면 사랑을 나타낼 수 있는 기회는 얼마든지 있다는 것도 알고 있었습니다. (그녀는 사랑이 전부라는 것을 알고 있었습니다.) 그녀는 이 일을 마치고 하나님께로 가까이가, 다시 그의 빛 속으로 들어갈 준비를 위해 휴식과 긴 수면으로 들어간 것입니다.

- 사랑하는 P로부터

*

이 편지에 대한 그 어머니의 반응은 다음과 같았다.

"때로 내가 그 편지를 쓰지 못한 것이 아쉽습니다. 우리 이모가 쓴 것이지요. 그러나 난 에린이 그 편지를 쓴 것 같은 생각이 듭니다. 그가 죽은 지 열흘 쯤 되었을 때 저도 똑같은 내용의 비전을 보았으니까요. 저는 에린이 사랑이신 하나님과 함께 있다고 믿습니다."

이 어머니와 그의 이모의 편지를 통해 알 수 있듯이 에린이 지상에서 살고 간 생애는 비록 지극히 짧았지만 큰 변화를 가져다주었다. 그녀가 죽은 후 그 가족은 영적 성장을 위한 탐구와 노력을 시작하였다. 에린의 삶은 비록 짧았지만 그를 만난 모든 사람에게 성장의 촉매가 된 것은 분명하다.

사랑은 모든 것을 참아 낸다

미시간에 사는 목사님의 편지는 세 자녀 중 둘이 진행성 불치병의 초기 증세를 보이는데도 불구하고 가족들이 즐거움과 성장을 경험할 수 있다는 것을 보여준다. 한 아이는 6살 반에 겨우 18파운드의 체중으로 죽었고, 또 한 아이는 날이 갈수록 경련성 마비가 심해지고 있다.

*

1980년, 딸을 낳았는데 이름을 조이라고 지었습니다. 그 아이는 정말 인형 같았습니다. 불행히도 1월에 우리는 조이도 언니와 마찬가지로 같은 신경계통 병에 걸렸다는 것을 알았습니다. 2월 15일 베다니는 18파운드밖에 안 되는 체중으로 6살 반에 죽었습니다. 조이는 병이 훨씬 빠르게 진행되었지만, 이곳 미들랜드의 병원 보호실에서 숙련된 치료를 받게 된 것은 다행스런 일입니다. 그 아이는 정말 모든 사람으로부터 사랑을 받고 있습니다.

베다니의 부검을 실시했지만 질병에 대한 단서는 없습니다. 새로운 병이니까요. 선생님 덕분에 다시 도전할 용기를 갖게 되었습니다. 이토록 평화로운 적은 없었고, 이 모든 것의 이유를 더 이상 알고 싶지 않습니다. 사랑은 모든 것을 참아내지요. 우리는 경험하면서 무척 많은 것을 배웠습니다. 이 아이들 없이 계속 살아야 하지만, 아름다운 미소, 무조건적인 사랑의 완벽한 본보기, 그리고 그들을 진정으로 사랑했던 기억은 남아 있습니다.

아들 마티는 8살인데 건강히 지내고 있습니다. 그는 특별하고 장애를 가진 아이들에 대해 민감하고 인내심이 많습니다. 우리는 과거의 우리와 완전히 다릅니다. 가족으로서 훨씬 더 친밀해지기도 했습니다. 이 모든 것을 헤쳐 나갈 힘을 달라고 매일 기도합니다.

조이는 지난 6주 동안 급속히 쇠약해졌고, 날이 갈수록 경련성 마비가 심해지고 있습니다. 그는 아름다운 붉은 머리칼과 파란 눈을 가진 천사 같은 아이입니다. 누구든지 그 아이의 모습을 보면 그를 사랑하게 됩니다.

조이는 호흡곤란이 자주 오고 있어 1월과 2월에는 산소텐트에서 보냈습니다. 지금은 좋아진 것 같습니다. 그가 사랑이 넘치는 환경에 있다는 것이 다행입니다. 간호사와 의료진 모두 그 아이를 사랑합니다. 우리는 축복받았습니다.

*

내면의 평화를 발견하는 것

블랙 엘크(Black Elk)의 가르침에서 내면의 평화를 발견하는 것에 대해 다음과 같은 글이 나온다.

*

가장 중요한 첫 번째 평화는, 사람은 우주와 그 모든 힘과 연결되어 있고 일체라는 것, 우주의 중심에 하나님이 계시고 이 중심은 모든 곳, 즉 각자의 내면이라는 것을 깨달을 때 영혼 속에 찾아온다. 이는 진정한 평화이고 다른 것은 그림자에 지나지 않는다. 두 번째는 사람 사이의 평화이고, 세 번째는 나라 간의 평화이다. 그러나 인간의 영혼 속에 진정한 평화가 없다면 나라들 사이의 평화도 이루어지지 않는다는 사실을 기억해야 한다.

우리가 위에서 말한 내적 평화를 발견할 수 있는 유일한 방법은 우리 자신의 행동에 대한 솔직하고도 지속적인 통찰을 통해서이다. 우리가 비판적이거나 화가 났음을 깨달을 때마다 우리는 자신에게 물어야 한다. 모든 불쾌한 기분은 의식적이건 아니건 간에 단 한 가지 목적을 이룰 뿐이다. 즉 벌을 주는 것이다. 누구를 벌주기 원하는 것이며, 누구를 벌주는 것인가? 그것은 어떤 사람 또는 어떤 것이라도 될 수 있지만, 고통의 책임을 다른 사람에게 전가시키거나 아니면 우리 자신에게 그냥 되돌아오게 하는 행위일 뿐이다. 우리는 어린이들에게 침묵이나 회피로써 벌을 준다. 배우자나, 이웃, 또는 시집이나 처가식구에게 그러기도 한다. 여기서 암시하는 메시지는 '나는 너와 아무런 관계를 갖고 싶지 않다'는 것이다.

우리의 분노는 운명이나 하나님, 세상을 향한 것일 수 있다. 우리는 언제든지, 국가의 경제적 상황과 증가하는 폭력, 실직률, 전쟁 등을 탓하면서 자기 자신을 분노와 자기 연민 속에서 살게 할 수 있는 부정적인 여건을 충분히 찾을 수 있을 것이다. 그러나 실제로 이러한 모든 것은 우리를 불만스럽게 하고, 우리가 불행해지도록 만들 뿐이다.

때때로 삶의 축복을 바라보고, 슬픈 일을 낭했을 때 많은 사람이 보여주었던 온정과 보살핌과 사랑을 상기하며, 우리가 걷고, 말하고, 먹고, 숨쉴 수 있다는 사실을 생각한다면, 지금의 불쾌한 기분을 재고할 수 있을 것이다. 또한 모든 부정적인 생각은 더욱 더 부정적인 생각을 가져오지만 사랑을 나눌 때는 천 배로 되돌아온다는 것을 깨닫게 될 것이다.

『생각하는 대로(As a man thinketh)』라는 책은 우리가 어떻게 우리 자신의 세계의 창조자가 되는가를 가장 잘 설명해 준다. 내가 좋아하는 한 환자는 자기가 갖지 못한 것보다 가진 것이 무엇인가를 볼 줄 아는 훌륭한 예이다.

이 여인은 50대에 루게릭병(ALS) 진단을 받았다. 이 병은 발끝부터 서서히 점차로 위로 올라오면서 호흡중추, 언어중추를 마비시키고 마침내 죽음에 이르게 하는 신경계통의 무서운 병이다. 가족들은 일찍이 가능하다면 의료기관보다 익숙한 환경에서 치료받고 싶다는 환자의 의견을 존중하기로 결정하였다. 세 딸 중 하나가 어머니를 보살피기 위하여 자기 집으로 모시고 갔는데 딸은 남편과 함께 첫아기를 기다리던 상태였다.

이 환자가 마을에서 멀리 떨어진 곳으로 옮긴 것은 사랑하는 아버지이며 가족의 생계를 위해 열심히 일했던 환자 남편의 환경에 큰 변화를 가져다주었다. 이제 자신이 집안에서 필요없고 쓸모없는 존재라고 느꼈고, 일이 없는 주말만 아내를 방문할 수 있었다. 다른 딸들이 자주 들르고, 결국 이사 와서 함께 사는데도 집은 텅 빈 것 같았다.

한편 마비가 된 어머니는 커다란 믿음과 평화를 가지고 병을 받아들였다. 딸이 내게 방문해 달라고 했을 때는 목까지 마비되어 있었다. 환자 방에 들어갈 때, 불과 몇 달 전만 해도 정원을 거닐 수 있었고, 음식을 만들고 쇼핑을 할 수 있었으나 지금은 우울증에 빠져 있을 내 또래의 여인을 만나기를 기대했다. 이제 그녀는 완전히 딸에게 의존하고 있었고, 언어중추가 손상당하여 무엇을 간절히 얘기하려는 것 같은데 잘 이해할 수 없었다. 딸이 참을성 있게 통역해 주었는데, 다음의 대화는 내 마음과 가슴에 영원히 새겨졌다.

나는 그녀에게 물었다.

"저녁에 잠자리에 들 때마다 내일이면 어쩌면 더 이상 팔과 손과 손가락을 움직일 수 없을지도 모른다고 생각하실 텐데 그때 기분은 어떤지요? 다시는 책장을 넘길 수 없고, 누군가의 도움이 필요할 때도 벨을 누르지 못할지도 모를 때 말입니다. 그건 어떤 기분이었습니까?"

망설이지 않고 그녀는 말했다.

"네, 어느 날 아침에 깨어 보니 팔이 침대보에 축 처진 채 놓여 있었습니다. 손가락도 움직일 수 없었어요. 선생님이 아시다시피 누구를 부를 수도 없었어요. 목소리도 동시에 사라졌거든요. 그래서 저는 기다렸습니다. 마침내 딸이 방으로 들어와서 나를 한 번 보더니 나갔습니다. 잠시 동안 생각했어요. '오 하나님, 내가 아이에게 너무 부담이 되지 않게 해주십시오.' 잠시 후에 딸이 다시 나타났어요. 조용히 걸어 들어와서는 말없이 세 달된 손녀를 마비된 팔에 뉘어놓고 우리 둘만 있게 하고 얼마동안 나가 있었어요.

저는 생각했어요, 내가 계속 병원에 있었더라면 어땠을까? 손녀를 결코 볼 수도 없었을 것이고, 안아주지도, 목소리를 듣지도 못했을 것입니다. 나는 몸을 전혀 움직이지 못했지만, 머리를 약간 돌려서 건강과 행복의 덩어리인 아기가 내 팔에 누워 있는 모습을 보았습니다. 갑자기 아기는 자기의 작은 팔과 손을 들고 손가락을 쳐다보았습니다. 아기는 기쁜 얼굴로 신기하다는 듯이 작은 손가락들을 모두 움직여 보았습니다. 나는 속으로 '얼마나 큰 축복인가! 나는 이 모든 것을 55년 동안 가졌다. 이제 그것을 손녀에게 물려줄 수 있구나!'"

모든 사람이 갖지 못한 것 때문에 운명을 저주하는 대신 가진 것을 축복하려는 작은 노력을 한다면 이 세상은 얼마나 달라질 것인가?

실종 또는 피살된 아동과 아동 자살

미국의 아동 실종

앞에서 말했듯이 미국에서는 매년 100만 명의 어린이들이 실종된다. 아이가 실종되어 어디 있는지 전혀 모르고 혹시 내 아이가 매년 자취도 없이 사라지는 5만 명의 어린이 중 하나가 되지 않을까 걱정한다는 것은 견딜 수 없는 비극이다.

이들 중 수많은 어린이들, 특히 가출한 어린이들은 이용당하고 학대받고 평생 불구가 되고 상처를 입는다. 그들 중 몇 명이 죽임을 당하는지 혹은 윤락의 길로 빠지는지 정확한 통계는 없다. 그들은 국내만 아니라 다른 나라에서까지 타락한 남녀들의 탐욕과 쾌락을 위해 이용당한다.

이런 어린이들 중 이혼한 부모에 의해 유괴당하는 숫자가 증가하고 있다. 다음으로 많은 것은 가출인데 많은 어린이들은 결국 집으로 다시 돌아온다. 그러나 수많은 어린이들이 나쁜 행동과 살인의 대상, 자살 또는 사고의 자살 또는 사고의 희생양이 된다. 그 외에 다수의 아이들은, 자신들의 종교와 생활 방식이 가장 좋다고 믿게 하려는 광신자들을 추종하다가 죽는다. 매년 약 1천 명이 신분이 밝혀지지 않은 채 낯선 사람들에 의해 땅에 묻힌다.

실종된 어린이들의 명단을 작성하여 죽음보다 더한 위협에서 우리 어린이들을 구해 내기 위한 국제적인 연락망을 만들 때가 되지 않았나? 그들은 아무데서나 남의 차를 얻어 탄다. 돈도 없고, 도망치는 것 외에 아무 목적도 없다. 누구로부터, 무엇으로부터 도망치는가?

10대 청소년과 약물중독자, 학대와 구타, 거부로 가득 찬 삶을 살아온 어린이들의 자살률만 꾸준히 증가하고 있는 것은 아니다. 어떤 통계에 의하면 한 지역의 10대 청소년의 30퍼센트가 자살을 기도했거나 자살했다고 한다. 자살은 10대의 사망 원인 중 가장 높으며, 6살부터 16살까지의 어린이 중에 3번째 높은 사망 원인이다. 이유는 많다. 예를 들면, 우리 워크숍 참여자 중 25퍼센트가 고등학교를 마치기 전에 근친상간이나 성적 학대를 당한 적이 있다고 한다.

이 통계는 비극적이다. 더구나 세계 어느 나라보다 더 잘 살고, 축복받고, 혜택이 많고, 자원을 많이 가진 미국에서 그 수가 증가하고 있다. 도대체 우리가 어떻게 했기에 우리 아이들이 집에 있느니 차라리 길거리에서 죽거나, 삶의 불확실성 속에 몸을 던지게 되었는가? 어떤 기억과 행동이 7살짜리 아이가 창밖으로 뛰어내려 죽게 만드는가? 어떻게 하면 당신과 내가 어린이들이 겪고 있는 고통을 예방하고, 죄책감과 고통 속에 신음하는 슬픔에 잠긴 가족들을 위로할 수 있는가?

우리는 살해당한 어린이와 자살한 아이들의 부모를 만나 많은 대화를 나누면서 대부분의 비극적인 상황은 미리 방지될 수 있었다는 결론에 도달하였다. 만일 사람들이 감정을 억제하지 않고 자연스럽게 표현하도록 허용한다면, 그리고 '만일 무엇을 하면 너를 사랑하겠다'라는 기대의 틀에 어린이들을 집어넣지 않는다면 많은 비극은 일어나지 않았을 것이다.

나는 개인적으로 '만일 그렇게 한다면 너를 사랑할 것이다'의 '만일'이라는 단어가 월남전에서 죽은 군인들보다 더 많은 수의 어린이들을 죽였다고 믿는다. 실상 월남전에서 돌아온 군인들은 불명예스러운 전쟁에 의해 심적 고통을 받은 나머지 돌아온 후에 목숨을 끊는 경우가 많았다.

알레나 신코바(Alena Synkova)는 1942년 크리스마스 이틀 전에 테레진(Terezin) 강제수용소로 추방된 어린 소녀이다. 그 수용소의 몇 안 되는 생존자 중의 하나로 다음과 같은 시를 썼다.

*

나는 홀로 가고 싶다

나는 홀로 가 버리고 싶다

더 좋은 사람들이 많이 있는 곳으로,

사람들이 모르는 머나먼 곳으로,

아무도 다른 사람을 죽이지 않는 곳으로

아마 우리 중에 많은 사람들이

수많은 사람들이 오래지 않아

이 목표에 도달할 것이다.

*

1만 5천 명의 어린이들이 프라하 근처 테레진 강제수용소에 수용되었다. 대부분의 어린이들은 전쟁이 끝나기 불과 1년 전에 죽었다. 겨우 100명의 어린이들이 살아서 집으로 돌아갔다. 이 어린이들이 무엇을 경험하였는가? 그들은 어른보다 인간의 잔인함과 운명에 대해 잘 알고 있었다. 그들은 수용소에 오기 전에 삶의 폭풍우를 겪은 사람들은 고문과 악몽과 굶주림과 질병과의 투쟁에서 살아남을 가능성이 더 많다는 것을 깨달았다. 반면 부유하고 혜택받은 환경에서 보호받고 자란 사람들은 그렇지 못하다는 것도 알게 되었다. 나이는 어렸지만 성숙한 지혜를 지녔던 한 어린이가 이러한 생각을 묘사하여 살아남은 우리들에게 남겨 주었다.

*

프라하에서 나약하고

부자였던 사람은,

이곳 테레진에서는 불쌍한 영혼,

그의 육신은 더 많은 상처를 입는다

이전에 단련받은 사람은

지금은 살아남을 것이다

그러나 이전에 하인을 부리던 사람은

무덤 속으로 들어갈 것이다.

*

자녀가 살해당한 부모

죽음을 준비하고 받아들일 시간, 슬퍼할 시간을 가진 사람들에 비해, 자녀가 살해당한 경우 부모와 형제, 조부모와 친척들 모두는 죽음의 충격을 극복하는 데 훨씬 더 많은 어려움을 겪는다. 짧은 기간이나마 준비할 단계가 없었을 뿐만 아니라 마지막 작별 인사를 할 기회조차 빼앗겼기 때문이다.

첫 번째 쇼크는 어린이가 예상한 시간에 집으로 돌아오지 않을 때 시작된다. 처음에는 화가 나서 무슨 벌을 줄까 생각하다가 부모의 감정은 금세 걱정과 근심으로 변한다. 이웃에게도 물어보고, 학교에도 알린다. 그리고 어린이가 자주 가곤 했던 가까운 곳부터 수색하기 시작한다. 동시에 부모는 죄책감과 당혹감을 느끼고, 아이의 습관이나 자주 가는 곳을 잘 몰랐다는 것을 깨닫게 된다.

이런 경우 친구들이 큰 도움이 될 수 있다. 자기 아이한테는 '어울리지 않는 친구'라고 싫어했던 친구들이 종종 가장 좋은 정보제공자가 되기도 한다. 그들은 밤새워 바깥에서 잃어버린 친구를 찾는데 조금도 주저하지 않는다. 그러면 이러한 젊은이에 대한 부모의 태도는 앞서 비판적이고 멸시하는 시각에서 사랑과 감사하는 마음으로 빠르게 변한다.

경찰의 질문과 혹시 잘못되었나 하는 불안은 분노와 무력감, 절망감, 조급함 등 예상치 않았던 반응을 불러일으킬 수 있다. 공포심과 죄의식이 혼란스런 마음과 섞여 있고, 선의로 위로하거나 충고하려는 사람, 비판하거나 안정제를 권유하는 사람들은 이 느낌을 악화시킬 뿐이다.

내가 치료했던 한 어머니는 거실에 꼼짝 않고 앉아서 움직이지도 못하고 전화도 받지 못할 만큼 큰 충격을 받았다. 간신히 전화를 받았더니 아이가 실종된 것을 이미 알고 있었던 상사가 직장에 결근을 미리 알리지 않았다고 질책하는 것이었다. 모두들 동정을 주어도 모자라는 때에 이토록 무감각한 사람들의 행동은 황당함과 혼란, 절망을 더한다.

한 목사님은 P씨 부부의 가정을 방문하여 "소냐가 곁을 떠났으니 참 안

됐군요. 하나님께서 그녀를 보호하실 것입니다"라고 말문을 열었다. 은혜를 베푸는 듯한 태도로 그는 두 팔을 부모의 어깨에 얹고 함께 기도하자고 했다. 아버지는 팔을 밀치고 어머니는 소리를 지르며 방밖으로 뛰쳐나갔고, 이에 목사는 충격을 받았다.

이 같은 갑작스런 실종의 경우 대개 아무런 지원시스템도 갖추어져 있지 않다. 어린이가 불치병에 걸렸을 때는 흔히 가족과 계속 접촉해 온 사정을 잘 아는 의사나 간호사, 사회복지사, 병원 목사가 있다. 그중 한두 사람쯤 그 가족이나 환자와 친밀해져 있을 수 있다. 친구들과 이웃이 이야기도 하고 추억을 나누며 아이를 잃은 슬픔을 함께할 수 있다. 이들은 공통의 유대관계 속에서 각자 기쁨과 절망, 희망과 좌절을 함께 나누어왔다. 그러나 아이가 갑자기 실종되었을 때 이 모든 것이 결여되어 있다.

그러면 가족은 희망과 절망, 분노와 죄의식 사이에서 방황한다. 이러한 마음의 갈등을 내놓고 표현할 수 있는 대상도 없다. 위로나 희망의 표현도 거부감을 느끼게 하거나 마음에 와 닿지 않는다. "혼자 있게 해주세요"라는 말은 여러 가지를 표현하는 말이지만 언제나 암묵적으로 "당신은 도움이 안 돼요"를 의미한다.

어머니는 딸이 실종되었을 때 '이상한' 행동을 보인 리타를 보면서 많이 걱정하였다. 리타는 차근차근 딸의 소유물을 검사하기 시작한 것이다. 딸의 실종에 대한 어떤 글이나 실마리를 찾으려는 듯 책상서랍을 모두 열어 보았다. 특별한 옷들을 꺼내보고, 스케이트 경기에서 받은 트로피도 들여다 보았다. 마치 딸이 죽었을지 모른다는 가능성을 마주하기 전에 생활의 모든 면을 다시 봐야 한다는 듯이 소지품을 샅샅이 살폈다. 이것은 현실을 직면하고 감정을 표출하는 리타의 나름대로의 방식이었다.

리타를 지켜보는 나머지 가족들은 화가 났다. 그들은 사람마다 각자 스트레스에 대처하는 고유의 방법이 있다는 사실을 이해하지 못하였다. 나중에 이 어머니는, 딸이 가까운 숲에서 찔려 죽은 채 발견되었을 때 충격에 가장 잘 대비되어 있었다. 마치 마음속으로 이미 알고 준비한 것 같았다. 관에 넣을 때 입힐 옷도 딸이 가장 좋아하던 것으로 벌써 골라 놓았다. 일기장은 '언젠가 먼 훗날 읽을 준비가 되었을 때' 읽기 위하여 열지 않은 채 치워두었다.

어린 벨라의 가족은 상상을 초월하는 끔찍한 죄악과 범죄를 당하였다. 그 가족은 큰 빈민주택단지에 살고 있었다. 그들은 오랫동안 생존을 위해 투쟁해 왔고 늘 술에 빠져 있었다. 벨라는 의붓아버지들과 남자친구들이 집안에 드나드는 것을 보며 살아왔다.

벨라의 엄마는 그날 저녁 집에서 데이트 약속이 있었다. 벨라는 거추장스러운 존재였지만 마땅히 있을 곳이 없었다. 바깥은 벌써 어둡고 추워져 이런 시간에 감히 혼자 밖에 내보낼 수도 없었다. 초라한 식사를 마치고 나서 엄마는 새 남자친구와 단 둘이 있을 여유가 없는데 대해 화가 치밀었다. 작은 아파트는 아이들로 북적였는데 이들은 정말 신경에 거슬렸다.

그녀가 원하는 것은 작은 행복이 전부였다. 자신을 부양하고 사랑해줄 수 있는 남자였다. 자신이 얼마 살지 못하리라는 말을 들었는데, 어린 자식 여섯이 걱정이었다. 아이들은 고아원이나 수용시설에 보내질 것이다. 그러한 생각은 시설에서 보냈던 사랑 없는 어린 시절의 기억을 되살리며 두려움에 떨게 만들었다. 그런데 이제야 자신을 사랑하고 보살펴 주는 것 같고 아이들을 바닷가나 아이스크림 가게에 데리고 가는 것을 마다하지 않는 남자를 만난 것이다. 잠시 동안 그녀에게도 인생이 좋은 것이라고 느껴졌다.

그녀는 자신만의 침실을 원했다. 따뜻함과 은밀함을 원했지만 그것은 불가능하였다. 남자친구가 그녀에게 막 가까이 오기 시작했을 때 벨라가 나타나 엄마의 주의를 끄는 바보 같은 요구를 했다.

"너는 왜 없어지지도 않니? 내 인생에서 꺼져 버려!"

깜짝 놀란 어린 소녀에게 소리를 질렀다. 벨라는 아파트에서 뛰쳐나갔고, 엄마는 안락의자에 자신을 내던진 채 주체할 수 없이 울고 있었다.

그날 밤, 벨라는 아파트의 주차장 도로 위에 죽은 채 발견되었다. 나중에 어떤 소년들이 체포되었는데, 그들은 벨라를 옥상으로 끌고 가서 여러 차례 강간하고 옥상에서 아래 도로로 떨어뜨렸던 것이다. 엄마의 귀에는 아무것도 들리지 않았다. 남자친구와 큰 아이들이 조사를 받을 때도 멍하니 정신 나간 사람처럼 앉아 있었다. '우리 아가, 우리 아가'라고 중얼거릴 뿐이었다. 어떤 말도 혼란스러운 마음에 와 닿지 않았다. 이 위기 속에서 그녀는 평생 고통당했던 사랑 받지 못하고 거부당했던 느낌을 자식에게 물려주었다. 죄책감은 장례식이 끝나고 한참 후에 충격과 무감각 상태에서 '깨어난' 후 나타났다.

그녀는 자신이 미쳐 가고 있고 나쁜 엄마이며 이 세상에서 누리는 조그만 행복마저 빼앗기는 것이 마땅하다고 믿었다. 하지만 남자친구는 옆에 있어 주었고, 전에는 별로 말을 걸지 않던 이웃이 사랑으로 보살펴주고 아이들도 돌보아주었다. 동부 해안의 '샨티 닐라야(Shanti Nilaya)의 친구'로부터 받은 도움으로 인해 아이들은 그녀 곁을 떠나지 않게 되었다. 나중에 무거운 억압과 좌절감과 슬픔을 극복하고 잘 대처할 수 있었으며, 생애 단 한 번도 경험하지 못한, 자녀에게도 전하지 못한 사랑을 느낄 수 있었다.

딸에게 가해진 끔찍한 성폭행이 자세히 묘사된 소름끼치는 신문기사와 사진을 보는 것은 벨라의 엄마를 거의 미칠 지경으로 만들었다. 위기 상황에 맞춰 다른 어머니가 나타나 자기 딸 역시 성적학대를 받고 살해되었던 비극적인 경험을 나누면서 많은 도움을 주었다.

체외이탈 경험

세계 각지에서 강의와 워크숍을 하는 동안, 많은 사람이 공통된 사실을 이야기했는데 그것은 벨라의 어머니에게 어느 정도 위안이 될 만한 것이었다. 즉 벨라가 죽기 전에 겪은 것과 같이 생명이 위협받는 극한적인 상황에 처하면 일시적으로 육체를 떠날 수 있는 능력을 갖는다는 것이다.

빅터 프랭클이 1930년 초에 묘사하였듯이, 산에서 추락한 사람들이 종종 이러한 것을 경험한다. 그는 '체외이탈 경험'이라는 표현은 쓰지 않았다. 익사하는 사람들 역시 평화와 안정의 느낌에 대해 말하는데 그 순간 삶의 장면이 마음속으로 지나가고 아무런 두려움도 당황도 근심도 느끼지 않는다고 말한다. 육체와 분리되는 경험은 생명이 위협받는 상황에서 가장 빈번하게 보고되고 있다.

지난 20년간 우리가 수집한 자료에 의하면, 폭력 희생자가 묘사하였듯이 아이가 어릴수록 '그 껍데기에서 빠져나가기'가 쉬운 것 같다. 그녀의 표현에 의하면 '나쁜 감정 없이, 거의 애정과 동정심'을 가지고 벌어지는 일을 바라보았다. 그녀는 나중에 거의 죽을 뻔한 상태에서 의식을 잃은 채 발견되었는데, 몸에 50개가 넘는 칼자국이 있었다. 그녀는 살아났고 지금은 교도소의 상담원으로 일하면서 누군가 사람들에게 분노를 폭발하지 않도록 돕고 있다.

폭력타살의 후유증

실종자를 발견하면 안도감과 고통이 동시에 온다. 무슨 일이 일어났을까 마음 졸이던 기다림과 두려움의 고통이 끝났다는 안도감이다. 그러나 사랑하는 아이가 건강하게 살아 돌아오기를 바라던 모든 희망이 사라졌으므로 고통스럽다. 신체가 훼손된 경우 시체를 보는 것 자체가 불가능하거나, 최소한 충격 받을까 봐 가족에게 보여주지 않으려 한다. 그러나 그들은 인간의 본성과 능력에 대해 얼마나 모르고 있는가!

범죄에 대한 조사가 끝나면 시체는 안치소에 보내진다. 이때 가까운 친지들이 가족들로 하여금 시체를 보고 '그래, 이것이 나의 아들, 나의 딸이다'라고 현실을 직면할 수 있도록 도와주어야 한다. 이때 훼손된 신체 부분을 붕대로 감거나, 알아볼 수 있는 부분만 노출시킨다. 그래서 가족들이 개별적으로 작별 인사 할 기회를 갖게 한다. 갑작스러운 죽음을 당하였을 때 시신을 보지 못한 유족은 슬퍼하는 기간이 훨씬 길다. 그들은 몇 년 또는 몇 십 년이나 부정의 단계에 머물기도 한다. 전적인 부정이 아니라 부분적으로 부정하는 것으로 이는 여러 가지 형태로 나타난다.

어린이가 살해되었지만 시체를 찾지 못한 가족은 살인자가 혼동해서 착각한 것이고 아이는 도망갔거나 아니면 사라져서 어디엔가 죽지 않고 살아있다고 믿는다. 살인자가 아무리 자세히 설명해도 이러한 일은 일어난다.

부모들이 몇 주간 충격과 멍한 상태에 있는 동안 형제자매 역시 힘든 시간을 보내고 대개 무관심 속에 '잊혀진다.' 이들이 혼란스러운 나머지 유리창을 주먹으로 치거나 화가 나서 운동장을 가로질러 공을 걸어차는 모습을 볼 수 있다. 악몽에 시달리기도 하고 숙제를 못 마치기도 한다. 집중 못하고 이리저리 방황한다. 매우 침울하고 친구에게 부당한 행동을 하고는 이에 친구가 뭐라고 하면, 자신이 이해를 받지 못한다고 느끼고 애정이 더 필요한 시기에 버림을 받았다고 느낀다.

살인과 직접 관련되지 않은 친구들은 (그래서 덜 감정적이거나 덜 비판적일 수 있다.) 시간을 내어 선생님이나 학교, 목사 또는 상담교사에게 가족의 상황과 어린이의 반응 등을 알려주어야 한다. 이러한 시기에 아이들에게는 들어주고 함께 이야기할 친구가 필요하다. 그들은 흔히 듣는 '지금쯤 그걸 극복했어야지'와 같은 말도 안 되는 기대가 아니라 더 큰 인내와 지도와 지원이 있어야 한다.

어떻게 그 모습을 마음에서 지울 수 있겠는가? 어떻게 당신의 누이가 반복적으로 강간당하거나, 칼에 찔리거나, 목 졸린 것을 잊을 수 있겠는가? 폭력과 살해로 목숨을 잃은 형제자매의 얼굴을 떠올리지 않고 어찌 2차 세계대전 역사에 집중할 수가 있겠는가?

두려움도 사라지지 않는다. 그들에게 그런 일이 일어났다면 나에게도 일어날 수 있다. 그들은 내가 누구이기를 기대하는가? 로봇인가? 체육이나 운동을 담당하는 선생님은 형제자매를 잃은 어린이들에게 특히 도움을 줄 수 있다. 선생님과 체육관에서 잠시 시간을 함께 보내며 펀치백 치기, 가라데를 하거나, 사물을 대상으로 소리지르며 분노와 무력감을 발산할 수도 있고, 볼링이나 테니스, 축구 등 적당한 운동으로 긴장을 해소할 수도 있다.

형제자매는 자신의 행동과 상관없이 부모의 기분이 변하는 것을 볼 것이다. 이 위기를 지나면서 견딜 만한 날도 있지만 도저히 참을 수 없는 날이 반복되었듯이, 부모의 감정도 멍한 상태에서 갑작스런 분노와 눈물의 분출로 변하기도 하고, 침묵과 세상에 대한 수동적인 무관심에서 노여움과 원망으로 '이 애들도 눈앞에서 사라졌으면 좋겠다. 기억을 되살리고 싶지 않으니까'라고 소리치는 등 날마다 다르게 나타난다.

알코올과 마약은 그러한 아픔을 겪은 직후에 부모와 나이든 자녀가 겪을 수 있는 가장 큰 위험요소이다. 아버지는 대개 직장을 잃을까 봐 또는 생활이 이전처럼 계속되는 것처럼 보이기 위해서 바로 직장으로 돌아간다. 그들은 일에 자신을 몰아넣고 집에 점점 더 늦게 돌아온다. 또는 주의가 산만해서 감독자나 상사에게 불려가서 '정신 차리라'는 압력을 받는다. 상사의 몰인정에 분노가 치미는 것을 억누르면서 동네 술집에 들러 한두 잔 하기도 한다. 그들은 걸어다니는 폭탄 같아서 동료에게 조금만 자극을 받아도 폭발하고 만다.

주변 사람은 살얼음판을 걷는 것처럼 행동하기 시작할 것이다. 그렇게 되면 아이를 잃은 사람은 갑자기 따돌림받는 것 같은 외로움을 느끼게 된다. 배우자도 이와 비슷한 감정을 느끼거나 전혀 이해하지 못할 수 있고, 오랜 기간 신체접촉에 반응이 없어 버림받은 듯한 느낌마저 든다.

어떤 아이가 자동차 후드를 닦다가 들켜, 화가 난 10대 아이에 의해 고의로 차에 치였다. 아이는 그 후 자동차를 두려워하고 운전을 할 수 없었다. 누군가 자기 차에 너무 가까이 다가오면 죽이게 될까 두려웠다고 말했다.

이들은 긴 기간의 정신치료를 요하지 않는다. 억눌린 분노와 불공평함에 대한 노여움, 그리고 다른 오래된 '해결하지 못한 일'이 누적되어 정신적인 스트레스를 건강하지 못한 방법으로 터트리고 있을 뿐이다. 이들은 삶의 경륜이 많고 비판과 기대보다 이해와 무조건적인 사랑을 주는 사람에게 즉각적인 도움을 받아야 한다. 안전한 장소에서 쌓인 감정을 외부로 발산하고 매트리스 위에 놓인 전화번호 책을 갈기갈기 찢고 소리지르면서 억눌린 분노를 발산할 수 있을 것이다. 속이 후련해지고 이 모든 '수용할 수 없고 궁극적으로 파괴적인' 엄청난 소모적 감정의 압력에서 해방될 것이다. 이것이 바로 우리 워크숍의 목적이며, 상호지원시스템이며, 소리 지르는 방의 목적이다.

살해당한 어린이의 엄마들은 세상이 너무 잔인하고 냉정하게 보여서 얼마동안 가게에 물건을 사러 갈 수 없고, 아이를 유모차에 태워 놀이터에 갈 수도 없거나 '세상'에 전혀 나가지 못할지 모른다. 그들은 사람들이 왜 '수지'에 대해서 얘기하기를 싫어하는지, 왜 하찮은 얘기들을 끄집어내며, 다음번 선거 이야기나 걱정하는지, 이웃이 왜 더 이상 들르지 않으며, 계란 배달원이 왔을 때 왜 전처럼 잡담을 하지 않는지 이해할 수 없다. 세상이 여전히 돌아가는 것도 화가 난다. 그러다가 갑자기, 때로는 서서히 자신도 그 비극을 당하기 전에 그들과 똑같이 행동하였음을 깨닫는다.

그들은 무자비한 복수심과 아이의 생명을 앗아간 범죄자에 대해 똑같은 앙갚음을 하고 싶은 생각에 사로잡히기도 한다. 동시에 살인자가 잡힐까 봐 두려워한다. 법정에서 마주 대할 가능성과 복수의 감정을 억제해야 하는 것, 그를 자기 손으로 죽이고 싶은 충동, 자신이 벌을 주고 싶은 욕망 등을 두려워한다.

그들은 재판제도가 너무 관대하고, 느리며, 부당하고, 편견에 차 있고, 희생자의 가족에게 동정심이 없는 데 화가 난다. 그들은 '서부극'에서 나오는 얘기를 기억한다. 거기에는 마을 사람들이 직접 판결을 내리고 범인에게 린치를 가하던 이야기를 기억해 내며 그들처럼 살인자를 파멸시키는 것을 상상한다. 그러나 범인도 역시 의식적, 무의식적으로 생이 불공평하다고 느꼈기 때문에 마침내 살인자가 되었다는 것은 깨닫지 못한다. 이 단계에서 그들은 모든 사람들이 테레사 수녀가 될 수 있는 능력을 가지고 있는 반면, 히틀러가 될 잠재력도 갖고 있다는 것을 알지 못한다.

의문스러운 죽음의 원인

자녀를 잃은 부모들과 관련하여 거의 다루어지지 않은 분야가 있는데 그것은 '의문스러운 죽음'의 원인이다. 우리사회는 아직도 공정성과는 거리가 멀다. 우리의 사법제도는 아직도 편파적이며, 종종 문제를 해결하기 보다는 문제를 만들어 내는 듯 보인다. 돈과 명성, 명예를 가진 사람들은 중남미에서 온 사람이나 흑인처럼 가난하고 돈도 없고, 자신을 보호하는 법도 모르는 사람들보다 더 큰 범죄를 범하고도 벌 받지 않고 빠져나갈 기회가 훨씬 더 많다.

사실 많은 '사고'는 사고가 아니라 자살이다. 또 어떤 '사고'는 사고가 아니라 타살이다. 그러나 '사고'가 자살이나 타살보다 받아들이기가 더 쉽기 때문에 보통 그런 표현을 많이 쓴다. 사건들은 무마되고, 범죄자는 풀이 무덤을 뒤덮듯이 잊혀질 것이라고 확신한다.

그러나 자녀를 잃은 부모는 잊을 수 없다. 그들은 처음부터 그 죽음이 사고일 리 없다는 것을 감지하는지도 모른다. 아무도 듣고 싶어하지 않는 정보나 의문을 갖고 있는지도 모른다. 당국과 검사관은 그들을 무시하려 하고 알아듣기 힘든 정신과의사의 말을 사용해서 그들이 '편집증'이라고 설명하려 든다. 그들은 '당신의 슬픔과 분노를 이해합니다'라고 위안하는 식의 말과 어려운 전문용어를 사용하면서 등을 어루만질 것이다.

재판에서 속았다고 느끼는 부모의 말을 아무도 귀담아 들어주지 않을 것이다. 당국은 그들의 노여움과 '광야에서 울부짖는' 듯한 외침에 대해 훨씬 강력하게 응답해야 한다. 그러나 부모가 재조사와 재판을 해 달라고 외치면 외칠수록, 관계자는 골칫거리로 여기고 평소대로 그들의 일을 계속하기 원할 것이다. 그들에게는 즉각 '정서적으로 불안정한 사람'이라는 딱지가 붙여지고, 될 수 있는 한 회피의 대상이 된다. 사설탐정이나 이해성 있는 정직한 법관을 고용할 돈이 없는 부모는 속수무책으로 계속 곱씹으면서 아이 죽음의 원인을 이리저리 헤아려 볼 뿐이다.

법률구조기금과 다른 공공서비스들이 감소함에 따라 이 문제는 악화될 것이다. 그대로 방치하면 그것은 불만과 억압된 분노, 미움을 키우기 때문에 중요한 사회문제가 된다. 조만간 억압된 좌절감과 분노는 다시 더 큰 폭력으로 이어지며, 사람들에게 '그들 자신의 손으로 결판을 내려야 할 필요가 있다'는 생각을 갖게 만든다. 미국에서 총을 자주 사용하는 것은 사람들이 보호시설이나 재판제도에 확신을 갖고 있지 않다는 징표이기도 하다. 결과적으로 사소한 도둑은 감옥에 가고 큰 도둑은 거리를 활보하면서 파괴를 계속하는 악순환이 일어난다.

어린이 자살

어린이의 자살은 부모에게는 가장 가슴 아픈 일일 것이다. 이는 또한 점점 더 자주 발생하는 사회문제 중 하나이다.

실의에 빠진 사람들이 밤낮으로 걸 수 있는 '24시간 무료상담전화'도 여럿이고, 전국에 자살방지센터도 많지만, 우리는 이 전쟁에서 지고 있는 것만 같다. 6살부터 16살까지의 어린이 자살은 사망원인의 3번째이며, 우리가 일한 다른 나라도 10대의 30퍼센트가 자살을 시도한 적이 있거나 자살을 했다. 그 원인은 무엇이며, 우리는 무엇을 할 수 있는가?

얼마 전에 슬픔에 찬 어머니가 몹시 당황한 상태에서 어떻게 11살짜리 아이가 자살을 할 수 있느냐고 물었다. 그녀는 도저히 이해할 수 없는 일이었으나 앞으로 자기 가정에서 이런 비극이 다시 일어나는 것을 막기 위하여 물어보고 알아내고자 용기를 가졌던 것이다. 나는 아들의 죽음에 앞서 일어난 사건을 물었다. 그녀는 간단하게 대답했다.

"아무 일도 없었어요. 아들이 학교에서 시무룩한 얼굴로 돌아왔고, 저녁 식사 직전에 마주친 남편 외에 아무도 주의를 기울이지 않았어요. 우울한 얼굴로 저녁 식사를 하는 아들을 보다 못해 남편이 '무슨 일이냐?'고 물었고, 아들은 두 과목은 성적이 좋지 않다고 했습니다. 화가 난 남편이 '그러니까 공부에 관심이 없구나. 네가 관심이 없다면 좋아, 우리도 상관하지 않겠다'라고 말했습니다. 식구들에게는 아들에게 아무 말도 걸지 말라고 했습니다. 아들은 음식에 손도 대지 않고 있다가 방으로 가 버렸습니다. 나는 다섯 아이들 방을 돌면서 이불을 덮어 주며 다독거려 주었으나 일부러 그 아이 방에 가지 않았어요. 아들에게 교훈을 주려고 했던 것이죠. 언제나 착한 아이였고, 우리가 하라는 대로 하는 평범한 아이였습니다."

그런데 이른 아침, 총소리가 들렸고 아들이 죽은 채 발견되었다. 단지 학교에서 두 과목의 낮은 점수를 받았다는 이유로 자살한 것이다. 나는 이것이 성취 위주 사회의 비극이라고 본다. 우리는 아이들에게 계속 이렇게 말한다.

"만일 네가 학교에서 좋은 성적을 받아오면, 너를 사랑하겠어. 네가 고등학교를 무사히 마치면 사랑하겠다구. 너에게 어느 날 '오, 나의 박사아들!'이라고 말할 수 있다면 그때는 정말 너를 사랑하겠다!"

그리하여 아이들은 우리를 만족시키기 위해서, 사랑을 사기 위해서 자신을 파는 것이다. 사랑은 결코 살 수 없는데 말이다. 아이들이 항상 잘하지 않을지라도 아름답고 사랑스럽게 여기며, 또한 그릇된 행동을 할지라도 사랑을 앗아가지 않으면서 고쳐줄 수 있다고 깨닫는다면, 자신감, 자존감, 생의 의욕을 상실하여 가출하는 어린이 수는 훨씬 감소될 것이다.

식은 음식이라도 있으면 그나마 다행이고, 말할 상대 하나 없는 춥고 쓸쓸한 집으로 돌아가야 하는 청소년들이 헤아릴 수 없이 많다. 우울증 증세를 보인 한 십대 소녀가 '도와주세요'라는 말과 함께 학교를 떠났다. 그러나 아무도 그녀가 죽을 때까지 어떤 단서도 눈여겨보지 않았다. 그녀를 발견했을 때는 이미 모든 것이 끝난 다음이었다. 또 어린 인디언 소년이 학교 친구에게 시 한 수를 건넸는데, 너무 엄격하고 완고한 학교생활에 갇히는 것을 못 견뎌 했다는 내용이었다. 그 시를 아이가 죽은 채 발견된 지 두 주 후에 돌려 보았다.

많은 아이들은 아무런 자원도 없고 문제를 의논할 사람도 없다. 어른에게 털어놓으면 생명의 위협을 받을까 두려워 근친상간과 신체적 학대를 견디며 오랜 세월을 보내는 여자아이가 많다. 어린이가 관련된 100가지 근친상간의 케이스에서 반 이상은 '무슨 일이 일어났음'을 넌지시 비치기만 해도 죽이겠다는 위협을 받은 것으로 알려졌다.

이들이 성적으로 학대하는 아버지나 할아버지, 삼촌과 집에서 홀로 있을 때 공포에 떠는 것은 말할 것도 없고, 많은 아이들이 그런 고통을 견디느니 차라리 스스로 목숨을 끊는 것이 낫다고 생각한다.

다수의 사람들이 비참한 삶에서 도피하기 위해 '끝장내야지'라는 생각을 한두 번 해본 적이 있다고 솔직히 시인한다. 다그 함마르셸드(Dag Hammarskjöld)는 『이정표(Markings)』라는 책에서 이런 감정을 매우 아름답게 표현했다.

"그래! 이것은 당신이 고독을 정복하고 삶에서 도피하는 방법인가? 아니다! 죽음이 삶에 대한 최후의 선물이 될 수 있는지도 모른다. 그러나 삶을 배반하는 행동이 되어서는 안 된다."

만일 실의에 빠진 어린이를 단 한 사람만이라도 사랑하는 사람이 있다면, 단 한 사람이라도 도와달라는 말없는 탄원을 들을 수 있었다면, 많은 재앙은 방지될 수 있다.

이곳 남캘리포니아 길가에 작은 소년이 쓸쓸히 홀로 앉아 있었다. 그 곁에 앉아 나와 이야기할 마음이 생길 때까지 기다렸다. 처음 얼마동안 평범한 얘기를 나누다가 왜 가출하였는지 단도직입적으로 물었다.

그는 부끄러운 듯 셔츠를 들어올려 뜨거운 스팀다리미로 지져서 생긴 오래된 흉터와 새로 생긴 상처를 보여주었다. 그리고는 집에 들어가면 엄마가 또 벌을 줄 테니까 집에 가느니 차라리 도망치겠다고 무덤덤하게 말했다. 어디로 갈지 결정하지 못했다고 했고, 나는 집에 데려다 주겠다고 제안했다. 차가 커브에서 멈추자 그애는 갑자기 제트기처럼 빨리 내리더니 쏜살같이 사라져 버렸다. 그애를 찾으려고 애썼지만 허사였다. 여러분은 얼마나 많은 아이들이 지금 고통받고 있으며, 우리가 바로 그 옆집에 살고 있는지 알고 있는가?

자살사건이 일어났을 때 우리 자신의 비판적인 태도를 반성해 본 사람들이 얼마나 되는가? 자살을 기도한 청소년이 응급실로 3번째, 4번째 실려올 때 병원 직원들의 표정을 살펴본 적이 있는가? 한 젊은 환자는 수면제를 세 번째 과용한 어린이의 위를 세척하는 간호사가 노골적으로 화를 내고 불쾌해하던 표정이 몇 년이 지나도 기억에 남아 있었다. 왜 그들이 우리를 이토록 화나게 하는가? 우리는 과로하고, 죽으려는 사람보다 살려는 사람을 치료하는 것이 더 보람 있다고 생각하기 때문인가? 자살 시도에 이르기까지 얼마나 많은 내적 고통과 고독, 괴로움을 겪었는지 이해하기 위해 조금이라도 시간을 내서 생각한 적이 있는가? 그들이 퇴원할 때 진심으로 도와줄 한 사람을 찾아보려고 진심으로 노력한 적이 있는가? 그들이 처한 환경, 가족, 친구들이 어떠한지를 알아보려고 시도한 적이 있는가?

어느 날 오후, 어린 소년이 몇몇 그림을 가지고 우리 집에 왔다. 그애는 창백하였고, 말은 한마디씩만 했으며, 비위를 맞추려 애쓰는 것이 역력하였다. 앉으라고 할 때까지 기다렸고, 먹으라고 말하기 전에는 과자에 손도 대지 않았으며, 종이를 바짝 들이대야 집어들었다. 그림을 그리는 동안 말을 시작했는데, 처음에는 머뭇거리다가 나중에는 좀 더 자유롭게 말하였다.

그애의 이야기를 통해 처한 상황을 파악할 수 있었다. 소년은 6살이고 벌써 12번도 넘게 자살을 기도했다. 기차가 다가올 때 기찻길로 달려들다가 잡히고, 욕조에 빠져죽으려고 했으며, 최근 5층짜리 건물에서 뛰어내리려다가 지켜보던 경비에 의해 구조되었다. 그는 어머니에게 버림받고 이 집 저 집을 전전했다. 그는 앉을 수 없을 때까지 매를 맞았다. 깜깜한 곳에 갇혀 있는 동안 바지를 적셨다고 하루 종일 옷장 속에 갇히는 벌을 받기도 했다.

마지막으로 그애가 머물렀던 가정의 양부모는 잘 대해 주었으나, 양엄마가 암진단을 받자 다시 떠나야 했다. 사랑 많은 부부가 그를 양자로 들이고자 했으나 그들은 입양기관의 엄격한 요구조건에 맞지 않았다. 남편과 아내가 서로 다른 종교를 가지고 있었는데 이것이 아이를 양육하는데 좋지 않다고 판단했다.

사랑이 전부라는 것을 우리는 언제쯤 깨닫게 될까? 모든 인간이 자라고 번성하기 위해서는 식물과 마찬가지로 영양, 빛, 사랑, 애정과 이해가 필요하다는 것, 그런 이들이 나중에 다음세대에게 사랑과 애정을 주는 부모가 된다는 것을 언제쯤 깨달을 것인가?

이 시는 고등학교 3학년생이 선생님에게 드린 시이다. 그가 시를 직접 쓴 것인지는 분명하지 않으나 이 시를 선생님에게 드린 지 몇 주 지나지 않아 그 학생은 자살한 것으로 밝혀졌다.

*

그는 언제나 설명하기를 원했지만, 아무도 관심이 없었다

때로는 그림을 그리려 했지만, 별로 신통하지 못했다

그는 그림을 돌에다 새기거나 하늘에다 쓰기를 원했다

잔디에 누워 하늘을 보면, 그와 하늘과 그의 안에 있는 무엇인가가 서로 통했다

그 다음에는 그림을 그렸다

그림을 베개 밑에 두고 아무도 못 보게 했다

매일 밤 그것을 보고 또 생각했다

깜깜할 때에도, 눈을 감았을 때에도 볼 수가 있었다

그에게는 그것이 전부였고 또 사랑했다

학교가 시작되자 그것을 가지고 다녔다

누구에게 보여주기 위해서가 아니라, 친구처럼 그저 갖고 있으려고

학교란 우스운 것이었다

다른 책상과 똑같은 네모난 갈색 책상 앞에 앉았다

그는 책상이 빨간색이어야 한다고 생각했다

교실도 다른 교실들처럼 네모나고 갈색이었다

좁고, 답답하고, 딱딱했다

그는 연필과 분필 잡기를 싫어했다

팔도 딱딱했고, 마루에 디딘 발도 굳어 있었다

선생님이 자꾸자꾸 쳐다보더니 와서 말을 걸었다

너도 다른 아이들처럼 넥타이를 매는 게 어떠니?

그는 그러기 싫다고 했다

선생님은 괜찮다고 말했다

그 다음 그들은 그림을 그렸다

그는 온통 노랗게 칠했는데,

그것은 아침의 느낌을 나타낸 것이다

그것은 아름다웠다

선생님이 와서 그를 보고 미소 지었다

"이건 무엇이지?"하고 물었다

"너도 켄의 그림처럼 그리는 게 어때?

멋있지 않니?"

이런 일이 있은 후 어머니는 넥타이를 사 주었다

그리고 다른 아이들과 마찬가지로 비행기와 로케트 항공선을 그렸다

옛날 그림은 버렸다

혼자 누워 하늘을 보면 하늘은 크고 푸르렀다

모든 것을 품고 있었다

하지만 그는 더 이상 이전의 그가 아니었다

그의 속은 네모지고 밤색이었다

손은 뻣뻣했다

다른 사람들과 똑같았다

마음속에 통하던 것이 없어져 버렸다

요구하기를 멈추었다

그것은 부서졌다

뻣뻣하게 되었다

다른 것들과 마찬가지로.

*

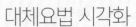

대체요법 시각화

어린이가 암 같은 난치병에 걸리면, 절망에 빠진 부모들은 전통적인 과학적 치료법 외에 도움을 찾는 경우가 많다. 이럴 때 대부분의 의사들은 이를 거부할 뿐만 아니라 갑자기 '적'이라도 만난 것처럼 부모에게 화를 내곤 한다.

앞으로는 전인적 사고와 돌봄 방식이 발전하면서 많은 가정이 서로 도움을 주고, 아픈 자녀뿐 아니라 자신도 치료하게 될 것이다.

시몬튼(Simonton)은 시각화 기법을 소개하는데 참 훌륭한 역할을 해왔다. 이는 화학요법이나 '허용된' 치료법과 병행해서 사용할 수 있는 방법으로서 암환자에게 자주 사용된다. 대부분의 어른은 어린이가 시각화의 의미를 잘 이해하지 못한다고 생각해서, 이 최신 요법을 어린 딸에게 적용한 어머니에게 그 경험을 이야기해 달라고 부탁했다. 다음은 그녀의 편지이다.

*

이 편지는 딸 린지와의 경험을 간단히 요약한 것입니다.

딸은 2살 반이었습니다. 우리는 전인치유법과 자연요법을 활용하여 많은 도움을 받았습니다. 딸은 대체로 협조적이었으며, 이러한 치료법들이 자신의 병 치유에 도움이 된다는 것을 아는 것 같았습니다. 1979

년 8월, 린지의 암은 재발해서 복부에 커다란 종양과 함께 골수까지 퍼졌다고 했습니다. 우리는 화학요법을 다시 시작했지만 딸을 살리려면 뭔가 다른 것을 해야만 한다고 느꼈습니다.

저는 일년 전, 샌디에이고주립대학교에서 열린 전인적 건강컨퍼런스에 참석했습니다. 제가 참석한 워크숍 중 하나는 스티브 할펀(Steve Halpern)이 인도하는 것이었습니다. 거기에서 색과 음악을 사용하는 치료에 대해 배웠습니다.

지난 한 해 동안 린지는 청록색 불빛 아래 할펀의 '스펙트럼 스위트(Spectrum Suite)'란 노래를 들으며 잠들곤 했습니다. 그것은 '린지의 노래'로 알려지게 되었습니다. 이 노래는 조용하고 편안했으며, 특히 이번 워크숍에서 '스펙트럼 스위트' 명상을 경험했기에 선택했습니다. 이것이 신체의 균형과 건강을 되찾는 데 도움이 될 것이라 생각했습니다. 불빛은 치료와 안정감을 주기 위한 것이었습니다.

나는 린지와 함께 적극적으로 긴장을 풀기 시작하였습니다. 때로는 웃고 뒹굴고 난 다음 베개에 기대 편안히 쉬기도 했습니다. 몸의 긴장이 이완될 때까지 발부터 다리, 그리고 몸의 윗부분으로 올라갔습니다. 린지는 대개 눈을 감고 있었습니다.

나는 눈을 감았을 때 뭐가 보이냐고 이따금 물었습니다. 딸은 놀라운 상상력을 가지고 있었습니다. '긴장을 푸는 것'이 어떤 것인지를 보여주기 위해 먼저 근육에 힘을 주었다가 갑자기 빼서 느슨하게 만들었습니다. 그리고 '누더기 인형 앤[3]'도 사용하였습니다. 린지는 참 재미있

---

3 Johnny Gruelle의 그림동화책 주인공

어 했지만 때로는 진지했고 열심이었습니다.

긴장을 푼 다음 '공기 중에서 마법의 힘을 들이쉬어 네 몸 전체로 보내라. 그 힘은 아픈 데를 낫게 해주고 회복을 도울 거야'라고 말했습니다. 그 마법의 힘을 어디 특정한 곳으로 보내고 싶은지 물어봅니다. 그러면 대개 '내 배로'라고 대답합니다. 대개 밤에는 청록빛 불을 켜고 자지만 긴장을 푸는 시간 동안은 분홍빛 불을 켜놓습니다. 분홍 불빛을 소재로 사랑에 대해 얘기를 나누고, 분홍빛 사랑을 들이마셔서 온몸으로 보냅니다.

이는 린지를 따뜻하고 행복하게 만듭니다. 우리는 병이 사라지고 린지가 '다시 회복되는 것'을 언제나 상상합니다. 나는 그 '마법의 힘'이 어떠냐고 물어보는 것을 잊지 않습니다. 그러면 대개 '따뜻하다'고 하고 때로는 '간지럽다'고 합니다.

나는 일년 전에 피닉스에서 시몬튼에게 훈련받은 심리학자에 대한 신문기사를 본 적이 있습니다. 그가 암환자를 치료해 왔고 어린 환자도 치료했다는 것을 읽고 전화를 걸어 린지와 만나기로 약속했습니다. 그가 만난 어린이 중 가장 어린아이가 14살이었지만 그와 동료들은 할 수 있는 한 린지를 돕겠다고 약속했습니다. 그리고 몇 번의 의료상담에는 돈을 청구하지 않았습니다. 우리는 부츠같이 생긴 한 쌍의 부드럽고 노란 장갑을 만들고, 한 면에는 린지의 '보조자들'을 나타내는 파란 얼굴을 수놓고, 다른 쪽에는 '약'을 나타내는 빨간 얼굴을 수놓았습니다. 그 심리학자도 이 과정에 관심이 있었으나 젊은 인턴이 훨씬 더 큰 도움을 주었습니다. 그들은 아동 도서인 『먹구름 뒤에는 언제나 무지개가 있다(There is a Rainbow Behind Every Dark Cloud)』도 주었습니다. 린지는 그때 겨우 2살 반이었지만, 분명히 그 책을 이해했으며 읽어줄 때마다 의견을 말했습니다. 이는 린지의 시각화에 도움이 되었습니다.

먼저 우리는 초록색 칠판에 흰 분필을 사용해서 린지를 그렸습니다. 린지는 칠판으로 빨리 가고 싶어했지만, 이완운동을 하거나 가만히 앉게 한 다음 칠판으로 갑니다. 린지는 '보조자'들이 자기 안에 살고 있으며, 그것이 중요한 '백혈구'라고 알고 있었습니다. 또한 그것들은 아픈 데를 제거하는 큰 힘을 갖고 있다는 것도 알고 있었습니다. '보조자들'은 뾰족하고 긴 코에 큰 입을 가진 둥근 웃는 얼굴로 묘사되었습니다. 코로 아픈 데를 파고 들어가서 다 없어질 때까지 큰 입으로 삼켜 버립니다.

나나 린지가 큰 종양이 있는 주변을 얼룩지게 분필로 표시합니다(오른쪽 콩팥 바로 위에). 그러면 린지가 장갑을 끼고 흔적이 없어지도록 아픈 곳을 지웁니다. 때로는 (화학요법 전에) 약이 들어가는 곳을 표시하고 아픈 곳까지 쭉 따라갑니다. 그리고 종양을 없애는 과정을 보여줍니다. 린지는 양손을 사용하여 약과 보조자들이 '함께' 병을 없애 린지를 '다 낫게' 한다고 이해합니다.

이 과정의 끝부분에는 보조자들이 바쁘게 일하게 놓아두었다가 지우고 나서, 린지에게 예쁜 옷을 입히고 색분필로 머리카락을 그립니다. 활짝 웃는 미소가 크게 그려진 마지막 그림은 한결 나아지고 예쁜 곱슬머리가 새로 자란 행복하고 건강한 린지를 보여주고 있습니다. 한번은 사진사가 왔는데 린지가 그림 있는 데로 가서 그림 속의 아기(자신)에게 마구 입맞춤을 하였습니다. 이것을 여러 번 되풀이하였습니다. 또 한 번은 린지가 칠판을 지우는데 몰두해서 갑자기 칠판을 던지더니 그 위에서 펄쩍펄쩍 뛰었습니다. 그애는 정말 '아픈 데'를 제거하고 있었습니다.

내가 파트타임으로 일하는 동안 아기 보는 사람에게 린지를 맡겨야 했기 때문에 매일 3번씩 규칙적으로 한다는 것은 때로 힘이 들었지만, 우리는 이것을 꼭 지키려 노력했습니다. 린지는 중간중간 내 무릎에 기어올라와서 아픈 곳에 내 손을 얹곤 했습니다. 이렇게 하면 좀 나은 것 같았습니다. 그러고는 다시 내려가서 놀이를 했습니다.

하지만 린지를 봐주러 오는 친구이자 치료사 '캐롤 아줌마'의 무릎을 이용할 때가 더 많았습니다. 린지는 캐롤이 치료사라고 아는 것 같았습니다. 한번은 캐롤이 뭐하는 사람인지 분명히 알고 있다는 것을 보여준 일이 있었습니다.

린지와 함께 지낸 마지막 여름이 지날 무렵, 콜로라도 여행에서 돌아오는 길에 캐롤 아줌마를 만나러 플래그스태프(Flagstaff)에 들렀습니다. 린지는 즉시 캐롤의 무릎으로 뛰어올라가 손을 정확히 자신의 아픈 곳에 올려놓았습니다. 캐롤은 이제 치료할 필요가 없고 암이 다 나았다고 말했습니다. 린지는 캐롤을 올려보면서 대답했습니다.

"아니에요. 캐롤 아줌마, 병은 다 없어지지 않고 재발했어요. 린지는 완전히 낫고 싶어요."

불행히도 그 말은 사실로 밝혀졌습니다. 그때 이후 기회 있을 때마다 치료를 받기 위해 캐롤의 집을 방문했습니다. 거기에는 캐롤과 다른 치료사들도 함께 있었는데 린지는 언제나 그들이 자기를 도와주려 한다는 것을 알고 있다고 말하려는 것 같았습니다. 또한 도움에 감사하려 했습니다.

이러한 린지와의 경험을 볼 때 현대 의료인들도 치료 에너지 교환의 중요성을 경시하지 않기를 바랍니다. 유아나 젖먹이라도 이러한 치료를 받아들일 수 있습니다. 나와 다른 사람들은 린지가 기운 없고 고통스러워하다가도 치유 시간이 끝나면 기분이 좋아져서 무릎에서 뛰어내려 행복해지고 비교적 원기를 회복하여 다시 노는 것을 여러 번 목격했습니다.

우리는 정말 강력하고 어느 때보다 더 도움이 될 새로운 약을 구하러 캘리포니아로 갈 준비를 하고 있었습니다. 이때 우리는 색분필을 사용하기 시작했는데, 보조자들을 더 강하게 나타내려고 밝은 노랑으로 칠하였고, 병을 낮게 하려고 온몸에서 일하고 있는 보조자들의 모습을 그렸습니다.

(이와는 별개로 레이어트릴(Laetril, 항암제의 일종)을 위해 멕시코로 데려갔습니다. 큰 도움이 되기에는 너무 늦었지만, 병원을 떠나기 하루 전에 찍은 X-레이에 아무런 이상도 보이지 않았습니다! 나는 레이어트릴을 정맥주사로 맞히려고 한 건 아니었습니다. 혈관이 약하기도 했고 병도 억제된 상태이니 알약 형태로 취하겠다고 생각했습니다. 그래서 린지에게 더 이상 주사는 없다고 약속하였습니다. 이는 '매우' 중요합니다. 며칠 후에 일어난 일을 설명해 주기 때문입니다.)

약을 받으러 새 병원에 갔을 때, 린지는 기분이 굉장히 좋아서 의사와 장난까지 쳤습니다. 의사와 린지의 병에 대해 얘기를 나누었는데,

병이 발견될 때는 이미 많이 진행된 상태이기에 신경모세포종은 나을 가망이 없는 병이라고 했습니다. 나는 알약만 사용하기로 결정했습니다. 그때는 몰랐지만 레이어트릴을 직장에 주입할 수도 있었고 제가 배워서 직접 할 수도 있었습니다.

나는 그곳에서 3주간 있을 돈이 없었지만 더 이상 정맥주사는 놓지 않겠다고 약속해서 별 도리가 없었습니다. 의사들은 면역체계를 강화시키기 위한 신약을 시도해 보라고 권하였습니다. 린지의 암은 선천적으로 잘못된 면역체계로 인한 것이었기에 저는 이에 동의하였습니다. 그런데 그것은 다리에 아픈 주사를 매일 놓는 것이었습니다. 내가 샌디에이고에서 친구와 함께 지내고 있었기에 주사 놓는 법을 가르쳐 매일 그곳까지 오지 않고 직접 주사를 놓게 했습니다. 주사를 다 맞고 나면 알약으로 먹을 수 있다고 했습니다.

다음날은 종말의 시작이었습니다. 나 자신에게도 주사 놓는 것은 견딜 수 없이 끔찍한 시간이었습니다. 물론 린지는 저항했습니다. 린지를 눌러 잡고 정맥을 찌르면 피가 조금 나왔습니다. 그것은 큰 충격이었으며, 그때마다 나도 배가 아팠습니다. 어떤 말로도 그를 위로할 수 없었습니다.

린지는 나를 완전히 실망과 불신에 차서 쳐다보았습니다. 아무 말도 하지 않았지만 마치 '이제 엄마까지예요?' 하고 말하는 듯했습니다. 사실 린지가 화가 나서 손가락을 입에 넣고 적셔서 칠판 위의 린지 얼굴을 할퀴는 것을 몇 번 보았습니다.

그 후로 칠판을 벽쪽으로 돌려놓고 다시 작업하려 하지 않았습니다.

그는 지치고 우울하고 내성적이 되었습니다. 내면의 무언가를 듣거나 느끼는 것 같았고 '다른 공간'에 있는 것 같았습니다. 불과 며칠 사이에 고통스러워했고 침울하고 먹지도 않고 그냥 누워 있기만 했습니다. 우리가 아직 샌디에이고에 있을 동안, 바로 멈추기는 했지만 두세 번 주사를 맞은 다음도, 친구들이 문병을 오면 침실로 뛰어 들어가서 자랑스럽게 모두에게 보여주려고 칠판을 꺼내왔었는데.

겨우 일주일 가 있었는데 X-레이에는 종양이 안 나타났는데도 불구하고 떠나기 하루 전에 몹시 아팠고, 피닉스로 돌아오자마자 병원으로 가야만 했습니다. 레이어트릴 알약은 써 볼 기회조차 없었습니다. 다른 X-레이로는 종양이 급속도로 커지고 있었고, 물조차 삼킬 수 없어 폐색증이 우려되었습니다. 린지가 비교적 새로운 약을 처방받은 다음날 신장 기능이 떨어지면서 출혈성 심장쇠약을 일으켰습니다. 그리고는 모든 저항력이 완전히 소멸된 3주일 후 숨을 거두었습니다.

그 마지막 한 주일 동안 약간의 액체 레이어트릴을 직장주입식으로 사용하였습니다. 그것은 고통을 훨씬 줄여 주었으며 전반적인 상태를 호전시켰습니다. 죽던 날에 무엇을 먹으려고까지 하였습니다. 린지가 죽기 전날 밤에 종양은 상당히 줄어든 것으로 나타났습니다.

엄마가 주사로 자기를 괴롭히자 칠판을 벽면으로 돌려놓고 얼굴을 할퀴며 분노를 나타냈던 날이 있었습니다. 나는 그때 린지가 포기했다고 생각합니다. 죽음의 화학 처방을 받지 않았더라면 적어도 몇 달은 더 견뎠을 것입니다. 린지는 너무나 열심히 투병하였습니다. 의사를 만나면 피를 수혈받게 해달라고도 했습니다. 새로운 피는 기분이 좀 낮게 해주는 것을 알았기 때문입니다. 칠판에 그림 그린 기간은 짧았지만 그 두어 달 동안 강력하고 효과적인 수단이었다고 믿습니다. 린지에게 그것은 중요했고 그 시간을 고대하였습니다.

또 한번은 병원에서 X-레이를 보았는데, 그 위에 아픈 곳이 어디인지 알려주었습니다. 그 방 벽에는 커다란 덤보코끼리와 코 위에 빨간 깃발을 든 생쥐 티모시가 앉아 있는 그림이 그려져 있었습니다. 나는 린지에게 보조자들이 이것처럼 빨간 깃발을 들고서 적군인 종양에게 덤벼서 정말 쓰러뜨리는 것처럼 생각하라고 했습니다. 그 뒤로 자기 것에도 빨간 깃발을 사용했습니다.

너무 여러 가지 일들이 일어나서 그것을 전부 다 기억하기는 어렵지만 전반적인 그림으로 보면 그것들은 모두 중요한 것들입니다. 린지는 대화할 어휘들은 몰랐지만, 생각보다 더 많은 것들을 이해했습니다. 그리고 자기에게 무슨 일이 일어나고 있는지, 또한 앞으로 일어날 일들에 대해 어떤 준비를 해야 하는지 여러 방법으로 내게 알려주었습니다.

거의 마지막이 가까웠던 어느 날 린지는 칠판에 마구 칠하고는 암이 거기 있다고 했습니다. 나는 그러지 못하게 막으려 했습니다. 그것은 부정적인 영향을 준다고 느꼈습니다. 하지만 며칠 후 병원 검사를 통하여 린지의 말이 옳았다는 것이 밝혀졌습니다. 나는 기가 막혀 아무 말도 할 수 없었습니다. 나는 적어도 의식적으로는 린지가 죽을지도 모른다는 것을 결코 믿지 않았습니다.

린지는 일년 전에 아주 쉽게 죽을 수도 있었지만, 내가 아직 준비가 되어 있지 않다는 것을 알고 있었던 것 같습니다. 그리고 자신을 살리기 위해 내 모든 힘을 다하고 있는 동안 나에게 성장하고 이해하도록 조용히 돕고 있었습니다. 그에게 'OK'라고 말할 수밖에 없는 날이 올 때까지 그냥 '떠나 버리지' 않았습니다. 린지가 죽고 다시 태어난 그날 나 자신도 죽음과 다시 태어남을 경험하였습니다.

특기 : 린지가 죽기 5일 전 이상한 숨의 멎음을 경험하였습니다. 분명히 숨을 들이쉬었는데 내쉴 수 없었습니다. 공기가 린지 안에 갇힌 것 같았습니다. 린지는 당황하고 겁에 질리기 시작하였습니다. 머리를 뒤로 젖히고 숨을 쉬려고 몸부림치기 시작하였습니다.

나는 쇼나에게 '음악'을 켜라고 말하였습니다. '린지야, 음악을 듣고 몸을 이완시켜' 나는 목소리를 고르고 조용하게 하면서 긴장을 푸는 운동을 시작하였습니다. 린지의 눈은 내 눈에 고정되었고, 필사적으로 지시를 따르려 하였습니다. 발부터 시작하여 빠르게 몸 위쪽으로 올라왔습니다. 가슴 부분까지 왔을 때 숨을 내쉴 수가 있었고, 숨을 쉬기 시작하였습니다. 간질발작은 아니었지만 그 비슷한 것이었습니다. 이를 악물었고 몸이 약간 굳었기 때문입니다. 린지는 분명히 호흡곤란을 경험하고 있었습니다.

그럼에도 불구하고 나와 계속 시선을 맞추면서 내가 말하는 것을 이해하고 빨리 지시를 따르려 하였습니다. 나는 린지를 무릎 위에 앉혀 놓고, 두려워하지 말고 '몸에 힘을 빼고 긴장을 풀라'고 했습니다. 린지가 힘들게 죽어가고 있다고 생각했기 때문에 나도 역시 무서웠습니다. 그러나 그가 눈을 계속 마주치고 있을 때 도움과 대답을 청하고 있음을 알았습니다. 이러한 위기 상황에서 전에 했던 이완 훈련이 린지의 생명을 구했으며 통제력을 얻게 하고 공포를 몰아내주었다 굳게 믿습니다.

*

요법가가 어떤 가정의 아들에게 치유와 병행해서 최면술을 사용했다. 그는 아이가 죽을 무렵 한 가족처럼 되었다며 다음 이야기를 보내왔다.

*

데이비드에게 최면을 사용했다고 진이 선생님께 말씀드렸겠지요. 처음에는 구토를 멎게 하려고, 나중에는 통증과 걱정을 조절하는 데 썼습니다. 데이비드가 텍사스로 가는 마지막 여행에서 스스로 최면을 사용한 것으로 보아 이것은 유용한 수단이었던 것 같습니다. 그와 어머니는 새로운 문제 즉 스테로이드 다량 복용으로 인한 식욕 조절에 이르기까지 창의적으로 사용하였습니다.

크리스마스 테이프에 데이비드가 평안을 찾았다는 언급이 몇 차례 나오지요. 그가 평안을 찾게 된 것은 제가 최면치료 중에 편안하고 안전하게 느낄 수 있는 기분 좋은 꿈을 꾸라고 권유한 것과 관계가 있습니다. 그는 안전하고 행복한 곳에서 다른 곳으로 쉽게 날아다닐 수 있는 독수리가 되는 최면의 꿈을 꾸었습니다. 그 독수리는 방해를 받으면 언제든지 더 편안하고, 더 평화스러운 곳으로 즉시 날아갈 수가 있었습니다. 데이비드는 이러한 상상력을 계속해서 사용하였습니다.

이러한 최면의 경험은 의도했던 목적뿐만 아니라 데이비드와 그의 어머니에게 그 전에는 가져보지 못한 성숙한 통제력을 느끼게 했습니다. 진은 약과 기계, 전문가에게 의지해야 할 만큼 무력하고 피동적인 것이 얼마나 공포스러운지, 그리고 어려운 상황을 훨씬 능동적으로 극복할 수 있는 도구가 있다는 것에 얼마나 안도감을 느꼈는지 말했습니다. (많은 사람들이 최면에 걸린 사람은 피동적이라고 느낄 겁니다. 그러나 경험한 사람은 사실 그 정반대라는 것은 잘 압니다.)

*

지난 10년간 많은 부모들이 고통을 줄이고 불치의 병에 걸린 아이들의 걱정을 덜기 위해 명상과 상상력이라는 최면요법을 사용하는 것을 보아왔다. 나는 부모들 모임에서 이러한 보조수단을 더욱 권장하고 훈련하고 지원해야 한다고 생각한다. 신체적, 정서적 상태가 허락하는 한 사용법을 알고 편안히 사용할 수 있게 해야 한다고 굳게 믿는다.

긴장을 푸는 방법의 안내 자료라든가 명상의 자료는 많다. 예를 들면, 스티븐 레빈의 워크숍과 책들, 그리고 죽어가는 환자들을 직접 방문한 것은 많은 사람들에게 가장 유용하고 이로운 도움이 되어 왔다.

스티브 할편의 음악 앨범과 색을 이용한 치료도 환자 몇몇에 도움을 주었고, 어린이들의 긴장 이완에 대한 토마스 로버트와 G. 헨드릭의 저서들도 도움이 되었다.

어른을 위한 찰스 스트뢰벨의 책과 카세트테이프들은 모두 이완하는 법을 안내하는 것이다. (Quieting Reflex라고 불린다.) '유아용 Q. R(Quieting Reflex)'라고 불리는 리쯔 스트뢰벨의 어린이 스트레스 관리 카세트 프로그램은 국립교육협회에 의해 승인된 것으로 지친 부모와 아이들에게 시도할 수 있다. 치료팀과 협조하면서 일하는 최면요법 전문가들은 테이프를 개별 제작하거나 어린이의 특별한 요구에 맞도록 보정할 수 있다.

〈로널드맥도날드하우스〉는 불치병이나 난치병에 걸린 어린이들과 부모들을 위한 시설로 잘 알려져 있어 이곳을 이용하기 위해 먼 곳에서 찾아오는 사람들이 많다. 이곳은 병에 대한 자료를 갖춘 도서관도 있고, 병원치료를 기다리는 사이에 보람 있고 생산적으로 시간을 보내기 위해 자원봉사자의 도움을 받을 수 있다. 이러한 자원봉사자 중에서 돌팔이 의사나 비윤리적인 사람들을 걸러내야 하는 것은 당연하다. 우리의 편협한 마음과 무지가 가로막지 않는다면, 어린이와 그 가족을 위해 할 수 있는 일은 무궁무진할 것이다.

죽음에 대한 어린이의
내적 지식과 상징적인 언어

수우(Sioux) 인디언으로 보이는 작가미상의 기도문은 죽음은 다른 형태로의 변화라고 하는 보편적 지식을 보여준다. 이는 내가 고대문화의 정신적인 지식에 대해 관심을 가지고 있다는 것을 아는 친구가 보내주었다.

*

영혼은 결코 태어나지 않는다

영혼은 결코 존재를 멈추지 않는다

존재하지 않았던 시간은 결코 없었다

마지막과 시작은 꿈이다

태어남도 없고, 죽음도 없으며, 변화도 없으니,

영혼은 영원토록 남는다

죽음의 집같이 보일지라도

죽음은 영혼을 건드리지 못한다.

_죽음에 대한 수우의 기도, 작가미상

*

어린이들이 내적으로 죽음을 알고 있다는 것은 다양한 방식으로 입증

되어 왔다. 젊은 시절, 나는 스위스 시골의 의사로서 종양, 심장병, 백혈병, 그 외에 생명을 위협하는 질병을 앓고 있는 어린이를 수없이 방문하였다. 그 시절에 이러한 주제의 글이 거의 없었고, 마을 의사는 환자가 질문하면 자기의 직관이나 상식에 의존하여 대응하였다.

어느 날 밤, 마지막 일정으로 어린 소녀의 집에 들렀다. 그애는 심하게 앓고 있었고 정성스러운 치료를 해왔지만 별다른 효과를 얻지 못하고 있었다. 부모와 형제자매는 추수하느라고 바빴고, 엄마도 어쩌다가 한 번 딸아이를 들여다볼 뿐이었다. 거의 말도 못하고 앞을 보지 못하는 증조할머니가 아이를 돌보고 있었다. 실제적으로 할머니는 간병하기에 적합하지 않지만, 어린 수잔에게 최고의 간호사임에 틀림없었다.

할머니는 어린 환자가 잠들 때마다 졸기도 했지만, 하루 종일 수잔 곁에 있었다. 수잔이 깰 때는 언제든지 깨어 있어서 손녀에게 주의를 기울이는 것을 보면 할머니에게는 어떤 특별한 감지력이 있는 것만 같았다. 할머니는 손녀가 깨어 있는지 알고 있다는 듯 부드럽게 그녀를 만졌고, 절대로 강요하거나 억지로 먹이려고 하지 않으면서 마른 입술에 조금씩 천천히 마실 것을 넣어 주었다.

나는 두 사람을 몇 시간이고 바라볼 수 있었다. 종종 할머니의 얘기를 들었는데, 그것은 옛 기억과 앞으로 다가올 일에 대한 내적 지식이 뒤섞여 이루어진 듯했다. 할머니는 동화책을 읽어줄 만한 시력이 아니었지만, 할머니가 들려주는 이야기들은 내가 어려서나 자라서나 수없이 읽었던 어떤 책보다 흥미롭고 감동스러웠다. 할머니는 무슨 일이 일어날지 알고 있다는 듯이 이야기의 내용은 언제나 앞으로 일어날 일을 준비하라는 것 같았다.

처음에 수잔은 할머니에게 수많은 질문을 하더니 차츰 질문이 적어졌다. 할머니가 틀림없이 예견했을 수잔의 마지막 날에는 그저 '할머니를 곧 찾아갈 수 있을까요?'라고 했을 뿐이었다. 그때 할머니 외에 누구도 그 질문을 이해하지 못했을 것이다. 할머니는 증손녀의 손을 가만히 잡으며 말했다.

"너는 당연히 나의 늙은 몸이 오래 살 수 없다는 것을 짐작하겠지. 네가 나를 필요로 할 때까지 살아있을 게다. 곧 우리는 함께 있게 될 것이고, 또 내가 듣고 보게 될 수도 있어. 그리고 우리는 함께 춤을 출 거야."

할머니는 내가 이 대화를 듣고 있다는 것을 알고는 자못 짓궂은 웃음을 보냈다. 할머니는 그날 두 사람이 얘기한 의미를 언젠가 내가 깨달을 줄 알았던 것일까? 단순히 '나'라는 존재를 인식하고 가르침에 포함시킨 것일까? 할머니가 주신 작은 도움에 얼마나 감사하고, 그 조용한 순간이 내가 하는 일의 의미를 얼마나 아름답고 훌륭하게 만들어 주었는지를 알고 있었을까? 최고령의 노인과 몹시 아픈 아이가 선생님일 줄을 30년 전 그때 짐작이나 했겠는가.

할머니는 수잔이 입을 특별한 옷을 준비시키고, 엄마에게 다음날 아침에는 일하러 가지 말라고 당부하였다. 이 가정에는 크토록 훌륭한 이해심이 있었다. 아침을 함께 먹고 난 지 몇 분 후 수잔이 죽었다고 그애 아버지가 전화했다.

당시의 관습대로 가족은 수잔을 씻기고 옷을 입혔다. 이웃이 관을 만들고 마을 사람은 조의를 표하려고 하나씩 찾아왔다. 시신은 부엌과 식당이 환히 보이는 거실의 '좋은' 곳에 놓여졌다. 동네 친구들과 이웃, 같은 반 친구들, 선생님들이 작별 인사를 하러 왔다. 마을에서 마차와 말을 제공했고, 거의 모두 관을 따라 교회와 묘지까지 걸어갔다. 학교 어린이들은 노래를 불렀고, 목사님은 설교를 하였으며, 할아버지와 가족에게 가장 가까운 친구들이 몇 마디씩 감동스런 말씀을 하였다. 그리고 관은 땅속에 묻혔다. 형제나 자매, 친구, 이웃들은 관 위에 한줌씩 흙을 뿌려서 메웠다.

증조할머니는 집 밖에서 행한 의식은 모두 참석하였고, 친척과 친구, 이웃을 위한 마을 식당의 식사자리만 참석하지 않았다. 사람들이 집으로 돌아왔을 때는 늦은 밤이었다. 할머니는 심장마비 증세가 있었지만 본인의 간절한 요청에 따라 집에서 치료하기로 했다. 그래서 나는 필요한 만큼 돌보아 드렸다.

이 가정을 방문한 일은 내게 보물같이 소중하였다. 할머니가 수잔에게 떠나가신 후에도 오랫동안 그들과의 관계를 유지하였으며, 아직도 그 가정은 내게 크리스마스카드를 보내고 '바다 건너 있는 의사'가 가끔씩 보내는 문안편지를 기다리곤 한다.

시골 의사가 되는 것은 축복이다. 그곳의 일상은 단순하고 사랑과 일, 나눔과 할머니들이 함께 있으며 사랑과 믿음과 보살핌을 다음세대에게 물려준다. 그렇게 해서 언젠가는 그들도 자신의 아이들, 그 아이의 아이들에게 똑같이 할 것이다.

그 시절에 알지 못했지만 그 할머니는 내게 최고령 선생님 중 한 분이었으며, 내가 돌본 수잔의 여러 가족과 함께 내 마음속에 죽음이란 삶과 마찬가지로 단순하고 복잡하지 않다는 것을 새겨주었다. 우리가 죽음을 악몽으로 생각하지 않는다면 말이다.

어린이의 상징 언어

한 엄마는 딸이 16살 때 말에서 떨어져 목숨을 잃었는데, 그 딸의 그림을 보여주었다. 그림이 상징하는 것을 보면 이 소녀가 곧 머리의 부상을 입게 될 거라고 알고 있던 것만 같았다. 소녀의 시들 역시 감동적이었으며 꽤 암시적이었다. 제목이 없는 첫 번째 시는 딸이 죽은 다음날 발견되었다. 이 시가 적힌 종이는 방학 때 그애가 보던 잡지 속에 헐렁하게 꽂혀 있었다.

*

나는 백합과 레이스를 좋아하는

방황하는 소녀입니다

처음으로 당신에게 주저함 없이

다가서고 있습니다

아무튼 이것은 당신에게도

좋은 일이라고 나는 믿습니다

기다려 보세요, 내가 저 먼 길로 떠날 때

그것이 무슨 뜻인지 아시게 될 거예요

당신은 몹시 겁에 질리시겠지만

커다란 보상도 받을 거예요.

어머니

내가 어떻게 어머니를 만질까요?

어머니는 그토록 연약하고, 그토록 쉽게 부서집니다

네, 저는 어머니를 사랑합니다

그러나 저는 변화기에 있습니다

어떻게 변화하냐구요?

만일 내가 지금 떠난다면, 우리는 어떻게 될까요?

내가 멀리서 어머니를 사랑해야만 한다는 걸 모르시겠어요?

나는 더 이상 어머니의 의지가 되어 드릴 수 없습니다

나의 어깨는 내 무게 자체로도 부담스럽습니다

어머니는 아들들 때문에 울어서 나를 겁나게 했어요

외동딸인 나의 차례가 되면 어머니는 어떡하시렵니까?

어머니의 사랑은 강하지만, 거부도 너무 쉽게 합니다

어떻게 하면 내가 어머니를 떠나도 어머니가 나를 느끼게 할 수 있을까요?

어머니가 나를 만지기를 원하는데

그렇게 할 수 없게 되는 날,

그때 이해하실까요?

한 번 이상 꾼 꿈

나는 2,30개의 상점이 밀집한 상가 앞의 커다란 주차장을 걸어가고 있다. 거기에 나 외에 아무도 없다. 깜깜한 새벽이고, 내가 움직일 때마다 울리는 소리를 들을 수 있다. 서늘하다. 멀리 서 있는 한 남자를 본다. 우리는 몇 초 동안 햇빛 비치는 들판으로 갔다가 다시 되돌아온다. 너무 빨라서 단지 상상하는 것만 같다.

나는 그에게 다가간다. 키가 크고 머리는 금발, 눈동자는 검다. 그는 지쳐 있다. 그는 예수님이다. 내가 어떻게 그걸 알았는지 모르지만 안다. 그의 발치에서 멈춘다. 그는 청바지를 입고 윗도리는 입지 않았다. 그의 피부는 부드럽다. 마치 내게 작별 인사를 하는 것처럼 슬퍼 보인다. 그리고 나서 내 두 손을 잡고 운다. 나도 그를 오랫동안 보지 못했고 또 보고 싶었기에 나도 운다. 그는 눈물로 나의 손등을 적신다. 그리고 떠나면서 말한다.

"나 때문에 여기 오지 않아도 된다. 네가 나를 필요로 할 때 나는 여기에 있겠다."

다시 혼자가 되었을 때 상가의 길가에 앉아 흐느낀다. 해가 뜰 때까지 거기에 있다가 일어나서 천천히 걸어간다.

소망

삶이 끝났을 때 나는 삶을 원한다
죽음이 다가왔을 때 나는 죽음을 소망한다
하지만 아무 쪽도 아닌 양 쪽의 경계선에 있을 때
내가 시작했던 것을 완성하기만 바란다

나는 신화이고, 환상의 환상이다
나는 점점 짧아지는 늘어진 그림자

기계적인 정확성의 연장,

울음, 비명...추락 전의 도약.

*

이것은 그해 여름에 매리 힉맨이 죽기 전, 봄에 쓴 것으로 그가 죽은 후에 발견되었다.

동부 지역의 한 어머니는 내게 또 다른 경험을 나누었다. 그 편지를 그대로 여기에 소개하겠다.

*

내 딸은 그날 이른 아침에 '극도의 흥분상태'라고 할 수밖에 없는 모습으로 잠에서 깨어났습니다. 그날 침대에서 자다가 나를 껴안으며 흔들어 깨우더니 이렇게 말했습니다. '엄마, 엄마, 예수님이 내가 하늘나라로 갈 거라고 하셨어! 엄마, 나는 하늘나라로 가는 게 좋아. 너무 아름답고, 금과 은이 반짝이고, 예수님과 하나님이 거기에 계셔…' 등등. 너무 빠르게 말해서 간신히 알아들을 수 있었습니다. 거의 도취상태였습니다. 처음에 그 이상함 때문에 겁이 났습니다.

무엇보다 그 아이가 흥분한 것에 놀랐습니다. R은 본성이 조용하고, 거의 명상적인 아이였습니다. 영리하였지만, 네 살짜리 아이에게 흔히 보는 왈가닥스럽거나 산만한 행동은 거의 없었습니다. 또한 말을 잘했고, 정확하게 표현하는 아이였습니다. 그애가 말을 더듬거나, 말실수를 할 정도로 흥분하는 것은 드문 일이었습니다. 사실 그애의 그런 모습은 크리스마스나 생일 또는 서커스 공연 자리에서도 본 적이 없었습니다.

나는 조용히, 천천히 말하라고, 그런 식으로 말하지 말라고 했습니다. (거의 주술적인 두려움을 느꼈습니다.) 그애가 태어나면서부터 어쩐지 내 곁에 오래 있을 것 같지 않다는 '느낌'을 가졌습니다. (가까운 한 친구 외에 이 말을 하지 않았습니다.) 그 생각을 떠올리기 싫었고 그애가 이토록 갑작스럽고 난데없이 강한 태도로 그런 말을 하는 것은 정말 원치 않았습니다. 그애는 추상적인 표현 외에 결코 죽음을 말한 적은 없었고, 자신의 죽음에 대해서도 마찬가지였습니다.

그애를 진정시킬 수 없었습니다. 계속해서, 금빛 천사와 다이아몬드 보석들이 있는 아름다운 금빛 하늘나라에 대해 말했습니다. 거기에 가게 되어 얼마나 행복했는지, 얼마나 재미있었는지, 예수님이 자기에게 무슨 말을 했는지 계속해서 얘기했습니다. 하도 단호하고 너무 흥분해서 따라가기 힘들 정도였습니다. 나는 몇 마디 말을 기억하지만, 그애의 말보다 그애의 태도와 분위기를 더 잘 기억합니다.

나는 '아가야, 그만 진정해라'라고 애걸하다시피 했습니다. '만일 네가 하늘나라로 떠나면 보고 싶을 거야, 아가야. 네가 그렇게 행복한 꿈을 꾸었다니 나도 기쁘지만 이제 진정 좀 해라, 응?'이라고 했지만 그래도 소용없었습니다. '그것은 꿈이 아니었어요, 진짜였어요'라고 4살짜리라고 하기에는 단호했어요. '하지만 엄마, 걱정 안 해도 돼요. 예수님이 말하기를 내가 엄마를 보살펴 드릴 수도 있고, 금과 루비, 보석들을 엄마에게 드릴 거라고 했어요. 엄마는 아무 걱정할 필요가 없을 거라고 했어요. 엄마는 정말 금과 루비와 보석을 좋아할 거예요'라면서 계속 말하였습니다. (이 말과 단어는 비교적 잘 기억하는 부분만 인용합니다. 나머지 대화는 요점은 기억하지만 단어 하나하나를 기억하지는 못합니다.)

이것이 그애가 기본적으로 말한 것입니다. 얼마동안 계속해서 하늘나라가 얼마나 아름다운지 말하였습니다. 점차 조용해져서 내가 다시 참 아름다운 꿈을 꾸었다고 하자, 그것은 꿈이 아니라 '진짜, 진짜 정말이었다'고 말했습니다. 그리고 내 팔을 베고 잠시 누워 있다가, 예수님이 나를 지켜주실 것이니까 걱정하지 말라더니 침대에서 내려가 밖으로 뛰어나갔습니다.

나도 일어나 아침을 차렸습니다. 우리는 평범한 하루를 보냈습니다. 그런데 그날 오후 3시와 3시 30분 사이 R은 살해당했습니다. (고의적인 익사로) 그날 아침 딸과의 대화가 너무 놀라워서, 그날 아침에 한 사람에게 전화해서 딸의 꿈에 대해 말했습니다. 그는 그날 대화를 기억했습니다. R의 소식을 들었을 때 그에게 처음 떠오른 생각은 '어떻게 R이 죽음을 미리 알 수 있을까?'였습니다. 나 개인적으로는 사람이 미래를 안다는 것은 불가능하다고 믿습니다. 물리학의 법칙은 변화가 없습니다. R이 '하늘나라에 간다'라고 아는 것은 불가능합니다.

그런데 이런 일이 일어났습니다. 내 딸은 극도로 흥분된 이상한 상태로 잠에서 깨었고, 예수님이 자기가 하늘나라로 갈 것이라고 말했다고 주장했습니다. (솔직히 '오늘'이라고 말했는지는 기억이 안 납니다.) 그리고 그날 오후에 죽었습니다. 나는 그것을 설명할 수 없었습니다.

우리 집안은 그다지 종교적인 집안이 아닙니다. 딸은 우리와 함께 두 번 교회에 갔었고, 물론 모세와 예수님, 마리아, 요셉에 대한 이야기를 읽어주었습니다. 아이들은 주일학교에 드문드문 나갔습니다. 나는 우리아이에게 종교보다 사람을 사랑하고 존중하며 친절하게 도와야 한다는 것을 가르치려 하였습니다. 내가 모르는 것을 그들에게 가르칠 방법이 없었기 때문입니다. 공부도 하고, 배우기도 하고, 기도도 하고, 묵상도 하였지만 나는 모르겠더군요. 딸들이 천국에 대해 물을 때마다 죽고 나서 무슨 일이 일어나는지 모른다고 대답하였습니다. 아이들은 '천국'이라는 말을 다른 곳에서 들었을 것입니다. 하지만 내가 알기로 R은 '천국의 금빛 나는 길'이나 다른 개념을 들은 적이 없습니다. 그런 얘기를 해본 적도 없었습니다.

R은 어느 날 이른 아침에 자기가 예수님을 보았다고 주장했고, '천국'에 대해 이야기했으며, 거기 갈 것이라고 말했습니다. 그리고는 7시간이 지나지 않아 죽었습니다. 그것을 설명할 길이 없습니다.

*

영혼의 사분면(四分面)

아이들이 자신이 불치의 병에 걸린 것을 아는지 여부를 확인하고 싶다면 그애가 지은 시나 그림을 보면 된다. 아이들은 대개 아픈 동안에 시를 쓰고 그림을 그리지만, 진단이 내려지기 몇 달 전에 이루어지기도 한다. 한 예로, 어린 소녀가 쓴 시는 그애가 죽기 6개월 전, 진단이 내려진 지 2달 후에 쓴 것이기도 하다.

어머니는 단지 빈혈이라고 말했는데, 그애는 직감적으로 이 세상에서의 시간이 조금밖에 남지 않았다는 것을 아는 것 같았다. 이것은 무의식적인 깨달음이며 의식적, 지적인 인식이 아니라는 것을 이해할 필요가 있다. 이는 인간 내부의 '내적, 정신적, 직감적인 사분면(四分面)에서 나오는 것으로서 어린이 자신에게 서서히 다가올 변화를 대비하도록 한다. 그러나 어른은 이러한 현실을 부인하고 회피하려고 한다.

*

시간

시간이 지나가는 것을 지켜본다
시간을 낭비하며 그냥 흘려보낸다
또한 시간을 붙들어 매어 보고자 한다
경험과 사랑과 죽음의 순간들,
눈물의 순간들은 다시는 돌아오지 않고 가 버린다
영원히…

세대마다 시간을 모두 다르게 이해했지만
우연하게도
그것은 모두 같은 것,
시간이다

당신이 마지막 생각을
하고 있는 그때에도
순간의 기억과 꿈과 생각들은
흐르고 있다.

용기와 시

　　호주의 한 모텔에서 크리스와 그의 어머니와 짧지만 아름다운 대화를 나누었는데, 나중에 어머니에게 편지를 받았다.

선생님이 우리에게 얼마나 큰 도움이 되셨는지 알려 드리고 싶습니다. 선생님을 만난 이후 크리스는 '동맥 신경기형'으로 두 번 출혈이 있었습니다. 그애는 아직 특별한 장애 없이 지내고 있습니다. 크리스의 신경외과 의사가 목숨을 연장시키려면 수술을 해야 할지도 모른다고 하자, 그애는 장애 없이 정상적인 상태로 죽고 싶다고 했습니다.

　아이의 아버지와 저는 그애가 거의 15살이 되었고, 자기 삶의 1/3을 이 병을 앓으며 살아온 것을 생각하여 아이의 의견을 따라왔습니다. 그애는 삶의 양보다 질이 더 중요하다고 했습니다. 그애는 모순으로 가득 찬 것 같아요. 죽음에 대해 자주 얘기하면서 자기가 죽을 만큼 아픈 것도 아니고, 아기 때 물건이 들어있는 소위 '희망의 상자'를 가지고 있으니까 세례를 받지 않겠다는 거예요.

　저도 그애처럼 죽음의 가능성을 받아들이지 못할까 봐 두렵습니다. 딸을 너무나도 사랑해서 잃고 싶지 않습니다. 그애는 어리지만 훌륭한 선생님 같고, 우리 모두를 돕기도 하지만 그애처럼 죽음을 받아들이지 못할 것 같아요. 어제 그애가 쓴 시들을 발견하고 여러분과 나누고자 합니다. 많은 얘기를 하는 것 같은데 무슨 말을 하려는지 잘 모르겠어요. 그나저나 이 시들은 그애가 병원에 가기 몇 주일 전에 쓴 것입니다.

구름

어느 날 잠을 청하기 위해 드러누웠다가

저 위 아름다운 하늘을

잠깐 바라보기로 마음먹었다

비둘기를 볼 수 있을까 해서

하늘은 구름이 끼고, 어둡고, 잿빛이었지만

나는 저 멀리 하늘에

그림을 그려낼 수 있는 구름이

있는 것을 볼 수 있었다

푸른 바다 위의 돛단배도 있었고,

작은 꽃들과 작은 벌들도 있었다

나는 자꾸만 바라보았다

그곳에 한 여자애가 서 있는 것을 보았는데

파랗고 하얀 옷을 입었고

발치에 꽃들이 있었다

그런데 그녀의 코까지

눈물이 조금 흘러내리는 것이 보였다

한 방울 또 한 방울 자꾸 흘러내렸다

내가 우산을 써야 할 때까지.

크리스가 쓴 시들을 몇몇을 더 동봉합니다. 선생님에게 보낸 마지막 시는 크리스가 1981년 3월에 뇌출혈을 일으키기 바로 전에 학교 숙제로 쓴 것입니다. 이 두 번째 시는 나에게 주는 크리스마스 선물이었습니다. 그애는 더 이상 그림을 많이 그리지는 않습니다.

의사는 이제 출혈의 빈도가 높으니 수술을 받는 것이 낫겠다고 합니다. 크리스의 첫 반응은 충격이었습니다. 눈물과 분노로 울부짖었습니다. '왜 도대체 나를 가만 놔두지 않는 거야? 나는 편안하고 행복하고 내가 사랑하는 아이들과 잘 지내고 있는데…' 그리고 깊이깊이 생각하더니 '언제 다음 출혈이 일어날 건지, 큰 출혈일지 아닐지 기다리기도 지쳤어요. 내겐 선택의 여지가 별로 없는 것 같아요…' 이것은 크리스가 결정할 문제였습니다. 그애는 이제 15세이고 그애의 생명이니까. '지금 나는 맥박이 빨라질까 봐 차와 커피조차 마실 수 없어요. 조금이라도 힘든 일은 아무것도 할 수 없어요. 만일 결혼하고 아기를 가지려면 어떻게 될까요?' 성교는 격렬한 운동이라고 솔직하게 말하자, 그애는 '그럴 거라고 생각했어요'라고 했습니다.

크리스는 수술을 받기로 결정했습니다. 그애의 쌍둥이 여동생은 몹시 두려워하면서 크리스의 죽음에 대해 말하기 시작했는데 이는 굉장한 진전이지요. 아버지나 언니처럼 그애도 크리스가 죽을지도 모른다는 두려움을 애써 무시해 왔지요.

크리스는 좋은 선생님이고, 나에게 커다란 도움이 되었습니다. 그는 동생에게 '하나님은 내가 원하는 것을 알고 계셔. 나는 나을 수도 있고, 혹시 장애가 생기더라도 그것을 극복할 수 있으니까 괜찮을 거야. 어쩌면 죽을지 모르지만 그것도 괜찮아. 하나님 곁에서 건강하고, 정상이고, 행복할 거니까'라고 했습니다. 크리스는 심각한 불구나 뇌신경 손상에 대해 생각지도 않을 것입니다. 그애는 그럴 바에야 차라리 죽는 것이 낫다고 생각합니다."

크리스는 백혈병으로 죽은 병원 친구에 관해 다른 사람에게 이 편지와 시를 썼습니다.

'M씨에게, 오늘 아침 R이 죽었어요. 모두들 조만간 그애가 죽으리라는 것을 알고 있었기 때문에 큰 충격을 받지는 않았어요. 밤늦게 그애를 위해 할 수 있는 일이 무엇일까 생각했는데, 그애를 위해 이 시를 쓰기로 했지요. 이 시를 그애에게 줄지 말지 생각하며 늦게까지 깨어 누워있었어요. 주지 않기로 마음먹었는데 그만 죽어 버렸어요.

시를 쓴다는 것이 별 것은 아니지만, 그게 내가 할 수 있는 일의 전부였지요. 그애가 죽었다는 것을 오늘 아침에 알았을 때 어느 정도 기뻤답니다. 그리고 생각했지요. 참 아깝지만 그애는 천국에서 아름다운 천사가 되었겠지,라고요.

R과 같은 아이들은 어떤 이유가 있어서 이 땅 위에 보내졌다고 확신해요. 하나님만이 그게 무엇인지를 아시지요. 당신은 이미 죽은 아이들보다 살아있는 모든 다른 어린이들을 생각해야 하지요. J의 침대 옆에 앉아서 R을 생각하고 있었는데 정말 화가 났어요. 내 자신에게 말하려고 했어요. '크리스, J는 괜찮을 거야'라고, 나는 솔직히 내가 괜찮을 거라고 생각해요. 단지 '그것이 하나님의 뜻이라면'이라고 말하기가 지독히 힘들 뿐이죠. 하나님한테는 괜찮은 거지요. 하나님은 아무렇지

도 않아요. 하나님은 어린이들을 많이 하늘로 데리고 가시고 계속해서 암이나 백혈병으로 죽게 하시려고 아이들을 많이 지상에 내려 보내시죠. 순환은 그냥 계속되고, 어쨌든 '좋은 일 계속하고 계시지요.' 미소를 잃지 마세요.

_사랑하는 크리스.

생명

생명의 길은 험하고

생명의 길은 가파르다

오르막이 있고 내리막이 있으며,

행복과 슬픔이 있다

하지만 무엇보다 잘 된 것은

어린아이들이 천당의 어린 천사가 되는

대가를 받게 되는 것이다

사랑

사랑은 어디에나 있다

당신 가슴속에 사랑이 있는 것을

힘들여 다른 곳에서 찾을 필요는 없다

내려오는 말에도 있듯이

사랑은 가슴에 담아두면 안 되는 것,

줘 버리지 않으면

참 사랑이 될 수 없다.

루크는 크리스가 병원에서 만난 7살짜리 소년입니다. 그는 암으로 왼쪽 무릎 아래 다리를 절단하였습니다. 크리스는 그를 만난 이후 한 번도 그를 찾아가지 않은 날이 없었습니다. 그애는 소년을 깊이 사랑했어요.

루크

루크는 나의 친구,
동무이며 짝이다. 어떤 이들은
그를 유령 루크라고 부른다
나는 기도할 때
그를 언제나 기억하고
유령 루크라고 부르지 않는다
하늘나라에서 온, 얼굴에 주근깨가 난
나의 어린 천사라고 부른다.

그건 정말 이렇게 생긴 것인가?

저 터널 밑은 어떻게 생겼을까?
 좁은 통풍관을 내려다보는 것 같다
  감히 문을 열고

저 방에는 문이 없다는 것을 알아낼까?

거기에는 내가 볼 수 없는 환한 빛이 있다

누군가가 정말로 나를 찾고 있을까?

아니, 나는 문을 열지 않기로 결심했다

오, 모두들 어찌나 사랑스러운지,

그들은 모두다 하늘나라에서 온 천사들

그리고 너무 아름답고 멋진

나 자신을 본다

예쁜 어린이들이 어디든지 뛰놀고 있다

친구야, 절대 두려워하지 마,

여기서는 모두가 너무도 친절하단다

나는 문을 열어 사람들이 들어오게 한다

들어오는 이는 많지만,

나가는 사람은 하나도 없다

모두 다 여기를 좋아하기 때문에.

슬픔

슬픔은 물 없는 폭포와 같다

슬픔은 토마토소스 없이

쇠고기파이를 먹는 것과 같다

슬픔은 몸은 없는데,

옷을 입는 것과 같다

슬픔은 돈이 없는

지갑과 같다

슬픔은 빛이 없는

전구와 같다

슬픔은 치약 없는

칫솔과 같다

슬픔은 비누 없이

샤워하는 것과 같다

슬픔은 없어도 사람들이

살아갈 수 있는 것이다.

왜

우리는 왜 부모를 가지며, 왜 가정을 가질까? 우리는 어째서 두 귀와 코가 있는가? 왜 아기들이 살고 왜 아기들이 죽는가? 우리는 왜 죽으며 왜 죽기를 무서워하는가? 우리는 왜 사는가? 왜 살고 있는가? 그 대답은, 그러면 어때! 이다.

가족

가정은 언제나 사랑과 웃음이 가득하다

그것이 바로 하나님께서

우리를 여기에 두신 이유이다

죽음이 우리를 갈라놓을 때까지

사랑하고, 소중히 하라고

그리고 우리의 마음속에 사랑이

아직 있는 동안 사랑하라고.

*

거의 정확하게 이 편지가 온 날부터 일년 후 전보 한 장을 받았다.

엘리자베스 님께

크리스틴은 이제 한 마리의 나비예요.

_사랑하는 B.B.로부터

크리스는 편지와 함께 가족에게 마지막 유언을 남겼다.

*

엄마에게

엄마, 언제나 사랑했고 영원히 사랑한다는 것을 아시길 바래요. 나는 이제 하늘나라로 가지만, 나중에 엄마와 다시 만날 거예요. 나를 언제나 기억하시고 기도할 때 내게 말을 건네시기를 바래요…. 엄마가 매일 울고 있는 모습을 보고 싶지 않아요. 나는 천국에서 행복하게 지낼 테니 평생 그것을 기억하시면 좋겠어요. 매일 밤 하나님께 좋은 꿈 달라고, 하나님의 축복을 바라고 하나님을 사랑하고 감사한다고 기도하세요. 내가 듣고 있을 거예요. 아빠와 캐런, 앤도 무척 사랑해요…. 엄마도 사랑해요. 엄만 내가 가장 힘들었을 때나 좋을 때나 늘 함께하셨지요. 영원히 잊지 않을 거예요. 엄마, 사랑해요. 무지무지… 사랑해요.

1982년 1월 1일

이것은 나, 크리스의 마지막 약속이며, 유언입니다. 내 돈이 잘 사용되게 하려고 이 글을 씁니다. 돈은 내 장례식을 위해 쓰든지, 마터아동병원을 위해 쓰든지 좋은 데 사용하도록 가족에게 맡깁니다. 언니나 쌍둥이 동생에게 맞지 않는 옷은 가난한 사람에게 주세요. 장난감은 캐런과 앤이 아이를 가지면 그 조카에게 주고 싶어요. 머피는 나와 함께 묻어야 합니다. 내 보석은 캐런과 앤 그리고 엄마가 나누어 가져도 좋아요. 내 비둘기인형과 반지는 죽을 때 같이 넣어 주세요. 할머니 반지는 내게 빌려준 캐런에게 돌려줍니다. 도자기는 모두 가족에게 기증합니다. 나머지는 무엇이든지 캐런과 앤이 나누어 가져요. 내 장례식에는 많은 꽃을 준비하고 음악을 크게 틀어 주세요.

크리스는 1982년 5월 4일에 계속 유언을 하려고 했으나 끝마치지 못했습니다. 1982년 6월 4일에 수술하기에 앞서 출혈이 있었고, 입원하자 의식을 잃었습니다. 이 편지들과 유언은 미사를 위한 지시사항과 함께 모두 크리스가 병원에 가지고 간 가방에 있었습니다. 그애는 우리에게 금보다 훨씬 값진 보물을 주었습니다. 그것은 바로 그애 자신이고, 그의 사랑과 정직이었습니다. 또 그애가 가지려고 애썼던 귀하고 진실한 믿음이었습니다. 회색 그림자가 없는 흑백같이 분명하게, 하나님께서 무조건적인 사랑으로 자신이 어떻게 느끼고 이해하는지를 알고 계신다고 확신하고 있습니다. 다음은 읽기만 해도 뜻을 알 수 있는 글입니다.

가족과 친구들에게

이제 맑은 마음과 정신으로 이 글을 씁니다. 힘든 일이지만 하나님께서 내가 죽기를 원하시면 나를 데리고 갈 것이고, 살기를 원하신다면 살 것입니다. 하나님은 의사도 만들어주셨지만, 제게 스스로 결정할 수 있는 자유의지도 주셨습니다.

아무것도 할 수 없는 상태에서 숨만 쉰다면 죽는 것보다 못하다고 생각합니다. 특별한 '작별의 옷'을 입고 묻히고 싶습니다. 그 옷을 좋아해요, 엄마. 엄마가 해주신 모든 것을 감사드려요. 엄마는 언제나 곁에 계셨고, 그래서 더욱 엄마를 사랑합니다. 아빠, 나의 죽음을 나에 대한 하나님의 사랑의 표시로 받아들이시기를 바래요. 그리고 아빠도 사랑합니다. 또한 모든 것에 대해 많이 감사드려요.

캐런 언니, 언니는 내가 갖지 못한 것을 모두 갖고 있어서 언니를 질투했던 것은 사실이야. 언니를 사랑해. 그것만 기억해줘. 모든 것에 감사해. 마지막으로, 내 쌍둥이 동생 앤에 대해서야. 너를 정말 사랑해. 얘기를 들어줄 누군가가 필요할 때마다 내가 들어줄 테니 언제나 기억하도록 해. 내가 죽고 나서도 내가 필요하기를 바래.

이 글을 쓰는 동안, 단 한 글자도 눈물 없이 쓴 글자가 없다는 것을 알아줘. 모두를 그리워할 것입니다. 언제나 여러분 모두를 기억하며 지켜볼 거예요. 캐시에게도 할 말이 있어요. 캐시는 나의 가장 좋은 친구이고 앞으로도 그럴 것입니다. 하나님께 그애 아버지를 멜번으로 옮겨달라고 부탁해야겠어요. 그리고 우리가 모두 다시 태어날 때 모든 것이 달라지겠지요. 캐시가 내 장례식에 왔으면 좋겠어요. 그를 무척 좋아해요.

생각해 보세요. 나는 할아버지와 할머니, 엄마의 할머니 크리스토퍼 브래디 할머니를 만날 것입니다. 조이스와 빌에게 내가 브래디 할머니를 잘 돌보겠다고 말해 주세요. 그리고 감사한다고 말해 주세요. 둘 다 사랑합니다. 내가 누구를 빼놓았다면 그들에게도 사랑한다고 그리고 보고 싶을 거라고 말해 주세요. 내 곁에 가족 모두의 사진과 씨스코의 사진을 놓아주세요. 알았지요? 버나드 톰 신부님이 내 장례예배를 맡아주시기를 바라고, 젠과 바브 아줌마가 화려한 장례식으로 만들어주시면 좋겠어요. 꽃은 모두 노란색과 분홍, 흰 카네이션과 장미로 해주시기를 바래요. 빨강은 싫어요. 전 사람들이 내 얘기하는 것을 멈추지 말았으면 좋겠어요. 모두 나로 인해 행복하시기를 바래요.

가족 여러분 고마워요. 여러분 모두를 무척 사랑합니다. 이 편지에 나온 모두를 보고 싶고, 사랑해요. 모두 모두 사랑해요, 안녕.

_당신의 딸, 언니, 친구인 크리스

로스 박사님께

박사님께서 TV에 나오실 때마다 관심을 갖고 경청하였습니다. 제가 만난 분 중에 선생님은 유일하게 저만큼 큰 확신을 가진 분입니다. 저는 손자가 둘 있습니다. 큰 아이가 나와 영적으로 가깝습니다. 둘 다 똑같이 사랑스럽지요. 그 점은 오해 없으시기 바랍니다. 큰 아이 조나

단이 내 침대로 들어오면 우리는 모든 것을 얘기합니다.

얼마 전 나는 70회 생일을 맞았지요. 지난 18개월 동안 이 어린애가 내 얼굴 주름살과 팔뚝을 어루만지곤 했습니다. '할머니 굉장히 보드라워요, 할머니가 너무 늙어서 그러신 거죠?' 우리는 이런 대화를 나누곤 했습니다.

손자: 할머니, 돌아가시면 천사가 될 건가요?

나: 그렇게 되면 좋겠구나.

손자: 사람들은 천사를 볼 수 없죠, 그렇죠?

나: 볼 수 없지.

손자: 할머니, 지금 돌아가실 수도 있나요? 그러면 할머니는 언제나 내 곁에 계실 텐데.

우리는 육체에 대해 더 이상 신경 쓰지 않아도 될 때 무엇을 할지 얘기했습니다. 나는 손자들에게 비석을 원하지 않는다고 말했습니다. 그저 아름다운 꽃과 새들이 따먹을 나무 열매와 그 밑에 새들이 먹을 물을 담을 접시만 있으면 좋겠다고 말했지요. 그들은 지금 둘 다 접시 위에 '할머니'라고 쓰려고 글씨 연습을 하고 있습니다. 이것은 가벼운 마음으로 할 수 있는 재미있는 일거리죠.

큰아이는 '다른 사람들은 할머니께서 가 버리셨다고 생각할 거예요. 그렇죠? 하지만 나는 알아요'라고 했어요. 그애가 어린 동생과 엄마 아빠에게 이것을 설명하고, 나중에 할머니가 죽더라도 슬퍼하지 않도록 도와줄 수 있다고 생각하니 너무 흐뭇했답니다.

이 모든 일은 2년 전에 일어났습니다. 선생님이 죽음, 어린이, 무지개에 대해 말씀하신 바로 그날 이 카드를 받았습니다. 카드에는 꽃과 새 등으로 둘러싸인 집에 놓여 있는 금색 항아리 속으로 무지개가 들어가는 그림이 그려져 있었어요.

그것은 물론 자신의 죽음이나 심지어 내 죽음까지 의식해서 그린 것은 아니었지요. 그러나 손자가 만들어 준 카드에 그 모든 것이 잠재의식으로 다 드러나 있었어요. 거기에 내가 말한 무지개도 있고, 새들이 앉을 꽃들도 있었습니다. 그런데 모서리 쪽을 보세요! 내 눈에는 눈물이 고이려고 합니다. 행복의 항아리가 우리 집에 놓여 있지 않습니까! 내가 손자에게 지금 그렇게 보인다는 뜻이겠지요. 행복이란 이별의 슬픔이 사라졌다는 것을 의미하는 것이죠. 이 편지가 장황하지 않았기를 바랍니다. 제가 아는 것을 이렇게 전달할 수 있다는 것은 놀랍고 선택받은 일임을 저도 알고 있습니다.

*

친지들이 어떻게 도울 수 있나?

아이가 죽은 후에 세상은 그대로 멈춘 것처럼 보인다. 무언가 주위에서 움직이고 있다고 하더라도 그것은 우리와 아무런 상관이 없다. 기계적으로 강아지를 산책시키고 1학년짜리 아이에게 외투를 입혀 학교에 보낸다. 또한 멍한 상태에서 커피포트를 켜고, 전화기를 든다.

꽃 배달이 오면 배달원에게 팁을 주어야 한다는 것을 간신히 기억해낸다. 이웃에서 싱싱한 냄새가 나는 따뜻한 사과파이를 가져올 때 고맙다고 고개를 끄덕이지만 마음은 딴 데 가 있다.

시계를 거꾸로 돌려놓고 싶어한다. 죽은 아이가 평상시대로 크고 행복한 목소리로 '엄마, 다녀왔습니다'라고 말하며, 집에 돌아오는 발소리를 듣고 싶어한다. 그애가 축구경기에서 돌아올 때마다 신고 오는 진흙 묻은 신발이 다시 현관에 놓여 있기를 바란다. 그애가 좋아하던 드럼 연주를 듣고 싶어한다. 그애의 그토록 아름답고 특별한 손으로 연주되는 그 소리를 다시 들을 수 없으리라는 것을 믿고 싶지 않다.

우리는 여기저기 널려 있는 빨래감을 챙기고, 카나리아에게 모이를 주기 위해 집안을 둘러본다. (어제는 모이를 주었던가?) 그리고 잿빛 안개가 낀 아침 풍경을 내려다본다. 매일 낮, 매일 밤, 그애의 목소리와 웃음소리를 들을 수 있다면. 그애가 침실에서 둘둘 감기고 뭉친 담요 밑에 편안하게 잠에 빠져 있는 모습을 볼 수 있다면, 곧 그애가 깨어나 눈을 비비며, '엄마, 몇 시예요?'라고 물을 것만 같다. 물론 그애는 몇 시인지 알고 있다. 그저 자기가 세상 속에 다시 돌아왔고, 빛나는 햇빛, 음악, 운동이 있는 또 하루가 기다리고 있다는 것을 확인하고 싶은 것이다. 참, 나는 그애의 첫 여자친구를 잊어서는 안 된다.

여자친구에게 전화를 걸어 그애에 대해 얘기하고 싶다. 함께 지냈던 시간, 그애 꿈과 즐거움에 대해 듣고 싶다. 하지만 여자친구에게 뭐라고 말할 것인가? 그저 앉아서 서로 마주 보기만 할 것인가? 그냥 흐느끼다가 함께 울어 버릴 것인가? 전화를 걸 힘이 없다. 겨우 이 방에서 저 방으로 옮겨 다닐 뿐이다. 하나님, 제발 시간이 흘러가게 해주세요.

어제인지 그저께인지 도착해서 쌓여 있는 우편물 중 맨 위의 편지를 뜯는다. 이름이 잘 기억나지 않는 누군가가 꼼꼼히 쓴 손 편지이다.

*

사랑하는 ○○에게

아드님의 죽음에 진심으로 애도를 표합니다. 어려운 상황에서도 제게 전화하셔서 감사합니다. (이 사람이 누군지 이제 다시 기억이 난다. 요즘 내 기억은 엉망이다.) 당신의 고통과 탄식은 저에게는 오래되고 친숙한 노래, 너무나도 생생하게 기억되는 노래입니다. 그토록 선명하게 기억할 수 있기에 당신에게 즐거움이 다시 찾아올 것임을 확신있게 말할 수 있습니다. 지금은 불가능하게 보일지 모르지만요. 당신은 지미의 얼굴과 그애만의 재미있는 사소한 동작, 머리를 갓 빗었을 때 머리카락이 흘러내리는 모습 등을 회상할 수 있습니다. 심장이 찢어지는 것 같은 아픔 없이도 그의 웃음소리를 들을 수 있고, 그를 꼭 안아볼 수도 있을 것입니다.

이러한 변화는 거의 깨달을 수 없을 정도로 느리게 옵니다. 때로는 현재와 그때까지의 시간은 참기 힘들 것입니다. 삶과 행복과 미래에 대한 믿음이 사라질 때도 있겠지만, 생명을 놓지 말고 필요한 도움을 주는 사람이나 무엇이나 꼭 붙잡으십시오.

당신은 강하거나 논리적이거나 민감할 필요도 없고, 또 꼭 어떠해야 한다는 생각도 할 필요가 없습니다. 제 경험으로는 고통과 싸우려 하기보다 거대한 파도가 내 위를 덮치고 지나가듯이 그냥 방치해 두는 것이 낫습니다. 파도는 분노를 다 소모하고 나서 허덕이지만 산 채로 온전한 정신으로 해변에 나를 데려다놓습니다. 그리고 다른 폭풍우와 마찬가지로 점차 사라져 갑니다. 파도는 부서지면서 점점 더 멀리 가고, 나도 모르는 사이에 삶은 다시 살 가치를 찾습니다.

사랑하는 친구여, 저는 수영을 잘 합니다. 그러니까 당신이 덮치는 파도에 삼켜질까 두려울 때는 눈을 감고 당신을 꼭 붙잡고 있는 제 팔을 느껴 보십시오. 저의 사랑, 인간 대 인간의 사랑, 한 어머니가 다른 어머니에게 갖는 사랑을 느끼십시오. 당신이 치유하는 동안 대륙의 반대편에서 당신을 따뜻하게 위로하겠습니다.

저는 매일매일 당신의 고통이 덜어지고 평화가 오기를 바라는 기도를 할 것입니다. 원하건 원하지 않건 필요로 하는 것은 언제나 우리에게 주어진다는 것을 아서야 합니다. 그것은 반드시 주어집니다. 단지 팔을 뻗어서 그것을 잡기만 하면 됩니다. 거기에 있으니까요.

저는 언제든지 여기에 있을 것입니다. 낮이나 밤이나 언제든지 있을 것입니다. 우리 사이가 수천 마일 떨어져 있더라도, 전화나 생각처럼 서로 가까이 있을 것입니다. 저는 언제나 당신을 생각할 것입니다. 지금 제 사랑이 당신에게 흘러들어가고 있습니다.

_실비아 올림

*

소중한 추억

집안에 젊은이가 죽으면, 10대들의 목소리와 웃음으로 가득 찼던 집이 갑자기 텅 비고, 차갑고, 조용해진다. 한 어머니가 묘사했듯이 그것은 마치 '안치실'처럼 텅 빈 느낌이다. 삶은 계속되고, 우편배달부는 전처럼 찾아오지만 생기 있는 소리는 더 이상 없고, 쾅 하며 닫히는 문소리도 들을 수 없다. '골칫거리, 악몽, 참을 수 없는 소음'으로 여겨지던 것들이 이제 간절히 그리워진다.

아이를 잃은 부모들은 뉴스를 보는 이 순간, 옆에서 큰 북소리가 들린다 해도 개의치 않을 것이며, 내가 그를 얼마나 진심으로 사랑했는지 한 번만 말해 주었더라면 하는 생각이 들기 시작한다. 상실감, 이제 사라진 친숙한 것을 그리워한다는 것은 격렬한 고통을 동반하며, 아무리 침실에서 지하실까지 계단을 오르락내리락 해도 그러한 소리는 다시는 현실로 돌아오지 않는다.

장례식이 끝나고 몇 주 또는 몇 달이 지난 후 이러한 생각에 잠기고 있는 바로 그때 아이의 친구들이 방문하는 것은 구원이 아닐 수 없다. 한 소년이 L부인의 집 문 앞에서 '예전처럼' 앞마당에서 계속 공놀이를 해도 좋으냐고 물었다. 그녀는 반색하며 기꺼이 허락했다. 조금 있다가 다른 학교친구들이 왔고, 그녀는 부엌에서 시원한 음료와 과자를 준비하며 웃으면서 옛 기억을 되살리느라고 바쁜 자신을 발견한다.

"릭에게 그날 찾아온 것이 내 생명을 구해주었다고 언젠가 말하고 싶어요. 그가 의도적으로 그랬는지는 모르지만….."

나는 L부인에게 내일로 미루지 말고 '오늘' 당장 릭한테 말하라고 권면했다. 내일은 기회가 없어질지도 모르기 때문이다. 그녀가 릭에게 그 말을 하자 릭은 담담하게 '앞마당에서 옛날처럼 놀이를 다시 시작할 때라고 말해준 것은 바로 릭이었어요'고 말했다. 그는 미소 지으며 수줍은 듯 말을 이었다. 자기는 그저 '가끔 꿈속에 찾아오는' 옛 친구의 명령을 따랐을 뿐이라고 말이다.

일상적인 일들을 도와줌

샌디 앨버튼의 책『끝과 시작(Endings and Beginnings, New York Random House, 1980)』에는 곤경에 처했을 때 친구들은 어떤 의미를 갖는가에 대한 아름다운 사례들이 많이 수록되어 있다. 어떤 젊은 아내는 남편이 병원에 중병으로 누워 있어 적어도 하루에 두 번은 가 보아야 하는데, 집에는 돌보아야 할 어린아이들과 젖먹이까지 있었다. 너무나 지쳐 있고 어떤 쪽을 먼저 해야 할지 막막해 있을 때, 전에 만난 적도 없는 친구들이 찾아온 이야기를 상세히 말한다.

*

어느 날 저녁 늦은 시간, 한 퀘이커 신도 모임에 속한 여인이 우리 식구를 위해 정찬을 차려서 집에 찾아왔습니다. 그녀를 만난 적은 없지만 다른 퀘이커 모임에서 내 이야기를 들었다고 했습니다. 그때 내게는 어떤 새로운 인간관계를 만들어 갈 기력도 없었습니다. 우리한테 어떤 지속적인 반응이나 관계를 요구하지 않고, 편안한 마음으로 호의를 받아들일 수 있게 해준 그분께 진심으로 감사합니다.

또 하루 저녁에는 로빈과 내가 막 저녁식사를 마쳤는데 현관 벨이 울렸습니다. 그 사람은 약간 안면이 있는 젊은 엄마였습니다. 그는 '설거지를 해주러 왔다'고 말하더니 설거지를 했습니다. 처음에 이상하게 느꼈지만 지금은 그것을 생각할 때마다 미소를 짓게 됩니다. 집안의 '묵은 때'까지 보여주면서 진공청소와 욕실 청소를 부탁할 수 있을 때 그 친구와는 새로운 수준의 신뢰관계가 이루어집니다.

*

친구란 우리가 집이나 병과 죽음을 연상시키는 병원, 또는 주위 환경에서 벗어날 필요가 있다는 것을 알고 있는 사람들이기도 하다. 그들은 우리가 골동품가게에 가거나 공원에서 음악을 듣거나 물가에 앉아 갈매기를 바라보며 공상하기를 즐겼던 것을 기억하고 있다. 그래서 거기에 가만히 데리고 갔다가 때가 되면 다시 우울한 삶의 현실로 데려다 준다. 그 '여유'와 휴식은 다시금 하루하루를 지탱하게 하는 선물이다.

도와주고자 온 사람

우리는 슬픔으로 멍한 상태에 있었다. 그때 이 이웃이 조용히 나타났다.

_매지 하라(Madge Harrah)

아직 충격에서 벗어나지 못한 채, 나는 짐가방 속에 무엇을 넣을지 몰라 집안을 허둥대며 다녔다. 그날 초저녁에 고향인 미주리 주로부터 오빠와 올케, 그리고 올케의 여동생, 그 여동생의 아이들 둘이 모두 교통사고로 죽었다는 전화를 받았다. '될 수 있는 대로 빨리 와 다오' 라고 어머니께서 당부하셨다.

나도 그렇게 하고 싶었다. 곧바로 부모님께 달려가고 싶었다. 그러나 남편 래리와 나는 오하이오 주에서 뉴멕시코로 이사하기 위해 짐을 싸는 중이었다. 우리 집은 엉망이었다. 래리와 나, 그리고 에릭과 메건, 두 아이에게 필요할 만한 옷들이 어떤 것들은 이미 상자 속에 담겨 포장되어 있었다. 어느 상자에 있지? 충격과 슬픔으로 혼란스러워서 아무 기억이 나지 않았다. 다른 옷가지는 세탁실 바닥에 빨지 않은 채 쌓여 있었다. 저녁 식사를 한 후 접시들은 식탁에 놓여 있었다. 장난감도 여기저기 흩어져 있었다.

래리가 다음날 아침, 비행기를 예약하는 동안 나는 집안을 돌아다니면서 괜히 물건을 들었다 놓았다 하였다. 해야 할 일을 바라보면서 엄두가 나지 않았다. 나는 집중할 수 없었다. 전화로 들은 말들이 자꾸 머릿속에 메아리쳤다. '빌이 죽었어, 마릴린도, 쥰과 두 아이도….' 머리를 마치 솜으로 둘러싼 것 같았다. 래리의 말이 멀리서 들려오는 것 같았고, 눈앞에 커튼이 드리워졌다. 집안에서 움직이면서 문에 부딪치거나 의자에 걸려

넘어지기도 했다.

우리는 다음날 아침 7시에 출발해야 했다. 래리가 몇몇 친구에게 전화를 걸어 일어난 일을 알렸다. 어떤 사람은 나와 통화하고자 하였다. '내가 할 수 있는 일이 있거든 꼭 알려주세요' 사람들은 친절하게 말했고, 나는 '고맙습니다. 정말 고맙습니다'라고 대답하였다. 하지만 무엇을 부탁해야 할지를 몰랐다. 너무 혼란스러워 집중할 수 없었다.

래리가 교회주일학교 교사로 함께 봉사하는 도나 킹에게 전화를 거는 동안 나는 허공을 멍하니 바라보며 의자에 앉아 있었다. 도나와 나는 허물없는 친구였으나 자주 만나지는 못했다. 조용하고 허약해 보이는 남편 에머슨과 그녀는 15살부터 아래로 2살까지 여섯 아이들을 돌보느라고 언제나 바빠 주중에 만날 기회가 별로 없었다. 다행히 래리는 도나에게 주일에는 혼자 유년부를 맡아야 한다고 말하는 것을 잊지 않았다.

내가 멍하니 앉아 있는 동안 메건이 공을 들고 뛰어다녔다. 그리고 에릭이 그 뒤를 쫓아다니고 있었다. 아이들이 잠자리에 들어야 할 시간인데 라고 생각했다. 나는 거실에 있는 아이들에게 갔다. 다리가 질질 끌렸다. 손은 납으로 된 장갑을 낀 것만 같았다. 눈을 감고 멍하니 소파에 주저앉아 있었다.

현관의 벨이 울렸을 때, 나는 천천히 일어나 방을 가로질러 느릿느릿 걸어갔다. 문을 열고 보니, 도나의 남편 에머슨이 현관에 있었다. '신발을 닦아주러 왔어요'라고 말했다. 그 말이 꽉 막혀 있던 내 귀에 꽝 울렸다. 내가 바로 들었는지 다시 한 번 말해 달라고 했다.

"도나는 애기 때문에 집에 있어야 해요. 하지만 우리는 당신을 돕고 싶어요. 우리 아버지가 돌아가셨을 때, 애들이 장례식에 신을 신발을 닦고 광내는데 많은 시간이 걸렸던 것이 생각났어요. 그래서 바로 그 일을 당신을 위해 해드리려고 온 겁니다. 신발을 모두 주십시오. 새것뿐만 아니고, 모두 다요."

그 말을 하기 전까지 나는 신발에 대해 생각조차 하지 않았다. 그제야 지난 주일에 교회에서 나와, 정장구두를 신은 에릭이 인도를 벗어나 진흙이 있는 데로 갔던 기억이 났다. 오빠에게 질세라, 메건도 신발을 질질 끌며 돌멩이를 찼다. 집에 왔을 때 신발들을 세탁실에 던져 놓고 나중에 닦는다고 하고는 잊고 있었다.

에머슨의 말은 내가 할 일들을 생각나게 했다. 그가 부엌바닥에 신문지를 펴는 동안 나는 래리의 정장구두와 평상 신발, 나의 구두와 굽 낮은 신발, 아이들의 더러워진 정장구두와 얼룩진 테니스용 운동화들을 모았다. 에머슨은 그릇을 찾아서 비눗물을 담았다. 서랍에서 헌 칼을 꺼내고, 싱크대 밑에서 스펀지를 찾아왔다. 래리는 몇몇 상자들을 뒤져서 마침내 구두약을 찾아내었다.

에머슨은 바닥에 앉아 일하기 시작하였다. 그가 열심히 일에 몰두하는 것을 보니 내 자신의 생각을 정리하는데 도움이 되었다. '세탁을 먼저 해야지'라고 중얼거렸다.

세탁기가 돌아가는 동안 나는 아이들을 씻기고 재웠다. 메건에게 가벼운 천식기가 있어서 구급품과 여행용 약품 세트를 모았다. 저녁 설거지를 하는 동안 에머슨은 아무 말 없이 계속해서 일을 했다. 나는 예수님이 제자들의 발을 씻기시는 모습을 생각하였다. 우리 주님은 이 사람이 무릎을 꿇고 우리에게 봉사를 하듯이 무릎을 꿇고 제자들을 섬기셨다. 그의 행동에 나타난 사랑이 마침내 눈물을 터지게 하였다. 그것은 내 눈에서 안개를 씻어내는 치유의 비 같았다. 나는 움직일 수 있었고, 생각할 수도 있었다. 그리고 일상적인 일들을 처리할 수 있었다.

하나씩 하나씩 일을 처리했다. 빨래를 건조기에 넣기 위해 세탁실에 갔다가 부엌으로 돌아오자, 에머슨은 가고 없었다. 한쪽 벽에 반짝반짝 얼룩 없는 신발들이 나란히 놓여 있었다. 나중에 짐을 쌀 때 에머슨이 신발바닥까지 깨끗이 닦았다는 것을 알았다. 신발이 옷을 더럽히지 않으리라는 것을 알기 때문에 곧장 가방 속에 넣을 수 있었다.

우리는 늦게 잠자리에 들었고 이른 아침에 일어났으나 공항으로 떠날 때까지 모든 일이 처리되어 있었다. 우리 앞에는 우울하고 슬픈 날들이 기다리고 있었지만, 부엌바닥에 무릎을 꿇고 앉아서 물통을 옆에 놓고 일하던 그 조용한 남자의 모습을 통해 그리스도의 위안이 나를 지탱하게 했다.

나는 이제 아는 사람이 사랑하는 사람을 잃었다는 소식을 들을 때마다 전화로 '내가 할 수 있는 일이 무엇인지 알려주세요'라는 공허한 제의는 더 이상 하지 않는다. 그 사람의 필요에 꼭 맞는 한 가지 특별한 일을 생각하려고 한다. 그 집 자동차 청소를 한다든지, 강아지를 애견센터에 데려다준다든지, 장례식 기간 동안 집을 봐 준다든지 하는 것이다. 만일 그 사람이 '그것이 필요하다는 것을 어떻게 알았어요?'라고 물으면 '어떤 사람이 언젠가 내 신을 닦아주었기 때문이지요'라고 대답한다.

고통을 이기고 삶을 선택한다

다음은 다발성경화증 환자가 아들에게 보낸 편지이다. 그녀는 남편과 헤어진 뒤 아들을 보살필 힘도 경제력도 없어지자 아이를 남편에게 보낼 수밖에 없었다. 다리 힘도, 시력도, 삶의 의지도 모두 잃었다. 가정과 결혼생활, 결국 하나뿐인 아들도 잃었다.

하지만 그녀는 각고의 노력으로 건강과 새 삶을 되찾았다. 아들은 고등학교를 졸업하고 어머니에게 돌아와 대학에 입학했다. 그녀는 큰 시련을 겪고도 무너지지 않고 빛을 발하며 일어섰기에 수많은 삶을 윤택하게 할 수 있었다.

그녀는 다발성경화증이나 유사한 환자들의 재활을 돕는 상담사로 일하고 있다. 직접 삶으로 체험한 그녀는 환자의 두려움과 불안의 핵심에 접근할 수 있었고, 셀 수 없는 폭풍우를 겪은 협곡의 웅장함을 보여주는 산 증인이었다. 나는 그녀를 처음 만났을 때를 기억한다. 그녀에게는 모든 것이 끝났고 삶은 잔인하고 무의미해 보였으며, 더 이상의 상실은 견딜 수 없는 그런 때였다. 그때는 차라리 죽는 게 나을 것 같았다. 하지만 그녀는 우리 워크숍에 와서 사람들과 함께 어울리고 울고 웃었고, 그래서 하루, 한 주일, 한 달, 어쩌면 1년을 더 해보겠다는 희망을 가지게 되었다.

몇 년이 지난 지금, 그녀는 우리에게 받은 것을 되돌려주고 있다. 나는 그녀를 삶의 마지막에 다다랐다고 느끼는 다발성경화증 환자들과 만나게 했다. 환자에게 필요한 것은 바로 그녀의 빛나는 얼굴, 확신에 찬 음성과 삶에 대한 긍정적인 태도였다. 그녀는 이제 다시 보고 일하고 걸을 수가 있다! 그녀는 나의 삶을 윤택하게 해주었고, 내가 한계에 도달했다고 느꼈을 때 계속 일할 용기를 주었다. 그녀에게 진심으로 감사한다.

*

추수감사절. 사랑하는 아들에게

지금 네게 약속한 편지를 쓰고 있다. 손편지 대신 네가 읽기 쉽도록 타자기를 사용하겠다. 이번 추수감사절은 보건소에서 오래 미뤄 놓은 일거리와 서류를 정리하면서 보낸다. 오늘 이곳은 아무 소리도 들리지 않는 적막함에 싸여 있다. 전화도 없고, 찾아오는 사람도, 환자도, 의사도 없어 아무런 방해 없이 시간을 보낸다.

무엇을 감사하라는 감사절인가? 그 생각을 하고 있었다. 2주일 전만 해도 답을 할 수 없었다. 내 삶의 아픔, 고통, 실망에 대해 감사해야 한다면 몰라도 말이다. 다행히 오늘은 다르게 생각하고 있다. 감사할 만한 목록이라도 만들 수 있을 것 같다. 생명, '좋은 친구들'(너 같은), 건강을 되찾은 것, 좋은 직업, 나를 걱정하고 내가 관심 갖는 문제에 대해 같이 관심 갖는 사람들, 너나 친구들처럼 '진실 되고 정직한' 사람들, 아직 사회의 파괴적인 영향으로 훼손되지 않은 사랑스러운 어린아이들, 얼마 전까지 키운 부드럽고 복슬복슬한 고양이 같은 동물들, 아름답고 싱그러운 꽃과 나무와 잔디, 태양과 바닷가, 새와 산들바람 등 모두 내가 사는 데 즐거움을 준다.

아들아, 난 네가 충만한 삶을 선택하고, 풍요와 보람을 주는 일을 만들고 찾아내며 즐겁게 살기를 바란다. 비관적인 생각으로 인해 네가 가질 수 있는 많은 것을 놓칠까 봐 염려된다. 나도 얼마 전까지는 비관적이었어. 매일 아침 두려움, 체념, 불안, 무의미함 또는 절망감과 함께 잠에서 깨어났지.

하지만 마침내 그런 마음을 버렸고, 지금은 매순간 기쁨을 느끼고 있어. 물질적인 것에 얽매이는 삶이 아니라, 사랑하는 중요한 사람 한두 명, 미래의 계획과 일하고 뛰고 걷는 능력을 가지고 그저 하루하루 흐르는 대로 살고, 일어나는 일을 즐기고 가끔 원할 때 일도 만들어 내면서 살아가는 거야.

감사한다는 것은(사는 것, 사랑하는 것, 나이 먹는 것과 마찬가지로) 마음이나 정신 상태를 말하는지도 모른다. 난 오늘 작고 비좁은 이 사무실에서 낯익은 것들에 둘러싸여 너 같은 사람들을 떠올리며, 이 순간 이 세상에 살고 있다는 사실에 감사한다. 이 모든 것을 느끼는 동시에 편지로 옮기고 있다는 것은 내게 특별한 경험이야. 생각이 떠오르는 대로 손가락과 타자기를 통해 종이에 옮기고 있단다.

_따뜻한 사랑과 함께, C

*

그녀의 편지를 독자와 나누면서, 여러분이 나중에 삶의 폭풍우를 만날 때 그녀의 말을 기억하고, 어떤 삶을 살 것인가는 '우리 자신'의 선택이라고 깨닫기 바란다. 그리고 정말 노력을 한다면 도움은 반드시 찾아올 것이다.

또 다른 엄마는 1978년 5월 어린 딸 캐린이 죽은 후 충격에서 회복한 경험을 다음의 시를 통해서 나누었다.

*

해가 떠오르고 하루가 시작될 때

나는 너를 기억한다

아주 중요한 일을 하느라

뛰어다닐 때에도

나는 너를 생각한다

목적도 없이 마음이 급할 때,

바쁜 나머지 꽃향기를 맡지도 못하고

새소리를 듣지 못하고 다른 사람에게

미소 짓지도 못할 때도

나는 너를 생각한다

캐린아, 캐린아,

나는 언제나 너를 생각한다

너는 너무나도 달콤해서

너를 과자파이라고 부르겠어

네가 죽는 것을 보리라고 누가 알았겠니

너는 내 삶의 보람이란 말을 했었지

그런데 지금 나는 어두움 속에서 겁먹고 울고 있다

나를 도와줘, 밤으로부터 빠져나가도록 도와줘

그래서 내가 빛을 다시 보도록

나는 네가 화상 입은 모습과

병원 침대에서 고통스러워하던 모습을 보았다

나는 네가 숨을 거둘 때까지 옆에 앉아 있었다

화상을 입어서 널 만질 수도 없었지

너를 얼마나 껴안고 싶었는지 아니

캐린, 네가 내 영혼 속에 들어와 우리는 하나가 되었다

그래, 너는 높이 뛰어서

이제 하늘 저 위로 난다.

네가 곁을 지나갈 때면 그저 윙크를 해다오

그러면 우리는 안녕하고 인사할 거야

안녕, 안녕, 나의 아름다운 나비야

너를 사랑한다.

_엄마가

*

최근에 그녀는 또 이런 시를 보내왔다.

*

고통이 너무 심해서 미칠 것 같구나

하지만 이제 모든 것이 전처럼 희미하지 않다

우리는 이제 둘 다 자유로워졌다

너는 마침내 나에게 다시 돌아왔어. 사랑, 나의 사랑.

(사랑 love의 'l' 속에 웃은 얼굴을 그려서 보냈다.)

*

배려심 있는 의료진의 중요성

1981년 9월 24일에 쓴 캐나다 노바 스코샤로부터 온 편지이다.

이 편지는 아버지가 쓴 것으로, 젊은 부부가 의료진의 치료법에서 어떤 도움을 받았으며, 뜻하지 않게 아이를 잃고 나서 어떻게 마음을 가다듬었는지를 잘 보여주고 있다.

*

우리 아이는 두 주일 전에 죽었는데, 이제까지 일어난 일을 돌이켜봅니다. 가장 생생하게 인상에 남는 것은 아내와 내가 아기가 죽은 것을 안 순간부터 아이를 보고 만지고 작별 인사를 할 때까지 23시간입니다. 그 긴요한 시간에 훌륭한 의료진이 우리와 함께 있었다는 것은 믿기 어려운 행운이었습니다.

의사 11명과 간호사 9명, 목사님 한 분과 구급차 운전사 2명, 장례식 책임자와 그외 여러분이 감동을 주었습니다. 그때까지 우리가 처한 상황에 대해 그토록 강력한 지원과 격려를 받은 적이 없었고, 또 우리가 원하는 대로 된 적이 없었습니다. 여전히 전통적인 치료법이 완벽하다는 오랜 편견을 가진 60년대 히피로서 깨닫는 바가 많았습니다.

우리 아기 제임스는 9월 9일에 죽었습니다. 그날 마리아는 태동을 약하게 느꼈고, 밤에 아기가 죽는 꿈을 꾸었습니다. 다음날에는 태동을 느끼지 못했고 기분이 이상하고 피곤했으며 어떻게 해도 편안하지가 않았습니다. 그날 밤, 마리아는 자다가 짧은 시간에 많은 양의 하혈을 하기 시작했지요. 아이들에게 옷을 입혀 우리가 머물던 바닷가 오두막에서 가까운 브리지워터의 병원으로 갔습니다.

새벽 3시쯤에 도착하였는데, 당직 간호사가 태아의 심장 박동이 들리지 않는다고 했습니다. 호출을 받고 온 의사도 마찬가지였습니다.

근처 산부인과 의사에게 전화를 걸었지만 아침까지 병원에서 간호사의 돌봄을 받으며 기다리라고 하였습니다. 의사는 아침에 오겠다고 했습니다.

아기의 심장박동을 찾으려는 시도가 계속되었지만 우리는 이미 아기가 죽었다는 사실을 받아들였습니다. 처음 의사는 유도분만을 해야한다고 했지만, 우리는 집 근처의 익숙한 환경에서 분만하려고 57마일 떨어진 미들튼의 주치의에게 가겠다고 했습니다. 우리 주치의는 전화를 받고, 산부인과 의사가 그래도 좋다고 하면 그렇게 준비하겠다고했습니다.

아침 9시 30분에 산부인과 의사가 마리아를 진찰하였습니다. 그는 검사 결과 처음 볼 때보다 상황이 더 복잡하다고 했습니다. 필요하다면 외과 검사를 통해 즉시 제왕절개 수술을 해야 하지만, 진단이 옳은지 확인하는 초음파검사를 하는 게 좋겠다고 했습니다. 그는 아기의 위치가 잘못 된 '전치태반'이라고 판단했습니다. 의사는 마리아를 할리팍스의 그레이스 산부인과로 보내기로 동의하였지요. 그 병원의 친구에게 전화해서 마리아가 도착하면 잘 돌보아 달라고 부탁했습니다. 의사가 너무나 침착하게 잘 도와주었으니 그를 만난 것은 정말 행운이었습니다. 그 후 모든 것은 의학적으로 가장 완벽하게 이루어졌습니다.

브리지워터의 간호사가 구급차에 마리아와 함께 타겠다고 하여 의사가 동의하였고, 거리가 왕복 130마일인데도 그렇게 하는 데 놀랐습니다. 나는 할리팍스까지 운전을 했는데 정말 힘들었습니다. 혼자 있자 울음이 터져 나와서 운전을 잘 할 수 없었어요. 아이들은 미들튼에서 온 친구가 데리고 갔습니다.

그레이스병원에서 많은 양의 채혈을 하고, 브리지워터에서 맞았던 정맥주사를 더 늘렸습니다. 의사들이 여러 차례 오가고 초음파검사 시간도 잡혔습니다. 이때가 금요일 오후였는데 외과의사는 즉시 수술하고자 했기에 가능한 빨리, 많은 정보가 필요했습니다. 초음파검사 결과, 태아의 움직임이 없고 아기의 위치가 거꾸로 된 전치태반이었습니다. 병원에서 다른 바쁜 일이 많았지만 모두 잘 돌보아주었고, 경과를 우리와 의논하는 데 시간을 아끼지 않았습니다. (우리와 관계된 의사가 모두 11명, 간호사가 9명인데, 누구도 우리가 원하는 것을 거부하거나 친절하지 않은 사람이 없었습니다.) 내게는 그 모든 경험이 놀라웠습니다.

수술은 오후 6시 30분에 잡혀 있었습니다. 담당 마취의사와 동료는 마취제의 선택을 놓고 그 부작용과 이로운 점을 판단하는 데 꽤 시간을 보냈습니다. 우리는 수술 후에 아기와 함께 있고 싶어서 수술하는 동안 부분마취를 하겠다고 했습니다. 5시 30분쯤 척추를 마취할 준비가 되었습니다.

그런데 6시 30분에 의사가 응급환자가 있다고 말했습니다. 7시 30분에 다시 같은 이유로 수술을 연기했습니다. 이렇게 기다리는 동안 우리는 보살핌을 잘 받았고 편안하게 함께 있었습니다. 이 병원은 제왕절개 수술을 하루에 두 번 하는데 대부분 예약을 해서 일정이 잡혀 있는 사람들이었습니다. 우리가 도착한 후 벌써 네 번의 수술이 있었는데 두 번은 응급이었습니다. 기다리는 동안 우리 방 옆의 두 분만실에서 아기가 태어났습니다. 다른 모든 방도 꽉 차 있었고, 긴박한 분위기였습니다. 이러한 상황에서도 모든 것이 잘 돌아가고 있다고 생각되었습니다. 간호사와 의사는 계속 우리 방에 들러 함께 있었습니다.

우리가 비교적 오래 기다리면서 마취효과가 없어지자 마취를 더 해야 했습니다. 8시 45분 쯤 의사가 수술 준비가 되었다고 했습니다. 그가 마리아에게 마음의 준비가 되었냐고 묻자 마리아는 불안하다고 했습니다. 의사는 멈추고 모두 불렀습니다. 모든 사람이 다 준비될 때까지 아무것도 시작하지 않겠다고 했는데 그 모든 사람에 우리도 포함되어 있었습니다.

정말 감동이었습니다. 이미 긴장상태에서 고도의 에너지를 소모시키며 일한 의사들이 계속해서 놀라운 친절을 보여주었던 것입니다. 의사는 지금 우리가 선택한 방법 외의 마취방법을 취하기는 어렵지만 준비할 것이며, 마리아가 수술 중 언제라도 전신마취를 원하면 할 수 있다고 했습니다. 이 때문에 시간이 조금 걸렸지만 곧 수술실로 들어갔습니다.

그레이스병원에 도착한 이후 나는 모든 과정에 참여하도록 권유를 받았습니다. 결정에 참여하고 마리아를 안심시키고 돌보는 일 외에 여러 가지 일거리가 주어졌습니다. 마리아가 병원에서 움직일 때마다 내게 도움을 청했고, 내가 할 능력이 있다고 확인한 다음부터 직원을 부르지 않았습니다.

수술은 1시간 10분 걸렸습니다. 처음에는 두 간호사와 세 명의 의사, 그리고 마리아와 내가 그 방에 있었습니다. 내가 주로 한 것은 마리아와 함께 있으면서 피부 접촉과 눈 맞춤을 하는 것이었습니다. 그러면서 수술을 지켜볼 수 있었습니다. 아기를 꺼낼 때까지는 보통의 제왕절개 수술이었습니다. 그런데 갑자기 방안의 분위기가 고조되면서, 의사가 장비와 혈액을 더 가져오고 다른 의사도 더 불렀습니다. 약 4분 30초 가량 그러한 상태가 계속되더니 드디어 아기를 꺼내자 모두들 마음을 놓았습니다.

그런데 담당 외과의사는 나머지 수술을 계속하지 않고, 일어났던 일들을 몇 분간 재검토해 보았습니다. 그는 혼자 결정을 내릴 수 있는 위치인데도 참여한 모든 사람의 의견을 종합하는 것이었습니다. '나의 결정'에서 '우리의 결정'으로 만들었습니다. 그들은 아기를 일반적인 절개방식으로 꺼내지 못하고 위부터 아래로 자궁을 절개했습니다. (예정대로 옆으로 작게 절개하지 않고) 모두 납득하자 봉합하기 시작했습니다.

우리가 방으로 돌아오자마자 원목이 아기가 어떻게 생겼는지 말해 준 다음 우리에게 데리고 왔습니다. 우리는 아기와 함께 웃고, 말하고, 안아주고, 키스하며, 평화롭게 한 시간 가량을 보냈습니다. 아기 제임스는 잘 생긴 정상적인 아기였습니다.

그는 두 달 조산한 32주밖에 안 되는 미숙아였으며 아무런 아픔이나 고통의 흔적도 보이지 않았습니다. 간호사는 몇 번인가 아기를 데리러 왔다가는 아무 말 하지 않고 나가곤 했습니다. 우리가 다 끝냈다고 느꼈을 때, 그 조그만 육체와의 작별 인사를 끝냈을 때, 간호사가 아기를 데리고 갔습니다. 우리는 부검해서 원인을 찾도록 허락하였습니다.

아기를 처음 안고 만질 때는 무게와 느낌이 있었는데 아기가 떠나자 아무것도 느낄 수 없었습니다. 이것은 상상이 주는 에너지일 수도 있지만 나는 무엇인가 정말 우리와 함께 있었거나 우리가 함께 있는 동안 방출되었다고 생각하고 싶습니다. 나는 아기에게 보이지는 않지만 어떤 형태로든 한 식구로 가족과 함께 있어 달라고 부탁했습니다.

그날 밤 마리아를 다른 층으로 옮겼고, 숙면을 취하게 하기 위해 수면제를 먹인 후 잘 자라고 했습니다. 밤 동안과 다음날 아침에 약을 더 먹였습니다. 다음 며칠 동안은 독한 약에서 가벼운 약으로 바꾸었고 3일째에는 페니실린 외 모든 약을 끊었습니다.

나는 200마일을 운전해서 아이들을 보러 집을 오가기 시작했고, 결국 우리 물건들을 가지고 집으로 돌아올 수 있었습니다. 그 다음주 이틀간은 집에서 아기의 장례 준비를 하고 관을 만들고 아이들과 함께 지내는 데 시간을 보냈습니다. 마리아의 어머니가 오셔서 집안일을 도와주셨습니다.

마리아는 입으로 음식을 먹을 수 있게 되자, 곧 많은 양의 비타민 C와 엔테지카라는 약초, 컴프리, 민트, 비타민E를 먹기 시작했습니다. 그녀는 수술한 지 6일 만에 집으로 왔으며 잘 회복되고 있습니다. 이 모든 경험에서 감동을 받았습니다. 모두 그토록 친절하고 도와주려 애썼습니다. 나는 대중요법과 요법가에 대해 갖고 있던 환상과 편견에 대해 다시 생각하게 되었고, 필요했던 것이 그토록 명백하고 친절하게 주어진 것에 대해 감사드립니다. 단 한 번 병원 측에서 망설였던 것은 내가 부검 후에 아기를 보고자 했을 때였습니다. 이는 담당자와 의논해야 했고, 매우 드문 일이었지만 결국 허락을 받았습니다.

나는 우리 지역 장례업체에서도 도움을 받았습니다. 나를 위해 아기를 집으로 데리고 와 주었고, 우리 식대로 장례식을 하도록 장소도 허락해주었습니다. 가족과 내 친구들만 참여한 가운데 직접 아기를 묻었습니다. 아이들은 관을 만들고 땅을 파는 일을 도와주었는데 이 일을 잘 수용하도록 해주는 것 같았습니다. 아이들은 이 모든 것을 잘 받아들였으며, 우리는 질문에 모두 대답하고 가능한 한 그들의 요구에 관심을 기울였습니다.

우리가 병원 사람들에게 감사를 드리자, 그들은 오히려 우리의 존재가 특별하며, 우리가 서로에게, 그리고 아기에게 쏟는 에너지와 사랑에 감화되어 이 같은 일이 일어났다고 말했습니다. 정말 친절한 사람들과의 좋은 만남이었습니다.

1982년 9월 24일

우리가 당한 이 큰 사건을 글로 옮긴 지 일년이 지났습니다. 그 글을 썼을 때는 아기 제임스를 땅에 묻은 지 겨우 3일이 지났을 때였습니다. 그것은 주로 친구들에게 알리기 위해서 쓴 것이지만 일어났던 일을 정확하게 기록하려는 것이기도 했습니다.

이번 주에는 우리 가족이 일년 전 밤에 급히 떠났던 바닷가의 작은 오두막으로 돌아왔습니다. 그것은 우리 모두에게 있어 완성의 과정입니다. 사계절이 지났고 삶은 계속됩니다. 무언가 변한 것이 있다면, 죽음과 위기가 우리 가족을 더욱 강하게 만들고 서로를 위하게 만들었습니다. 우리 모두는 아직 제임스가 일상생활에서 기억으로 또한 하나의 존재로서 함께 있다고 느낍니다.

*

불치병에 걸린 아이들이나 부모를 접하는 사람들은 상실의 고통도 겪어야만 한다는 것을 알게 된다. 유명한 병원에서 어린이 암환자와 부모들을 위한 프로그램을 맡고 있는 한 사회복지사가 다음 글을 썼다.

*

대개 아이들과 그 가족 하나하나에서 아름다움을 발견했고 그것이 애정으로 발전했습니다. 나는 여러 가지 방법으로 '내' 아이들이 죽어가고 있다는 현실을 부정하고자 했고 죽었을 때도 슬퍼하지 않았습니다. 그러다가 하나가 죽고 또 죽으면, 그 전에 죽었던 아이에 대해 슬퍼하기 시작합니다.

지난 7개월 동안 일곱 아이가 죽었습니다. 나는 이 아이들이나 다른 아이들을 어떤 식으로든 사랑합니다. 사정이 허락하면 그 아이들을 집으로 데리고 오기도 합니다. 그러나 이제 두려워졌습니다. 더 잃는 것이 두렵습니다. 내가 미루어 둔 그 모든 슬픔이 두렵습니다. 죽음에 대해 우리가 얼마나 경솔하게 말해 버리는지가 두렵습니다. 그리고 내 자신의 죽음도 두렵습니다. 하지만 이따금 이렇게 느끼고, 대개는 어린이들과 부모를 위해, 내 자신을 위해 좋은 일을 하고 있다고 믿습니다.

이 편지에 쓴 것은 바로 우리 가족이 겪게 될 일이라 생각합니다. 그것은 성장을 위한 경험이며 성장은 고통스러울 수 있음을 알게 합니다. 선생님은 어떻게 하시는지요?

*

215

우리는 다음과 같이 답장을 썼다.

*

그렇습니다. 저도 똑같은 갈등과 방황을 수백 번, 아니 수천 번 겪어왔습니다. 내가 처음부터 끝까지 지켜본 사람도 많았습니다. 또한 길어지는 고통을 더 이상 보지 않길 바라는 마음에 죽었으면 하는 생각도 했습니다. 어떤 사람은 보낼 준비가 안 되었는데 너무 빨리 간 분도 있습니다. 어떤 아이가 떠날 때는 감당하기 어려운 슬픔을 느끼곤 했습니다.

그리고 이 일을 하면 할수록 죽음이란, 나비가 고치에서 나오는 것 같이 보이며, 다음 아이, 다음 아이, 또 다음 아이로 이어지는 것 같았습니다. 그리고 나비들은 나를 떠나 날아가지만 그들은 좋은 곳에 있을 것임을 알고, 거기에는 그들을 돌볼 누군가가 있다는 것도 압니다. 나는 더 이상 고통을 느끼지 않고 내가 최선을 다했다고 느낄 뿐입니다. 어떤 이에게는 더 잘 했고 어떤 이에게는 잘 못하더라도 그때마다 최선을 다했습니다. 당신도 나와 마찬가지일 것입니다.

그렇습니다. 당신을 인도하는 분이 언제나 당신과 함께 있고, 아주 가까이 있으면서 보이지 않는 사랑과 보살핌, 길잡이가 되어 당신을 올바른 길로 인도한다는 것을 아셔야 합니다.

*

데이비드와 보낸 크리스마스

콜로라이도의 어떤 가정은 생명을 잃어가고 있는 어린 아들과 진정 어린 대화의 시간을 가질 수 있었으며, 그때 이해심 많은 정신과의

사 친구와도 함께 지내는 축복을 받았다. 그 친구는 데이비드와 마지막 날이자 크리스마스를 어떻게 보냈는지 편지를 써 보냈다. 그 편지는 백화점에서 돈 주고 사는 선물과는 비교할 수 없는 참 크리스마스 선물이었다. 편지에서 그녀는 자신이 경험했던 특별한 순간과 선물 교환, 그리고 환자의 유머에 대해 이야기했다.

*

데이비드가 죽기 전 마지막 사흘 동안 거의 내내 진과 노먼, 그리고 데이비드와 함께 지냈다는 것은 선생님께 말씀드린 줄 압니다. 누군가가 데이비드는 '멋있게' 죽었다고 말했는데, 그 이상의 좋은 표현이 없을 것 같습니다.

사랑할 줄 알고 나눌 줄 아는 사람들만 데이비드의 방에 모인 것 같았습니다. 그들은 자연스럽게 모인 사람들이었는데 각각 자신의 역할을 하면서 다른 사람을 배려하는 태도를 보였지요. 그들은 공동의 목표를 향해 모인, 가족과 개인적인 친구와 의료인들로 이루어진 그룹이었습니다.

노먼이 크리스마스 전날 아침에 울면서, 나와 함께 지냈으면 좋겠지만 나의 크리스마스를 망치고 싶지는 않다고 말한 것을 기억합니다. 나는 다른 사람을 돕는 일을 뺀다면 크리스마스가 무슨 의미가 있느냐고 대답했지요. 이러한 태도는 우리가 거기 있는 사흘 동안 모두가 지녔던 것으로 생각합니다. 데이비드도 남에게 베풀려고 하더군요. 부모님께 선물을 드릴 때도 또 우리와 함께 놀면서도 농담을 했으니까요. 그가 한번은 누구한테서 좋은 것을 받고 대신 형편없는 것을 되돌려주는 재미가 얼마나 좋은지 말했습니다.

크리스마스 날에도 이러한 즐거운 일이 있었지요. 피를 토하고 난 다음 입가를 닦으라고 깨끗한 거즈를 주었더니 입을 닦고 나서 피 묻은 거즈를 내게 주면서 씩 웃었습니다.

화요일 저녁에 진과 얘기할 때, 자기가 나에게 썼던 쪽지와 편지를 복사해서 함께 선생님께 보내 달라고 부탁했어요. 진이 데이비드의 사자인형을 내게 주었다고 말씀드렸지요. 그 인형은 내 책장 위에 놓여 있는데 죽음을 앞둔 어린이들을 상담하는데 큰 도움을 줍니다. 그 인형을 보고 그에 얽힌 이야기를 듣고서 자신의 문제에 더 잘 대처하게 된 어린이가 한두 명이 아니랍니다.

진은 특히 선생님의 월요일 강연과 화요일에 직접 나눈 대화에서 깊은 감명을 받은 것 같더군요. 이번 경험은 소중하게 여겼던 데이비드에 대한 많은 기억을 되살려주었습니다. 그녀는 기억이 아무리 가슴 아프고 고통스럽더라도 두렵지 않고, 오히려 잊어버릴까 봐 두렵다고 말한 적이 여러 번 있었어요. 그러니까 데이비드를 회상시키는 기억은 그녀에게는 값진 것입니다.

화요일 오후 그녀가 선생님께 편지를 쓸 때 데이비드에 대한 모든 느낌이 매우 생생하게 되돌아왔던가 봐요. 그날 저녁 진이 선생님께 보낼 자료들을 모두 정리하는 것을 도우면서 이야기를 나누었는데, 그녀가 자주 우는 것 같았습니다. 우는 것이 그녀에게 좋다고 생각합니다. 분명히 선생님에게 얘기한 후에 기분이 가벼워졌을 줄 압니다. 앞으로 또 선생님께 얘기할 기회를 갖고 싶어할 것입니다.

진의 요청대로 데이비드가 크리스마스 날, 아버지 어머니와 선물 교환할 때의 테이프를 복사했습니다. 그 테이프는 진이 '괜찮아'하고 말하는 것으로 끝납니다. 진은 그 후에도 두세 시간 동안 데이비드에게 계속 그런 식으로 말했고, 거의 죽음에 다다랐을 때는 '데이비드야, 편히 가'라는 말을 숨이 끊어질 때까지 되풀이했습니다. 이는 지금까지 본 광경 중에서 가장 아름다운 것이었습니다. 많은 사람들이 작년 크리스마스를 포기했던 나를 안 됐다고 생각하고 심지어 비판하는 사람도 있는데 그것은 우스운 일이죠. 나는 결코 포기했던 것이 아니고 또 이번 크리스마스만큼 뜻깊은 성탄절은 보내지 못했으니까요.

데이비드는 내 마음속에 생생하기 때문에 선생님께 편지를 쓰지 않을 수 없군요. 잠에서 깼을 때 데이비드를 생각하면 눈물이 고이려고 한답니다. 하지만 이 마음 상태로 누워 있는 것은 비생산적이죠. 데이비드의 실체, 경험한 실체가 무엇인지 찾기 시작했지요. 그래서 일어나서 새 책 하나를 집어들었지요. 책을 읽으며, 또 갑자기 내리는 눈을 바라보며 데이비드에 관한 생각을 정리했답니다. 그 책은 찰스 윌리엄스에 대한 책인데, 데이비드에 대한 감정과 하나가 되어 데이비드와 삶, 죽음, 감정, 사랑을 경험하면서 슬퍼하고 기억하는 시간을 평소처럼 가질 수 있었습니다.

사람들이 데이비드를 생각하며 울 때 어떤 느낌이 드는지 물으셨지요? 아직도 사람들이 그를 사랑하고 기억하고 있어서 기쁩니다. 내가 왜 다른 사람들보다 더 많이 울지 않는지 궁금하겠지요. 그에 대한 대답은 '죽은 사람 때문에 왜 울어야 하나?'입니다. 그 대답은 누가, 어떻게, 왜 죽었는가에 달렸다고 봅니다. 즉 그와의 관계가 미진했는지, 더 잘 했어야 했다고 느끼는지 여부에 달렸다고 생각합니다.

데이비드의 경우, 한 젊은이가 죽어야 한다는 것을 받아들이기 어려웠습니다. 나는 가을까지 그 사실을 부정했습니다. 하지만 이미 일어난 일이고 온 힘을 다한 인간적 대항도 끝났습니다. 이것의 의미는 무엇일까요? 나도 다른 사람들처럼 사고로 인한 죽음이나 폭력에 의한 죽음에 대해 당황하지만, 이를 극복하는 것은 우리의 놞이 아니라 하나님의 자비에 의한 것입니다.

데이비드는 고요하게 누구보다 많은 보살핌과 사랑에 둘러싸여 숨을 거두었다는 기억만 우리에게 강하게 남아 있습니다. 그래서 소홀했다는 느낌도 없고 잘못된 관계를 고쳐야 한다는 생각도 필요없는 것이죠. 70세까지 사는 게 가장 중요하다면 그의 생이 짧았다고 울어야겠지요. 하지만 하나님께서는 인격적이시며 나보다 내가 사랑하는 사람들을 훨씬 더 잘 보살펴주신다는 것을 믿는다면, 그가 하나님 곁으로 갔다고 해서 어찌 슬퍼하겠습니까? 그리고 지난 몇 달간의 경험으로 볼 때, 이 인격적인 하나님을 어찌 의심하겠습니까?

그래요. 만질 수는 없다고 하더라도 데이비드는 내 안에 존재합니다. 외적으로가 아니라 내적으로 그렇습니다. 내가 아끼는 모든 것, 내가 생각하고 회상하는 것들과 언제나 함께 있으며 그의 존재는 현존하고 실제적이며 의미로 가득합니다. 그래서 나는 하나님께서 혼란 속에서 어떤 의미를 찾도록 축복하심을 기쁘게 생각합니다.

*

11
Letting Go

떠나보내는 것

헤어지는 날이 재회의 날이 될 수 있을까?

그리고 어제 저녁이 실상은 새벽이 아니었을까?

_칼릴 지브란의 『예언자』 중에서

헤어진다는 것은 우리 삶에서 가장 어려운 일 중 하나이다. 아기가 태어나 엄마가 퇴원할 때 집에 데리고 올 줄 알았는데 하루나 이틀 병원에 남겨두고 와야 할 때 이별이 시작된다.

몇 년이 지나 아이들이 유치원이나 학교에 다니기 시작할 때, 우리는 또 헤어짐을 경험한다. 아빠는 아이들이 처음 유치원에 가는 중요한 날 버스 타는 것을 보기 전에 출근하는 일이 많아서 이러한 예비 작별 인사에 영향을 덜 받는 듯하다. 아빠는 후에 무슨 일이 있었는지 이야기를 듣기는 하지만, 버스가 도착했을 그때 불안한 꼬마가 엄마의 품에 돌아오려고 몸을 돌리는 것을 보지는 못한다.

또 의사가 아이의 편도선이 커져서 수술을 해야겠다고 결정할 때 아이와 떨어져야 한다. 이것은 모두 '작은 사건'이지만 그 사건들은 우리에게 아이의 존재를 더 중요하게 여기도록 만들어 주는지도 모른다.

한 여인이 자신의 어머니에게 쓴 편지에 엄마가 된 느낌을 적어 보냈다.

한 엄마가 또 한 엄마에게

로라는 방금 떠났어요. 지금은 오전 6시 15분, 바깥은 아직 어두워요. 다시 잠을 청해 보지만 어려워요. 너무 긴장되어 있거든요. 엄마가 된다는 것이 바로 이런 것이군요. 이런 기분은 엄마만이 이해할 수 있다고 생각해요. 로라는 내가 공항까지 태워다 주는 것을 원치 않았어요. 택시를 타고 가려고 했고, 모든 것을 혼자 하기 원했어요. 우리는 포옹과 키스를 나누며 '사랑한다, 즐겁게 지내라'고 여러 번 말했지요. 그애는 혼자 준비해서 떠났고 나는 여기에 홀로 남아 있답니다.

로라는 전에도 여행을 떠난 적이 있어요. 캠프도 갔고, 학교에 입학도 했으며, 어렸을 때 비행기도 혼자 탄 적이 있지요. 하지만 이번에는 무언가 달라요. 그애는 13살이 되었고 모든 것을 혼자 힘으로 하려고 해요. '엄마, 걱정 마세요. 잘 지낼 거예요.' 내가 이전에 어머니께 그랬던 것이 기억나요.

정말 나는 걱정을 안 해요. 그애가 혼자 힘으로 모든 걸 하려는 것이 대견스러워요. 하지만 한마디로 표현하기 어려운 묘한 기분이 맴돌아요. 어머니는 이 기분, 엄마들만 느끼는 묘한 기분을 이해하시리라 믿어요.

로라는 1주일간 떠나 있을 것이고 물론 다시 돌아오지요. 왔다가 또 떠나는 일을 반복할 것이고 다시 돌아올 때마다 조금씩 변화가 있을 거예요.

그것은 회색빛 아침이 갑자기 환히 밝아오는 것일 수 있고, 또는 아

222

직 잠에 빠져 있는 이른 아침의 고요일 수도 있지요. 난 처음으로 시간의 관점으로 아이의 삶이 나의 삶을 어떻게 스치고 지나갈 것인지, 그리고 언제 그애가 무엇이든 혼자 할 수 있게 되어 나를 떠나갈 것인지 상상합니다.

그것은 좋은 느낌이에요. 로라는 성숙하고 건강하고 열심이에요. 하지만 한편 지금까지 그랬던 것처럼 엄마로서 그애와 지낼 시간이 그애와 나의 삶 전체에서 아주 짧다는 사실을 깨달을 때 묘한 기분이 듭니다.

그런데 그애가 어디로 떠났느냐고요? 그애는 지금 한 세대를 거슬러 올라가서 잠시 동안 나의 부모님인 할아버지 할머니를 찾아뵌다고 남쪽으로 향하고 있습니다. 전체 계획으로 보나, 또 그애 자신과 어머니의 삶에서 보나 좋은 일이지요.

저는 저 자신에 대해, 또 엄마 노릇을 한다는 것이 어떤 것인지를 생각하면서 이 독백을 시작했어요. 이제 어머니와 그리고 3년 전에 죽은 어머니의 아들, 내 동생을 생각하고 있어요. 우리는 알렌에 대해 생각보다 이야기를 많이 나누지는 않지요.

그애는 세상을 떠났고, 엄마와 함께한 시간은 너무 짧았다는 걸 알아요. 그애도 자주 집을 떠났고, 늘 혼자 힘으로 하려 했고, 되돌아올 때마다 조금씩 달라졌어요. 그렇지만 어머니, 그런 게 엄마 노릇이 아닌가요. 마지막 떠난 것은 이해하기 힘들기는 하지만 저도 한 엄마로서 어머니를 조금 더 잘 이해할 수 있을 것 같아요. 우리가 아이들과 함께 지낼 수 있는 시간은 제한되고 그들은 떠나야만 합니다. 그들이 떠나간다 해도 우리가 아이들과 함께한 시간은 영원히 남습니다. 아이들과 함께 지내는 시간은 소중한 것입니다.

제가 어머니를 슬프게 만들지 않았기 바래요. 아이와의 이별은 엄마들이 갖는 필연적인 과정이지요. 그것이 어떤 문제를 가져온다고 해도 슬퍼할 일은 아니죠. 오히려 특별한 경험입니다. 어머니, 사랑해요. 그 애는 내 아이도 되고 어머니 아이도 됩니다. 나 대신 그애를 꼭 안아주고 키스해 주세요. 그애와 즐거운 시간 갖기 바래요. 그리고 어머니의 딸인 저도 잊지 마세요. 전 어머니가 제 마음을 다 이해하실 줄 믿어요. 그것은 바로 엄마의 마음이니까요.

_어머니의 딸 네타 올림

*

내 아들은 아니기를!

섬유낭종이라고요. 그게 무슨 말입니까?
내 아들이 얼마나 그 병을 앓아야 할까요?
6살까지, 아니면 16살까지?
의사 선생님, 말해 주세요. 아는 것을 다 말해 주세요.
그 애가 이겨낼 수 있는 병인가요?

잠깐만. 나는 이해할 수 없어요.
그애가 손으로 처치를 받아야 한다고요?
내가 하루에 3번씩 그의 가슴을 팡팡 쳐주라고요?

잘 나오지 않는 가래를 빼주기 위해서요?

영원히, 죽을 때까지 이 병을 앓아야 한다고요?

우리 어린 게리는 아니겠죠? 제발 그렇지 않다고 말해 주세요.

오진이 아닐까요? 검사를 더 해 봐야 하지 않나요?

선생님은 다른 아이의 가슴 사진과 착각을 한 것이에요.

분무요법? 체위배담법? 효소와 알약들?

이 병은 쇠약해지고 결국 죽게 만든다고 했나요?

치료할 방법도 없다고 했는데 그게 확실한가요?

오, 하나님. 내 아들은 아니에요. 그애는 아니에요. 절대로.

*

이는 1974년 5월, 게리가 '섬유낭종'이란 진단을 받고 D. A. G. 라는 이름의 아버지가 쓴 글이었다. 그애는 겨우 3살 남자아이였다.

비탄의 과정

부모의 비탄 과정은 여러 형태를 취할 수 있다. 가장 중요한 것은 슬픔을 당한 부모에게 '이제는 그만 슬퍼해야지, 1년도 더 지났는데' 따위의 말을 해서는 안 된다는 것이다. 아이가 죽은 후 자녀를 잃은 다른 부모나 병원의 의료진, 친절한 목사님이나 친척과 모여 대화를 하고 경험을 함께 나누는 가족은, 감정을 숨긴 채 아무 일도 없었다는 듯 여느 때같이 행동하는 사람들보다 애도의 과정을 수월하게 넘긴다.

어떤 아버지의 비탄의 과정은 작고 소중한 기억이 얼마나 중요하고, 좋아했던 꽃이 얼마나 큰 감동의 근원이 되는지, 어떻게 나비들이 영생을 나타내는 상징이 되는가를(이는 집단 수용소의 어린이들이 우리에게 가르쳐 준 것임) 잘 보여준다. 그의 아들은 6살 때 뇌간종양으로 죽었다.

*

아들의 죽음에 부쳐 아버지가 쓴 글

크리스천은 세 아들 중에 내가 가장 좋아했던 아이이다. 둘째 아들이기도 해서 더 많은 관심을 필요로 한다고 생각했다. 나는 그애를 무척 사랑했다. 이 글을 쓰자니 눈물이 쏟아진다. 크리스천을 생각할 때 나쁜 것이나 악한 것은 전혀 생각이 나지 않고 세상의 아름다운 것만 연상한다.

그애는 꽃들(특히 달리아)을 좋아하고, 아름다운 것을 다 좋아했다. 그애와 함께 어느 집에서 열린 동네 재활용품 세일에 갔었다. 그애는 싸구려 보석 세트를 보았는데 그것을 엄마에게 사 주고 싶어했다. 나는 좀 더 쓸모 있는 것이 있는지 보라고 했지만(거기에는 순은으로 만든 반지나 금 목걸이도 있었다) 돌아보고 나서도 계속 그 싸구려 보석이 있는 데로 오는 것이었다. 그것이 예쁘니까 엄마에게 '예쁜' 것을 사 드려야 한다고 고집하였다. 지금까지 아내는 그 예쁜 목걸이를 빼본 적이 없다. 그것을 볼 때마다, 광택이 없어진 낡은 것이지만, 크리스천이 예뻐했듯이 내게는 예쁘게 보인다.

요즘 '전혀 사랑하지 못했던 것보다 사랑했다가 잃는 것이 더 낫다'는 생각이 든다. 나는 이 말은 남녀 사이에 싹튼 사랑을 두고 하는 말이라고 생각해 왔는데 어린 아들의 죽음과 더 어울리는 말이다. 무척 괴롭지만 6살 반의 크리스천이 우리에게 준 것은 그만한 가치가 있었다.

아직 아이 없이 사는 사람들은 평생 무슨 재미로 사는지 궁금하다. 어떤 이들은 개나 애완동물을 한두 마리 키우는데 몰두하지만, 이러한 것은 오랫동안 사람을 만족시키거나 붙잡지 못하지 않는가. 또한 외롭게 혼자 살거나 어린아이가 없는 사람에 대해 궁금하다. 이런 일을 당한 사람은 우리뿐만 아니라는 것을 알기 때문에 그 사람들도 이런 비극을 겪은 것인지 궁금하다. 우리 동네에 지난 2년 사이에 아이를 잃은 집이 둘이나 더 있다. 몇 주일 전 파티에서 그들을 만났는데 아내는 병으로(암이 아님) 2살인 딸을 잃은 여자와 이야기하고 있었다. 그녀의 남편은 아직 그 사실을 받아들이지 못하고 있었다. (분명 그러려고 노력했겠지만) 그 남편은 그 일이 일어난 후 아이에 대해 전혀 이야기한 적이 없다고 한다. 아내와 나는 모두 크리스천에 대해 얘기하며 울고 난 후 훨씬 편안함을 느낀다. 우리 5살짜리 아들이 크리스천이 보고 싶다며 가끔 운다고 하자 그 여자도 울었다.

지금은 이런 글을 쓰는 것이 쉬워졌지만 때론, 아내와 아이 이야기를 나눌 때 밀려오는 애통을 참을 수 없다. 크리스천의 생일은 목요일이다. 살아있다면 7살이 될 것이다. 그날은 힘든 날이 될지도 모른다. 3개월 후 우리는 새 직장을 따라 여기 시골을 떠날 것이다. 이는 크리스천이 뛰어 놀던 집에서 벗어날 기회를 줄 것이다. 아내는 뒷마당에서 일하기가 여전히 힘들다. 크리스천은 항상 밖에서 놀기를 좋아했고, 친구가 올 때까지 대개 뒷마당에 있었다. 크리스천은 쉽게 친구를 사귀었다. 나는 크리스천의 바람대로 해주는 것 같이 느껴져 뒷마당에서 일하는 것이 덜 힘들다.

나는 매일 아이를 향해 기도하지만 대답할 수 없다는 것을 안다. 가톨릭 신자이지만 하나님에 대한 확신이 없고, 기도를 하면서 어떻게 하나님을 믿지 못하는지 우습기만 하다. 크리스천에게 아무리 기도해도 아무런 답이 없을수록, 대부분의 신자에 비해 하나님이 존재하지 않는다는 믿음이 점점 더 강해진다.

우리 가족은 크리스천을 생각할 때마다 온갖 표현을 다 써보지만, 그 중 가장 좋아하는 것은 크리스천이 우리 가족에게 '그리스도'였다는 생각이다. 그애는 내가 보기에 완벽했지만 그래도 인간이었다. 어떤 이유가 있어서 우리에게 왔고, 아무 불평도 하지 않고 죽었다. 그가 이 땅에 왔던 목적이 무엇인지 알고 싶다. 나의 장모는 몇 년 전에 돌아갔는데 그분 삶의 목적은 내 아내 코니와 내가 결혼하는 것을 보는 것이었다고 생각한다. 또한 나는 아이들 중에 하나가 특별한 운명을 타고났다고 생각했는데 크리스천의 죽음이 이와 연관이 있을 것이다.

내 마음에 일어나는 또 하나의 생각은 크리스천이 특별한 사람이었다는 것이다. 그애는 손이 가지 않아도 무엇이든 완벽하게 하고 공부도 열심히 했다. 이렇게 특별한 사람이 가족이 된다면 그 가족은 그와 함께 오래 있지 못한다. 또 다른 사람에게 그처럼 하기 위해 떠나야 하는 것이다. 크리스천이 쉴 때 양 손에 링거주사자국을 보았다. 그것은 검푸른색이어서 다시금 예수님의 못 자국을 연상했다.

일요일에 외출하다가 동네에서 가깝게 지내는 부부에게 들렸다. 그들은 일년 전 쯤에 암(백혈병)으로 딸을 잃었다. 이 비극을 들었을 때는 대수롭지 않게 생각했다. 이제 내가 같은 운명으로 고통받으니 그들을 위로하여 주거나 어떤 식이든 친절을 베풀고 싶다. 그들에게는 아이가 하나만 남았다. 우리는 둘이 있다. 두 아이들이 있음에 하나님께 감사 드린다. 그들 없이 지금의 생활은 의미가 없을 것이고 크리스천을 잃 은 것이 더욱 괴로웠을 수도 있다.

동네 사람들은 친절하고 관대하였다. 이는 내 아내가 지역봉사를 많 이 한 인기있는 사람이기 때문이기도 할 것이다. 사람들이 진심으로 관심을 가져준다는 것은 얼마나 큰 기쁨인가.

한산한 토요일, 정원에 꽃을 심을 때 크리스천을 생각하며 열성을 다해 심었다. 5살짜리 아이가 가끔 울기도 하는데, 정말 애절하게 느 껴진다. 그애가 우리를 볼 때 표정은 '엄마, 울어도 괜찮아요. 엄마의 기분을 난 알아요'라고 말하는 것 같았다. 5살짜리 아이로서 놀라운 감 정이었다. 그애는 내가 얼굴을 돌리지 않고 똑바로 바라보는 것을 원 한다.

한 달 전 우리가 기차를 탔는데 기차가 지하로 들어갔다. 5살짜리 아 들이 말했다. '보세요, 엄마. 우리도 크리스천처럼 땅속으로 가고 있어 요.' 그애는 이처럼 지하에 대한 얘기를 몇 번이고 반복했다.

11살짜리 아이는 동생이 세상을 떠난 후 사람들 있는 데서 그렇게 여러 번 울지는 않았다. 그가 속으로 참는 것이 정신적으로 아무런 해 가 되지 않기를 바란다.

나는 아이들이 크리스천의 죽음에 너무 많은 영향을 받지 않나 걱정이 된다. 크리스천이 처음 아팠을 때, 어느 날 지하 순환도로를 가고 있는데 갑자기 그애가 '엄마, 땅속에 묻힌다는 것은 어떤 거예요?'라고 말했다. 그는 땅속에 홀로 있는데 대해 두려워하고 있었다. 죽는 것이 아니라 홀로 있는 것에 대해서 두려워하고 있었다.

크리스천이 겪은 고통을 생각하면 마음이 너무 아프다. 그가 아픈 동안 집에서 아주 짓궂은 짓을 했던 때가 생각난다. 내가 쫓아가서 때리려고 손을 휘두르자, 몸을 빼서 부엌 가구 위로 뛰어 올라갔다. 나는 '아무리 심한 병에 걸렸어도 그런 짓을 해서는 안 돼!'라고 소리질렀다. 그렇지만 지금은 내가 그애한테 너무 심하지 않았나 생각한다.

우리는 이런 불필요한 일도 했다. 크리스천의 병이 점점 악화되던 성탄절 무렵, 인터페론인가 하는 약에 대한 기사를 신문으로 읽었다. 그래서 서둘러 크리스천과 같은 경우에 사용하는 약인지 알아보려고 편지도 보내고 전화도 걸었다. 내가 편지를 쓴 캐나다의 외과의사는 그 종양은 수술이 불가능하다고 했다. 우리는 그 정도 규모의 다른 병원에서 할 수 있는 것이라면 우리 병원에서도 대부분 할 수 있다는 것을 깨달았다. 그래서 우리 병원의 모든 의사들에게 알아보았다. 이제 국립암연구소에 편지해서 나와 같은 처지에 있는 사람들을 도와주거나 살펴볼 수 있는지 알아봐야겠다.

어떤 면에서 우리는 암 연구의 좋은 기회를 놓치고 있다. 암으로 죽은 사람의 가족력을 잘 모아야 한다. 암으로 죽는 사람들에 대한 충분한 사실을 컴퓨터에 입력시킨다면, 어떤 상관관계가 도출될 것이다. 중국은 식도암이 빈발하는 지역에 연구진을 2-3년간 파견하여 상황을 기록하여 식도암의 원인을 알아냈다는 기사를 신문에서 읽었다. 그들은 거기에서 모든 상황을 연구하였고, 곧 그들의 주식인 절인 빵에서 자라는 검은 곰팡이에 대해 집중적인 연구를 하였다. 어쨌든 그들은 짧은 시간에 문제를 발견한 것이다.

아내는 크리스천의 종양이 어쩌면 잦은 귀의 감염 때문에 싹트게 되었을지도 모른다고 생각한다. 그는 귀의 감염이 잦았고 고막에 구멍을 내는 수술도 여러 번 받았다. 발암물질에 많이 노출되었다고도 생각할 수 있다. 아내가 치과에서 일할 동안 크리스천을 데리고 갔을 때 수은과 X-레이, 그리고 귀뚜라미를 죽이려고 일년 전 쯤에 뿌렸던 염소(Cl) 약품 등이다. 그리고 주로 흰개미를 죽이려고 집안과 주위에 뿌렸던 살충제도 어리석은 짓을 한 것 같아 보인다. 지금은 두려워 다시는 집안에서 사용하지 않는다.

크리스천이 죽기 전 마지막 주간에 그애에게 실험 약을 투여할 기회가 있었다. 그것은 시스푸레틴이라는 약인데, 정상세포보다 암세포에 빨리 흡수되어 종양을 죽일 수 있을 것이었다. 처음에 크리스천이 열이 났기 때문에 투여하지 않으려 했지만 시도해볼 수밖에 없었다. 그것은 아무 소용이 없었다.

아들을 잃은 후 이 동네 사람들이 우리에게 보여준 넘치는 친절과 관용에 대해 깊은 감사를 드린다. 그리고 앞으로 이 은혜를 10배로 갚기 위해 노력할 것이다. 사람들이 우리를 생각해 준다는 일, 특히 이 좋은 동네의 사람들이 우리를 진심으로 아껴준다는 사실을 다시금 확신하니 정말 기쁘다.

*

최근에 크리스천의 아버지로부터 다음의 편지를 받았다.

*

엘리자베스 선생님께

오늘 선생님의 편지를 받고 기뻤습니다. 선생님의 격려에 정말 감사합니다. 선생님의 충고는 여느 때와 마찬가지로 위로가 됩니다. 그렇지만 무엇인가를 믿는다는 것이 점점 더 어려워진다는 것을 고백해야겠습니다.

가톨릭 집안에서 태어나 자라면서 믿음을 갖도록 가르침 받았습니다. 저도 믿고 싶습니다. 그래야만 한다고 생각합니다. 하지만 크리스천의 죽음과 앞선 모든 기도와 생각과 노력을 떠올릴 때 그러기가 쉽지 않습니다. 내 스스로 믿어 보려고 애써봤습니다. 하지만 제가 크리스천을 다시 보리라고 믿는 것은 단지 그애가 너무 보고 싶어서라는 생각을 지워버릴 수 없습니다. 아니면 제가 그렇게 믿도록 교육을 받고 또 수녀님의 교육방침이 저를 세뇌시켜서인지도 모릅니다. 결례가 되었다면 양해하십시오.

요즘 가끔씩 웁니다. 울음은 긴장을 푸는 좋은 방법이지요. 크리스천이 우리 곁을 떠났을 때 그애의 옛 모습을 떠올리곤 했습니다. 시간이 흐르며 일부러 떠올릴 때만 옛날 모습이 보이게 되었습니다. 마침내 아들이 다른 이들과 어울려야 하기 때문에 더 이상 옛날 모습으로 올 수 없다고 말해 줄 때가 왔습니다. 그래서 그애를 구름의 형태로 상상하게 되었습니다. 그애는 거대한 구름의 일부인 것 같습니다. 이제 구름을 볼 때마다 그애 생각을 합니다. 그리고 나비를 볼 때도 그애를 생각합니다. 제가 전에 보내드린 나비 그림의 작가가 해준 말입니다. '왜 나비 그림을 원하시나요? 나비들은 어디나 있는데요.'

또한 내가 혼자 앉아 새를 볼 때 '저 새는 크리스천이야. 지금 쉬면서 자유롭게 날아다니며 우리를 계속 지켜보고 있지만 아무것도 바꿀 수 없다는 걸 알고 있어' 하고 생각하곤 합니다.

*

아이를 잃은 부모는 비탄의 과정에 죽은 아이로부터 '생명'을 상징하는 어떤 표시를 얻고 싶어한다. 한 번 더 만져 보고 싶고, 목소리를 듣고 싶고, 무엇보다 그들이 외롭지 않게 잘 지내는지를 알고 싶어 한다.

한 어머니는 성탄절에 어린 아들을 잃었는데 다음해 10월 아들의 생일 전날 밤에 아름다운 꿈을 꾸었다. 꿈속에서 어머니와 아들은 함께 있었다. 어머니는 아들에게 '네가 아주 떠나 버린 게 아니었구나'라고 말했고, 아들은 '떠나기는 했지만 혼자가 아니에요'라고 했다.

아이가 죽은 후 그 아이를 보거나 꿈을 꾸려고 노력하면 할수록 그렇게 될 가능성이 적어진다. 죽은 아이에 대한 생생한 꿈은 아이가 죽은 지 몇 주일 혹은 몇 달이 지났을 때, 마음의 고통과 슬픔이 가벼워지고 다시 정상적인 잠을 자기 시작하는 조용한 밤에 꾸게 된다.

아이의 죽음이 다가오는 데 대해 준비할 시간이 있었던 가족은 그나마 가능성이 더 많다. 아이의 마지막 몇 주나 몇 달 동안 많이 슬퍼했다면 꿈속에서 사랑한 아이를 훨씬 더 일찍 볼 수 있을 것이다.

어떤 젊은 어머니는 어린 딸이 성폭행당한 뒤 익사하는 끔찍한 살해를 당한 뒤 여러 날 동안 방향 없이 헤매고 다니다가 황폐한 마음의 상태로 집에 돌아왔다. 마침내 침대 위에 누울 수 있게 되었을 때 창문으로 밝은 빛이 들어오는 것을 보았다. 그 속에 1학년이었던 딸이 건강하고 밝게 미소 지으면서 팔을 뻗고 있는 것이 나타났다. '보세요, 엄마!'라고 하고는 딸은 금세 사라졌다. 하지만 그 광경은 어머니의 마음을 평화와 사랑으로 가득 채워주었다. 그래서 그 어머니는 이 일이 있은 후 충격에 빠진 이웃보다 먼저 정신적인 평온을 되찾았다.

사랑했던 사람이 환상이나 꿈에 나타나는 것은 우리의 필요에 크게 달려있다. 나는 우리가 필요로 하는 것은 얻을 수 있다고 진심으로 믿는다. 아이가 꿈에 나타나지 않거나 잠시 우리 곁을 떠났다는 것이 믿어지지 않는다면 그것은 신앙과 믿음이 부족해서이다. 우리는 원하는 것을 항상 가질 수는 없지만 필요한 것을 채워주신다. 먼 훗날 우리의 고난을 되돌아 볼 때 자신이 얼마나 많이 변화하였으며, 얼마나 성장하였고, 사랑과 이해심이 깊어졌는가를 깨닫게 될 것이다.

매사추세츠에 사는 한 여인은 남편과 4살짜리 딸을 둘 다 암으로 잃었다. 딸이 죽은 후 그녀는 아름답고도 의미 있는 경험을 하였다. 브렌다는 죽기 직전에 천국이 있다는 확신의 표시로서 홍관조를 보내겠다고 엄마에게 말했다. 바로 그애의 장례식 날 그 전에 볼 수 없던 십여 마리의 새가 보스케토 씨 집 잔디밭에 나타났다. 홍관조는 거의 매일 마당에 나타났고 영생에 대한 맥신 보스케토 씨의 믿음은 더욱 강해졌다.

존재의 증거를 찾으려고 여기저기 헤매는 사람들에 대해서 한마디 하겠다. 많은 부모들은 너무나 절실한 나머지 죽은 아이로부터 '메시지'를 얻기 위해 어떤 대가라도 치르려 한다.

그들은 여기저기 심령술사와 점쟁이를 찾아다니며 이러한 소망을 충족시키기 위해 얼마를 지불하든지 상관하지 않는다. 그러나 부모는 점쟁이가 가진 능력을 다 가지고 있다. 그들이 마음을 진정시키고 믿음과 주어진 상황을 받아들일 용기를 갖고, 외부에서 찾기를 그만둔다면 바라는 도움을 찾을 수 있고 아이들을 다시 볼 것이라는 위안을 얻을 것이다. 죽은 아이와 대화할 수 있는 곳을 안다고 하면서 그런 곳을 소개하겠다는 엉터리도 많다. 밤에 간절한 기도를 올리면서 혹은 생각을 집중시키면서 아이로부터 어떤 신호를 얻게 해달라고 간구하라. 진심으로 원하면 주어질 것이다.

처음에는 나비, 구름, 햇살 등 모두 당신의 아이들이 보낸 신호로 보인다는 것도 알게 될 것이다. 너무 자책하지 말고 그것을 받아들이라. 그것은 아이들이 세상을 떠난 뒤에 세상은 여전히 아름답고 또 앞으로도 언제나 그럴 것이라는 사실을 깨닫도록 도와줄 것이다. 이는 자연스러운 치유 과정의 일부이다.

가족과 함께 죽음의 과정과 슬픔을 겪은 어린이들을 아픈 가족의 죽음을 잘 받아들일 수 있고, 죽은 이에게 아름다운 편지를 쓰는 등 그들 나름대로의 작별 인사를 할 줄 안다. 사랑하는 할아버지께서 돌아가셨을 때 미건은 10살 소녀였다. 그는 할아버지께 하늘색 구름 속에 천사가 있는 아름다운 무지개를 그려 드렸다. (하늘색은 '삶이 끝나가는 것'을 상징한다.) 그림의 왼편 위(천사 위쪽)에는 '할아버지, 여기가 할아버지가 앉으실 구름이에요'라고 썼고 오른쪽 구석에는 '무지개는 행복한 거니까 볼 때마다 저희 생각을 하기 바래요.' 그림과 함께 드린 편지에 '할아버지, 천국에서 행복하게 사세요. 우리는 모두 할아버지께서 행복하시기를 바래요. 우리 모두 기도하고 있어요. 할아버지께서 지내실 집이나 구름은 어떤 것일까요? 대통령이나 유명한 분들을 만나셨나요? 안녕히 계세요. 그리고 행복하세요'라고 썼다.

같은 날 어린 손녀는 다음과 같은 어른이 본받을 만한 추수감사절 편지를 썼다.

*

감사할 것들

내가 아기였을 때 친엄마는 잘 돌볼 수 없고 좋은 환경도 마련할 수 없다면서 다른 집에 입양시키셨지요. 그것에 대해 감사를 드려야겠군요. 그때 훌륭한 부부(지금의 부모님)가 나타나 여자 아기를 원하였기 때문이에요. 그분들은 바로 저 같은 아이를 원했어요. 직원이 나를 그분들에게 보여주었을 때, 그분들은 좋은 가정에서 살게 해주겠다고 약속했고 실제로 그렇게 하셨습니다. 너무나 좋은 가정을 주신 데 대해 감사를 드립니다.

또 이 세상에 대해 감사해요. 이 세상이 없다면 나도 없을 것이고, 우리 식구도 없었을 테니까요. 그리고 새도 꽃도 사람도 짐승도 없을 테니까요. 우리는 이러한 것들을 가지고 있으니 감사해야 해요.

*

자녀의 상실을 받아들이는 힘든 과정에서도 어떤 부모는 아이들이 살았을 때 성취했던 것을 생각하며 위로를 받고 그것에 대해 긍지를 느낀다. 어떤 어머니는 자식의 죽음을 현실로 받아들이는 일이 얼마나 힘든 것인지를 다음과 같이 적고 있다. (모든 어머니가 다 그럴 것이다)

*

12월 3일, 그 무서운 날, 의사가 홀에서 '존은 가망이 없습니다'라고 말했습니다. (존은 14살 반이었을 때 암이 발견되었고 16살이 되자 죽었습니다.) 내 마음은 괴로웠고 기운이 빠지고 눈물을 멈출 수 없었습니다. 존이 계속 무슨 일이냐고 물었지만 말할 수 없었습니다. 그때는 그럴 수 없었습니다.

12월의 어느 날, 눈물과 고통 속에서 나는 미국 암협회에 겨우 전화해서 한 사회복지사를 만났습니다. 그분이 얼마나 큰 도움을 주었는지 모릅니다. 존에게는 죽어가고 있다고 말할 필요는 없었습니다. 물론 존은 죽어가고 있었지만 결국 우리 모두 그렇게 되는 것이 아닌가요. 그 사실이 얼마나 마음을 편하게 했는지요.

그날 밤 나는 큰 도움이 된 세 권의 책을 샀습니다. (그분이 말한 책은 로스 박사의 『죽음과 임종에 대한 문답(Questions and Answers on Death and Dying)』 그리고 『안녕이라고 말할 때까지 사는 것』, 도리스 런드의 『에릭(Eric)』이었습니다.) 나는 그날 밤 선생님이 쓴 『안녕이라고 말할 때까지 사는 것』을 다 읽으며 울고 또 울었습니다. 내 아들이 죽어가고 그애를 곧 잃게 되었는데 나는 아무것도 할 수가 없었고, 그것은 큰 고통이었습니다. 마음이 아팠고 지금도 그렇습니다. 하지만 이것이 정상이라는 것을 깨달았습니다. 선생님의 책은 많은 것을 느끼게 했고, 존과 딸들, 부모님, 친구들, 교회 목사님 등 나를 많이 도운 사람들과 대화의 문을 열게 했습니다.

이건 너무 불공평하고 말도 안 되는 일입니다. 왜 그래야 하나요? 존은 태어나는 그날부터 너무 특별한 존재였어요. 그가 하늘에 계신 아버지께 돌아갔으므로 지금은 더욱 더 특별합니다. 누가 존을 더 사랑하고 그에게 완벽한 평화를 주며 다시 강하게 하고, 우리가 알던 것보다 더 아름답게 할 수 있습니까? 하나님, 하나님뿐입니다. 그래서 지는 조금 마음을 비웠습니다. 다음 몇 달 동안 선생님의 책들을 탐독하였고, 대화하고 울었으며, 존과 가족과 소통하려고 노력했어요…. 매일 읽어가면서 조금씩 더 마음을 비웠습니다.

존과 죽음에 대해 얘기한 적이 없습니다. 그애도 알고 나도 알고, 내가 안다는 사실을 그애도 알고 있기 때문입니다. 그애는 우리 마음을 아프게 하고 싶지 않아서 앞으로 벌어질 일에 대해 얘기하지 않으려는 듯 보였지만 그래도 괜찮았습니다. 말하지 않았지만 내가 곁에 있었고, 사랑하며, 원한다면 언제든지 어떤 얘기라도 할 수 있다는 걸 알고 있었으니까요. 주사를 맞을 때마다 손을 잡고 고통을 느끼며 아파하였고 내 숨결마다 사랑을 보내면서 곁에서 지키고 있었습니다. 나도 그것을 알고 있었고 그애도 알고 있었다고 믿습니다.

우리는 우리 둘만의 방식으로 대화했고, 서로 어떻게 생각하고 느끼는지 알고 있었습니다. 그 정도로 가까웠습니다. 주사를 맞을 때마다 내 심장과 영혼이 찢어지는 듯했지만, 우리만의 친밀함은 그 누구도 빼앗아갈 수 없었습니다. 그애의 고통과 괴로움은 내 몸 구석구석으로 파고들었고 가슴이 점점 더 찢어지는 것 같았습니다.

존을 집에서 지내도록 한 것은 선생님의 책을 읽고 나서였습니다. 3월 21일 존은 극심한 빈혈로 입원하여 수혈을 받았습니다. 그때 우리는 의사와 함께 있었는데 다른 방으로 가서 존이 가망이 없냐고 물었습니다. 의사가 '그렇다'고 대답했을 때 내 느낌은 형언할 수가 없습니다. 울고 또 울었습니다. 존과 함께 울기도 했고 그 아이 앞에서 홀로 울기도 했습니다. 그날 밤 존과 함께 아주 늦게까지 병원에 있었고, 괜찮다고 말리지 않았더라면 곁에서 밤을 새려고 했습니다. 나는 진심으로 당분간 괜찮다고 믿었고 다음날 틀림없이 집으로 갈 것이라고 생각했습니다.

3월 30일 존은 16살이 되었습니다. 나는 그가 우리와 지낼 시간이 그리 길지 않음을 감지하였습니다. 그렇지만 나는 수용의 단계에 도달해 있었습니다. 존과 나는 이별하기 위하여 서로에게 필요한 말을 다 하였습니다. 큰 고통 없이.

4월 3일 존은 병원에서 마지막 주사를 맞았습니다. 4월 5일 밤, 7시 30분, 나는 존을 팔에 안고 함께 울었습니다. 그리고 마지막으로 종합병원에 가기 위해 그를 부축해서 차로 갔습니다. 나는 그에게 혼자 남겨두지 않고 집에 올 때까지 함께 있겠다고 약속하였습니다.

병원에서는 목요일 밤부터 토요일 오후까지 산소호흡기를 대주었고, 나는 약속대로 그의 병실 곁에 머물렀습니다.

4월 7일, 오후 2시에 그를 집으로 데려왔습니다. 그것은 이 세상에서의 마지막이자 최후의 여행이었습니다. 존은 위의 통증과 등과 어깨에 느끼는 고통이 컸습니다. 75kg의 몸무게가 47kg이었고, 뼈와 가죽만 남았습니다. 190센티의 키에 47킬로의 몸무게는 너무 가벼운 것이었지요. 당시 존은 주사를 비롯한 모든 치료의 고통으로 인해 등이 많이 굽었습니다.

그애는 그때까지 불평을 하지 않았습니다. '등을 만져 주세요. 어깨를 문질러 주세요'라든가 '우유 좀 주세요' 또는 '담배 좀 주세요.'라고 할 뿐이었습니다. 그저 그뿐이었습니다. 그는 마지막 순간까지 강하게 혼자 힘으로 하고자 노력하였습니다. 많은 약을 썼기 때문에 몸은 쇠약해지고 잘 걸을 수도 없었지만 그래도 노력했습니다.

4월 11일 수요일 아침에 나는 존의 침대에 앉아 그의 등과 어깨를 문질러 주면서 나와 함께 일하는 여자에 대해 얘기를 했습니다. 그녀는 지난 한 주간 동안 휴가를 다녀왔었습니다. 존은 그 여자가 돌아왔는지 휴가는 재미있었는지 물었습니다. 또한 등과 어깨가 아픈 것에 대해 얘기했습니다. 그날 오후 12시 20분에 존은 우리를 떠나 하나님 곁으로 갔습니다. 마침내 더 이상 아픔도, 고통도, 주사도 없는 곳으로 간 것입니다.

나는 직장에 있었는데 어머니가 전화를 걸어 집으로 올 수 있겠느냐고 물었습니다. 나는 심각하게 생각하지 않고 '왜요?'라고 물었습니다. '존이 죽었어'라고 어머니가 말했습니다. 나는 비명을 지르며 전화를 끊어 버렸습니다. 얼마나 비명을 지르고 또 질렀는지! 내가 그런 식으로 반응할 줄 몰랐지만 너무나 고통스러웠습니다.

아버지가 나를 태우고 집으로 왔습니다. 나는 존의 방으로 달려가

팔과 손을 잡고 '너를 너무너무 사랑한다. 굉장히 보고 싶을 거야'라고 되풀이해서 말했습니다. '잘 가거라'라고는 결코 말하지 않았습니다. 그는 언제나 내 곁에 내 마음속에 있을 것이고 언젠가 다시 만날 것임을 알기 때문입니다.

두 딸은 모두 존의 죽음에 힘들어했습니다. 큰딸(13살)은 하루 종일 울고 또 울고 밤까지 울었습니다. 막내 딸(9살)은 현관 옆의 입구에서 벽에 머리를 계속 찧어서 그 때문에 며칠 동안 머리가 아팠습니다.

나는 두 딸의 손을 잡고 존의 방 침대에 서서 존에게 하고 싶은 말을 무엇이든지 할 수 있게 했습니다. 처음에는 둘 다 무서워했지만 존을 보는 동안 좀 나아졌고 그렇게 무서워하지 않았습니다. 나는 힘들더라도 그 순간부터 장례식까지 두 딸이 모든 과정에 꼭 참여하도록 했습니다. 가족끼리만 마지막으로 존을 보기 위해 안치실에 갔는데 딸들이 다시 무서워했습니다. 나는 손을 잡고 관 있는 데로 갔는데 딸들은 많은 의문을 가지고 있었습니다. 마침내 존을 만졌는데, 존이 차갑고 딱딱한데 놀랐습니다. 하지만 선생님의 책에서 읽은 대로 나는 존이 이 세상을 떠나 그의 고치(몸)가 더 이상 필요치 않아서 몸이 따뜻하고 말랑말랑하고 움직일 필요가 없게 되었다고 설명했습니다. 딸들은 둘 다 죽음을 두려워하지 않게 되었고 존은 언제나 그들과 함께 있을 것이고 언젠가는 다시 만날 것임을 알게 되었습니다.

존은 매우 용감히 싸웠고, 살아서나 죽어서나 내가 존의 어머니인 것이 자랑스럽습니다. 존은 투병기간 내내 유머감각을 잃지 않았고 매우 강했습니다.

몇 달 후 이 어머니는 다시 편지를 보내왔다. 그 이유는 다음과 같다.

선생님께 꼭 말씀 드리려고 한 몇 가지를 빠트렸습니다. 존은 너무나 여러 면에서 대단히 훌륭한 소년이었어요. 숨쉴 때마다 사랑과 온화함과 행복을 발산했습니다. 선생님이 존의 이러한 점도 알아주시기를 바랍니다.

존은 생명력이 가득한 재미를 좋아하는 아이였지요. 평범한 소년이고 10대의 장난꾸러기이긴 했지만 돌이켜보면 그것은 선의의 장난이었지요. 영원히 보고 붙잡고 간직하고 싶은 유머가 있었으니까요.

그애가 유소년단체 소속으로 농구경기를 할 때였습니다. 나는 농구경기를 관람하면서 어이없이 웃으면서 앉아 있던 때를 기억합니다. 그애는 위로 손을 뻗쳐야 할 때 아래로 숙이고, 숙여야 할 때는 위로 뻗는 것이었습니다. 또한 경기장 한가운데 가만히 서서 하품을 하며 다른 친구들이 뛰는 모습을 그냥 지켜보고 있었습니다.

그리고 야구경기를 했을 때입니다. 그것은 정말 멋졌습니다. 존이 타자로 들어서서 공을 쳤는데 너무 흥분한 나머지 배트가 공중으로 날아갔습니다. 게임이 끝닌 뒤 우리는 가게에 들러 배트와 공을 샀습니다. 존과 나는 그날 오후 마당에서 야구방망이를 하늘로 던지지 않고 살짝 내려놓는 것을 연습하였습니다.

우리(존, 딸들과 나)는 즐겁게 떠들고 장난하고 웃고 오랫동안 함께 걸으며 이야기를 나누었습니다. 존은 누이들과 가까웠으며 셋은 다정하고 행복한 시간을 자주 보냈습니다. 물론 그들은 대개의 형제자매처럼 싸우기도 하고 말다툼도 했지요. 하지만 다른 사람이 그들 중 하나에게 무슨 말을 하거나 무슨 짓을 하려 하면 나머지 둘이 꼭 형제 편을 들며 끼어들었습니다.

존은 열성적인 보이스카우트 단원이었고, 이글 스카우트가 되고 싶어 했습니다. 그는 이 목표를 향해 노력하였으나 병에 처음 걸렸을 때 머리카락이 빠지자 활동을 그만두었습니다. 존은 머리카락이 빠지기 전까지 교회 청소년부에도 열성적이었습니다.

지난 여름 존이 내 사촌을 방문했을 때 이렇게 말했습니다. '내가 죽기 전에 원하는 것이 두 가지 있어요. 하나는 자동차를 갖고 싶고, 하나는 여자친구와 사랑하는 것이에요.' 내가 이 사실을 알았을 때, 두 소원 중 한 가지는 이루어지게 하겠다고 생각했습니다. 우리 부모님께서 3월의 16번째 생일 선물로 그애에게 자동차를 사 주셨습니다. 3월 초순에 샀는데, 존은 얼마나 신이 났는지 몸이 너무 약해서 실제로 펄쩍펄쩍 뛸 수 없었지만 말로 할 수 없을 정도로 들떠 있었습니다.

존은 운전면허를 따기 위해 열심히 공부를 했습니다. 운전교습소에 다닐 수가 없고 운전을 통신교육으로 할 수도 없어서, 개인교습을 받아야 했습니다. 4주간 토요일마다 오전 9시 30분부터 오후 5시 30분까지 혼자 해야 했는데 그처럼 허약하고 고통스러운 상태로는 힘든 일이었습니다. 그러나 그는 해냈어요.

존이 운전면허신청서를 내러 갔을 때 자동차 운전면허과에 혼자 줄을 섰어요. 창구에 가까이 갈 때까지 내가 서 있고 그애는 앉아 있으려

했지만 그애 혼자 하기로 마음먹었고 끝까지 해냈습니다. 그의 생의 마지막 두 달 기간에 있었던 일입니다.

그애는 자신의 성취에 대해 만족해했습니다. 자동차 운전면허과를 떠날 때 그는 내 손에서 열쇠를 가져가서(나도 반대하지 않았습니다) 집까지 운전을 하고 왔습니다. 그리 먼 거리는 아니지만, 통증이 있었고 피곤했으며 오래 줄 서 있던 터라 그에게는 힘든 일이었지요.

존이 또 하나의 소원 즉 여자친구 사귀는 것을 이루었다는 얘기는 존이 죽은 지 1달쯤 지나서 그의 친구에게 들었습니다. 우리는 그때 전시회에 있었는데, 나는 탄성을 질렀습니다. 존이 그 소원을 이루었음을 안 순간 얼마나 기뻤는지는 말로 표현할 수 없을 정도였습니다. 사실 그때까지 그애가 소원을 이루기를 희망하고 기도하였지만 마음속으로는 결코 그것을 기대하지 못했습니다. 얼마나 기뻤을까, 그것을 생각하면 너무 행복했습니다. 그는 자기가 죽을 것을 알고, 정말 하고 싶은 것을 했던 것입니다.

존이 처음 병이 났을 때 보이스카우트는 많은 도움을 주었습니다. 어머니는 스카우트 지도자에게 전화를 걸어 존을 위해 22구경 소총을 구할 수 있냐고 물으셨습니다. 존은 권총과 소총을 갖고 있었는데 나의 부모님이 1977년 크리스마스 선물로 다른 소총을 사 주기로 했습니다. (이때 암이 발견된 달입니다)

존이 20일에 퇴원하여 집으로 돌아왔을 때 어머니는 소년단장에게 전화를 걸었습니다. 단장은 존이 집에 있는지 괜찮은지 물었고, 저녁에 존을 만나러 잠깐 들러도 되냐고 했습니다. 그러더니 소년단원들과

244

모두 함께 와서 소총을 존에게 선물하였습니다. 크리스마스부터 새해까지 한 주 동안 소년단장은 존과 다른 아이들 몇 명을 데리고 사격을 하러 갔습니다. 존과 나는 사격장에 여러 번 갔는데 매번 즐거운 시간을 보냈습니다.

3월 하순, 존은 자동차를 운전하기 위해 온 힘을 다 했습니다. 나와 존의 생일은 3일 차이인데 내 선물을 직접 사러 가기로 결정했습니다. 그래서 그애와 할아버지가 자동차를 타고 나갔는데, 내가 알기로는 그 애가 할아버지보다 운전을 더 잘 했습니다. 존은 자기 밴을 자랑스러워했습니다. 차는 언제나 곁에 있고 자기 것임을 알고 있었고, 또 가끔 운전도 했던 것입니다. 그 사실에 대해 무척 감사하게 생각합니다.

나는 존이 맨 처음 입원했을 때를 결코 잊지 못합니다. 키가 190센티였는데 그때는 아직 15세가 안 되어서 어린이 취급을 해서 소아과에 입원했습니다. 대기실에서 입원을 기다리면서, 집에다가 뭔가 잊어버리고 와서 거기 못 있겠다는 것이었습니다. 저녁식사를 안하고 왔다는 것입니다. 그리고 머리가 아파 집에 가서 아나신을 먹고 와야 하니까 입원을 할 수 없다고 말하는 것이었습니다.

가장 우스운 일은 그의 병실에서였습니다. 침대에 누워 복도를 지나가는 꼬마를 보더니 나를 돌아보고 말했습니다. "저런 꼬마 녀석들과 지내야 한단 말이에요?" 그러더니 잠시 후 복도에서 손과 무릎을 바닥에 짚고는 그 꼬마와 놀고 있었습니다.

때로 존은 그렇게 짓궂고 장난기 있는 아이였지만, 내 아들이고 사랑하니까 대수롭지 않게 생각했던 것 같습니다. 그는 귀엽고 유머가 있으며 사랑스러운 아이였고 지금도 그렇습니다. 특히 그가 아픈 동안은 심한 일들도 그냥 넘겨 버리는 경향이 있었습니다. 하지만 화나게 만든 일들이라도 그리 심각한 것도 아니었지요. 그리고 딸들에 대해서도 마찬가지로 관대해지고 다른 시각으로 그들을 바라보게도 되었답니다.

모든 일은 존의 치료와 그와 해야 할 일들을 중심으로 이루어졌습니다. 그렇지만 우리가 함께했던 모든 일들이 즐거웠습니다. 지난 여름 존은 친구들과 자주 외출을 하면서 기쁘고 유익한 시간을 보냈습니다. 이것 역시 존을 위해 매우 감사할 일들입니다. 자리에 누워 아무것도 할 수 없게 되었을 때 회상할 수 있는 좋은 기억들을 갖게 된 것입니다.

전에 말씀드렸듯이 소년단은 존이 아픈 동안 큰 도움을 주었습니다. 또한 장례식에서 대장들이 운구를 도왔으며 단원들도 모두 제복을 입고 참여했습니다. 존의 장례식에는 많은 젊은이들이 왔습니다. 소년단원들, 교회 친구들, 이웃의 친구들, 그리고 학교 친구들, 모두 그의 친구들이었습니다.

최근에 소년단 가족 캠프가 있었습니다. 그들은 우리 가족을 초대하여 오후와 저녁 시간, 그리고 캠프파이어에 참여하도록 했습니다. 캠프파이어 때 숨은 단원을 위한 의식을 가셨습니다. 캠프파이어 순서 끝에 단기를 가지고 왔는데, 그 단기를 들어야 할 사람이 없을 때 그 기를 태우는 것이 소년단의 관례였습니다. 그들은 두 개의 별을 떼어서 하나는 어머니께 드리고 하나는 나에게 주었습니다. 존의 단기는 침묵 가운데 불에 태워졌고 많은 사람들이 조용히 눈물을 흘렸습니다.

존의 장례식 때 내가 읽은 시를 동봉합니다. 이 시는 존이 살았을 때 나 죽어서나 그를 향한 사랑의 감정을 표현합니다.

사랑하는 존에게

잠깐 동안 내 아들을 너에게 맡기겠다고
하나님이 말씀하셨다
그가 살아 있는 동안에 많이 사랑하고
죽었을 때는 슬퍼하라고
그것은 6주 또는 7주일지도 모르고
아니면 30년 또는 3년일지도 모른다

그러나 내가 그를 불러들일 때까지
내 대신 그를 돌보아 주겠느냐?
그는 너를 기쁘게 할 매력을 갖고 있나니
비록 그가 머무는 시간은 짧을지라도
너의 슬픔을 위로해 줄
아름다운 기억을 갖게 될 것이다
지구에서 온 모든 것은 다시 돌아가기 때문에
여기에 계속 머무르리라고 말할 순 없지만
지상에 있는 동안 이 아이가 배우기를 바라는
교훈이 있다

지상에서 너와 함께 살라고

빌려준 이 아이는

내가 가르쳐준 교훈으로

그가 만나는 많은 영혼을 깨워 주었다

나는 진실된 사랑을 찾으려고

넓은 세상을 둘러보았는데,

붐비는 세상의 군중 중에서

너를 선택하였다.

이제 그에게 네 사랑을 전부 줄 수 있느냐?

노력이 헛되다고 생각지 않고,

그를 돌려 달라고 할 때

나를 미워하지 않고?

네가 이렇게 말하는 것이 들린다

'하나님이시여, 당신 뜻대로 하소서

이 아이가 가져다 준 모든 즐거움을 위해

모든 운명적인 고통을 감수합니다.

우리는 그를 편안하게 쉬게 하었고

그를 끔찍이 사랑했으며,

우리가 맛본 이 행복에 대해

영원히 감하하며 지낼 것입니다

하지만 당신은 우리가 생각했던 것보다

휠씬 더 일찍 그를 불러가셨습니다

하나님이시여, 이 슬픔을 용서하시고

우리가 이해할 수 있도록 도와주옵소서.'

*

불치의 병에 걸린 10대 소년 마이크는 죽기 전날 밤 다음의 글을 남겨 두었다. 그의 어머니는 이 편지에 대해 감사하면서 우리와 함께 읽었다. 아이들에게는 소년과 마찬가지로 자기 가족과 개방적이고 솔직한 대화를 나누는 것이 좋다는 것을 알 수 있다.

*

때가 왔습니다

내 할 일을 다 마쳤으니

이제 다른 것을 시작할 것입니다

문이, 저 문이 곧 열릴 것입니다

여러분 또 다시 만나요

시간, 시간은 멈추지 않을 것입니다

사랑, 영원한 사랑은 지속될 것입니다

나는 언제나 여러분을 사랑할 것입니다.

*

그애 어머니는 다음과 같은 편지를 썼다.

*

아이들에게 그들이 암에 걸린 사실을 솔직히 말하지 못하거나 말하지 않으려는 부모를 보면 슬퍼집니다. 그들은 너무 많은 것을 놓쳤습니다. 나는 아들과 아들의 죽음에 대해 꺼내놓고 얘기했습니다. 그애는 나에게 '나는 무서워요'라고 말했습니다. 나는 그에게 말할 수 있었습니다. '아들아, 나도 안단다. 하지만 무섭지 않을 거야'라고. 아들은 그가 사랑했던 가족과 친구들에게 할 말을 녹음했습니다. 그는 장례식 계획에 대해 의견을 말했습니다. 그가 죽기 전에 몇몇 소지품을 친구에게 주었습니다. 우리는 훌륭한 유산을 물려받았지요. 우리는 운이 좋아요. 다른 부모도 아이들을 바라보고 말을 들어주며, 그들에게 배울 수 있도록 돕고 싶습니다.

*

다른 어머니는 딸이 집에서 임종하도록 집으로 데리고 온 경험을 다음과 같이 나누었다.

*

거의 1년 전 의사가 11살짜리 딸의 진단 결과를 말했을 때, 왜 우리 딸이 암에 걸렸나를 생각하니 온 세상이 무너지는 것 같았습니다. 나는 6개월이라는 원래의 예측을 바꾸도록 노력하지 않을 수 없었습니다. 나는 그 해답이 뉴욕의 의사에 달려 있다고 생각했습니다. 암에 대한 경험이 없는 나는 매일 해야 할 많은 일을 뒤로 한 채 서둘러 짐을 싸서 딸과 함께 뉴욕에 갔고, 딸은 거기서 화학요법을 받았습니다.

처음으로 소아과 외래에 들어서서 눈앞에 펼쳐진 난치병 아동들의 새로운 세계를 보았을 때 나는 두려움에 떨었습니다. 나의 충격은 내 딸 제납이 약을 먹기 시작하고 고통이 더해지는 것을 보고 더욱 커졌습니다. 첫 주간을 지나는 동안 화학요법이 해답이 아님을 알았습니다. 나는 그 병에 대해 조사하기 시작하였고, 식이요법과 비타민 등과 같은 다른 치료법을 알아보기 시작했습니다. 그러는 동안에 제납이 앓고 있는 병은 더러 차도를 보이는 사람도 있지만 불치의 병이라는 사실을 알았습니다.

그 당시 우리는 월세 950불의 아파트에 살고 있었는데 다행인지 몰라도 그 집에서 살 수 없었습니다. 그래서 다른 숙소를 찾아야 했습니다. 그러다가 우연히 〈로널드맥도날드하우스〉에 정착했는데, 거기에서 우리의 삶은 확실히 더 나은 방향으로 전환되었습니다.

내 딸은 똑같은 병으로 인해 다리를 절단한 다른 어린이들을 만났고 (내 딸도 그때 다리를 절단했습니다) 자기가 혼자가 아님을 알게 되었습니다. 암에 걸려 있었지만 우리는 웃고, 축구경기도 가고, 놀고, 게임쇼나 박물관도 가고, 경험을 함께 나누며, 우리가 간절히 원했던 도움을 서로에게 주었습니다. 병원에서처럼 사회복지사나 의사들에게 병에 대한 이야기를 강요당하지 않았고, 모든 것이 자연스럽게 이루어졌습니다. 우리는 전세계에서 온 가족을 만났으며 그들 중 어떤 사람은 영어를 못했지만 어떻게든 의사소통을 하였습니다.

그러던 어느 날 오후, 로날드맥도날드하우스의 총무가 로스 박사의 저서 『안녕이라고 말할 때까지 사는 것』이라는 책을 주었습니다. 나는 새벽 3시까지 자지 않고 읽었습니다. 특히 중요한 부분은 반복해서 읽었습니다. 그날 밤 우리는 집에서 9살짜리 여동생 케쏘와 함께 죽음을 맞기로 결정했습니다. 다음날 그 결정으로 인해 들떠 있었으나 총무만 내 기분을 알아주었고 가족들, 친구, 의사들 모두 그 생각에 반대하였습니다.

나는 쉽게 흔들리는 사람이 아니었으므로 거의 임종이 가까웠을 때 딸을 집으로 데리고 오기를 고집했습니다. 『암에 걸린 어린이에게 보내는 편지』(헬렌 볼드윈 저)에서 소녀들의 죽음에 대한 많은 질문과 답변을 발견하였고, 또한 그 책은 제납의 피할 수 없는 죽음을 받아들이도록 도와주었습니다.

딸과 나는 임박한 죽음에 대하여 많은 얘기를 하였습니다. 딸은 10년 전에 돌아가신 내 부모님도 그곳에 있으며, 그곳에 가면 하나님의 품에 안길 것임을 알고 있었습니다. 우리는 그와 함께 있으면서 보호해줄 천사에 대해 얘기했습니다. 단 한 가지 걱정은 동생 케쏘가 잘 지낼까 하는 것이었습니다. 케쏘가 혼자 살 수 없을 거라 말하면서 죽지 말라고 애원했기 때문입니다. 나는 케쏘가 언니를 그리워하겠지만 괜찮아질 거라고 부드럽게 말했습니다. 또한 우리도 때가 되면 그에게 갈 것이라고 확신시켜 주었습니다.

다음날 제납은 친구와 가족에게 선물로 나누어줄 여러 가지 물건을 결정하고, 이웃의 10살짜리 꼬마에게 동생을 돌봐달라고 부탁했습니다. 또한 가족이 함께했던 일 중에 특히 내키지 않지만 내 기분을 망치고 싶지 않아서 그냥 따랐던 일에 대해 얘기했습니다. 예를 들면 버뮤다에 여행을 갈 계획은 의사가 못 가게 해서 갈 수 없었지만 사실 처음부터 흥미가 없었고, 대신에 새로 꾸며진 방에 있고 싶었다고 털어놓았습니다.

이러한 일을 계속 털어놓았을 때 우리는 함께 웃었으나, 나의 작고 연약한 11살짜리 딸의 감수성과 성숙함, 그리고 강인함에 놀라지 않을 수 없었습니다.

제납과는 임박한 죽음에 대해 얘기했지만, 케쏘와는 말하지 않았습니다. 선생님이 제 질문에 대답을 해주셨기에 우리가 대화한 후 2시간 뒤에 케쏘와도 얘기를 나누었습니다. 우리 셋은 죽음에 대한 자신의 느낌을 얘기하기 시작했습니다. 우리는 마음을 열고 솔직하게 감정을 드러냈으며 조금은 울기도 하였고 웃기도 하였습니다. 그렇게 우리는 제납을 보내기 위한 마음의 준비를 하고 있었습니다.

딸이 죽기 전날, 밤새 설사를 했기 때문에 화장실에 데리고 가기도 했지만 거의 붙잡고 근육을 만져주는 데 시간을 보냈습니다. 다음날 아침 8시 30분에 제납이 '오늘을 버틸 수 있을 것 같지 않아'라고 말했습니다. 나는 곁에 계속 있겠다고 다짐하였습니다. (뉴욕에서 돌아온 이후 나는 딸의 방으로 옮겨갔습니다.) 그리고 완전한 평화가 올 것이므로 모든 게 괜찮을 거라고 다짐하였습니다. 그리고 딸이 내 친구 두 명을 불러달라고 했습니다. 11시에 두 친구 모두 도착했습니다. 딸은 내게 침대에 올라와 옆에 앉으라고 했습니다. 그리고 앉은 자세로 부축해 달라고 했습니다. 갑자기 딸은 '엄마! 엄마!'라고 부르며 놀란 표정을 했습니다.

나는 팔을 문지르며 '아가, 진정해. 모두 괜찮을 거야'라고 했습니다. 그 말을 듣고 숨을 두 번 크게 쉬더니 숨을 거두었습니다. 곁에서 친구가 오른손을 잡고 있었고, 한 사람은 침대머리에 서 있었으며 나는 팔을 딸에게 두르고 왼편에 누워 있었습니다. 오, 선생님, 얼마나 아름다운 순간입니까! 난 그애의 육체적인 존재를 그리워할 것을 생각하고 울었습니다. 딸이 운명하는 순간에 그 자리에 있었던 경험은 이 세상 어느 것과도 바꿀 수 없는 소중한 것입니다.

*

또 한 어머니는 11개월짜리 아기의 긴 투병, 고통, 그리고 죽음에 대해, 그리고 그 모든 것과 어떻게 맞설 수 있었는지 이야기하였다.

*

2년 전 우리는 11개월 된 아들 데릭을 잃었습니다. 그애는 짧은 일생을 모두 매디슨병원의 중환자실에서 보냈습니다. 아들은 출생시 연쇄상구균에 감염되었던 것으로 추정됩니다. 그래서 인공호흡장치를 달게 되었습니다. (그리고 폐질환으로 악화되었습니다) 6달 후에 심정지가 와서 체온이 42도까지 올랐고, 심각한 뇌손상을 가져왔습니다. 이 같은 상태는 숨을 거둘 때까지 계속되었습니다. 첫돌에서 20일이 모자라는 생애였습니다. 가혹한 시련이었습니다. 가장 미워하는 원수라고 할지라도 결코 그렇게 되기를 바라지 않을 정도였습니다.

데릭에게 일어나는 일은 남편 데니스와 나의 감정을 심하게 좌지우지했습니다. 처음에는 한 주일 후에 퇴원하기로 되었다가 그 다음에 결혼기념일까지, 그리고 핼로윈날까지 매 순간 우리는 들떴다가 다시 낙담하곤 했습니다. 솔직히 그때 생각만 해도 눈물이 납니다. 그렇지만 로스 박사님, 우리는 절망하지 않습니다. 그 경험에서 너무 많은 것을 배웠기 때문입니다.

데릭은 인간이 얼마나 강할 수 있는가를 보여주었습니다. 곧 죽을 거라고 할 때도 눈에 띄게 회복되기도 했습니다. 그애는 놀라운 아이였어요. 그로 인해 우리는 더 종교적이 되었고 부부간의 유대도 강해졌으며 삶에 대해 더욱 감사하게 되었습니다. 또한 죽어가는 자녀를 가진 부모들을 위로하고 돕게 되었습니다. 한 살짜리 아이로서 꽤 괜찮은 업적이지요? 그리고 천국보다 더 좋은 보상이 무엇이겠습니까?

데릭은 일요일 오후에 죽었습니다. 그가 죽을 때 우리가 곁에 있었기에 이 말을 하는 것입니다. 우리가 그 시간에 병원에 있는 적은 드물었습니다. 대개 아침과 저녁에 병원에 갔고, 그애가 더 많이 아프지도 않아 미리 알 도리가 없었습니다. 마치 그애가 그 시간을 선택한 것만 같습니다.

제레미(데릭의 2살짜리 형)와 함께 방안에 들어섰을 때 남편 데니스가 그애를 안고 있었습니다. 어쩌다가 모니터를 올려다보았더니 모든 수치가 '0'이었습니다. '데니스, 아기가 괜찮은 거예요?'라고 묻자 남편이 대답했습니다. '우리 아기는 아주 잘하고 있어, 딕스. 우리 아이는 지금도 잘하고 있어!'라고 말한 순간 데릭의 머리가 떨어졌습니다. 그애는 마침내 원했던 곳에서, 원했던 방법으로 평화롭게 숨을 거둔 것입니다. 의사들은 데니스의 품에서 데릭을 빼앗아 심폐소생술을 하려고 했습니다. (우리가 그런 노력을 하지 말아 달라고 부탁했지만 소용없었습니다.) 심지어 양팔을 찌르려고 했지만 내가 소리를 질러 하지 못하도록 했습니다. 데릭이 평화로운 임종을 마치는데 그것은 좋지 않은 방법이었습니다. 그나마 그들이 빈 고치에 손을 쓰려고 한다는 것에 위안을 얻었습니다. 나비는 선생님 말씀대로 자유롭게 날아갔습니다.

지난 1년 내내 어떠했는지 말씀드리고 싶습니다. 우리의 감정은 기복이 심했어요. 데릭에게는 11개월 동안 하루하루가 지나는 동안 죽음이 오히려 축복이라는 생각을 하게 했습니다. 아기는 심한 고통 가운데 숨도 제대로 쉬지 못했고, 21시간 내내 발작을 일으키기도 했습니다. 로스 박사님, 우리 아기는 그런 고통을 겪었답니다. 어쨌든 데릭에게는 죽음이 훨씬 더 편안하리라는 것을 깨달을 수 있었습니다.

지금 생각하면, 우리가 얼마나 이기석이었는지 모릅니다. 의사들이 틀림없이 정신장애자가 될 것이라고 말했지만 그후에도 데니스는 울부짖으며 기적을 기다렸습니다. 1년 내내 그는 기적이었으며, 의사들을 깜짝깜짝 놀라게 했으니까요!

마침내 의사들과 회의를 하게 되었습니다. 그들은 인공호흡장치에 대해 어떤 결정을 내려야 한다고 말했습니다. 데니스는 이 회의에 참석하지 않았습니다. 그날 저녁 나는 집에 가서 그들이 한 말을 전했습니다. 처음으로 데릭과 하나님이 데릭의 생명을 선택할 때가 되었다는 데 동의했습니다. 우리는 데릭의 생일인 5월 30일에 인공호흡장치를 떼고 생전 처음 그애를 바깥으로 데리고 나가기로 했습니다. 만일 그애가 평화롭게 우리의 팔에서 죽기를 원한다면 그런 권리가 그애에게 있는 것입니다.

우리는 올바른 결정을 내렸다고 느꼈습니다. 그러나 지혜로우신 하나님과 사랑하는 데릭은 우리가 그러한 결정을 내리지 않아도 되게 했습니다. 그들은 우리가 데릭의 운명을 받아들이면서 감정 정리를 하기까지, 하나님과 우리 자신에 대해 평화로운 마음에 이를 때까지 기다려 주었습니다.

　데릭은 5월 4일에 죽었습니다. 이제 데릭에게 그 모든 고통을 연장하게 한 것이 무리였을지도 모른다는 후회가 듭니다. 분명히 우리는 그애를 여기에 붙잡아 두었습니다. 지금은 오로지 그애가 행복하고 평화로우며 지구상의 모든 고통을 잊기를 바라고 기도할 뿐입니다. 박사님의 나비 사례를 듣고 집에서 우리의 경험에 관련된 시를 썼습니다.

고치는 더디게 열리었다
데릭의 생명의 비단실은
그를 그토록 강하게 묶고 있었다

그는 날 수 있는 좋은 날개가 있었다
그런데 데릭을 사랑한다고 하면서
그에게 너무 많은 것을 요구했다

우리는 그에게 머물러 달라고 애원하였다
그를 떠나보내야 했는데도

하지만 하나님은 지혜로, 데릭은 사랑으로,
아기가 우리의 소유가 아니라는 것을 알게 하려 하였다
그러나 나비처럼 그는 자유로웠다

*

257

장례식

장례식에 대해 쓰여진 것이 많고, 『죽음, 성장의 마지막 단계』라는 책에서도 이 문제에 대해 하나의 장을 할애했다. 그러므로 여기에는 추가 설명과 몇몇 특별한 문제만 조금 더 덧붙이겠다. 장례식은 가족을 위한 것임을 이해할 필요가 있다.

우리는 죽은 사람의 바람과 희망을 기억하려고 노력하지만, 살아있는 가족의 바람도 존중해야 한다. 장례식을 돕는 사람들에게 익숙하지 않다고 해도, 유족의 문화적, 종교적 전통이나 그 지역 전통은 존중해야 한다.

오래 전에는 죽은 사람을 흙과 돌더미 밑에 묻었다. 더 깊이 묻힐수록 그 사람은 더욱 존경받고 두려운 존재라는 말이 있었다. 수백 년이 지나도 죽은 자가 다시 돌아와 앙갚음을 한다고 믿었기 때문이다. 무덤이 깊을수록 아직 도끼를 갈고 있는 사자(死者)가 다시 튀어나오지 못한다고 믿었다. 한 노인이 웃으며 말했듯이, 무덤 위를 '조금이라도 더 무겁게 하려고' 성묘객들이 비석 위에 자갈을 올려놓는다는 유대인의 전통에서 이 흔적을 엿볼 수 있다.

죽은 사람의 재를 성스러운 갠지즈강에 뿌리건, 비행기를 타고 로키산맥 위에서 뿌리건, 시신을 깃발에 싸서 바다에 던지건, 큰 무덤에 넣건, 아니면 그저 땅을 파고 흙으로 관을 덮건, 그것은 단지 껍데기, 고치, 그리고 우리를 떠난 사람들의 육체일 뿐이다. 그것은 의식이며, 공식적인 이별이며, 죽음 후에 사랑했던 사람들이 한자리에 모여 인사할 수 있는 기회이다.

장례식은 죽음에 이르는 과정에 참여하지 못했던 사람들에게 만남을 갖게 해주는 기회이다. 또한 오랫동안 만나지 못했던 친구와 친척이 모여 함께 추억을 더듬고 아픔과 상실 중에서 외롭지 않다는 것을 확인하는 것이고, 흩어진 가족이 다시 모이는 것을 의미하기도 한다. 마지막으로 중요한 것은, 먼저 세상을 떠난 이의 삶의 가치와 그가 우리의 삶에 더해준 의미에 대해 함께 이야기하는 것을 뜻한다. 장례식은 고인에 대한 감사와 칭찬, 슬픔과 아픔, 위로와 희망을 공개적으로 나누는 것이다.

나의 오랜 에스키모 친구처럼, 본인이 미리 장례식을 준비한 것이라면 더욱 특별한 의미가 있다. 그는 자신의 임종이 가까웠음을 인지하고, 가장 좋아하는 음식을 준비하고 멀리 떨어져 사는 모든 옛 친구들에게 전화를 걸었다. 가장 좋아하는 옷을 입고 친구들을 위한 작은 선물을 준비하고 육체를 떠났다. 모든 참여자는 죽은 이가 자신의 마지막 여행에 대해 준비가 되어 있고, 떠나는 이가 예상하고 손수 준비한 잔치임을 알았기에 진정한 삶의 축하연이 될 수 있었다.

요즘은 자신의 장례식을 준비하고 싶어하는 어린이 환자가 늘고 있다. 특히 청소년은 무엇을 입을지, 어떤 음악을 연주할지, 또 누가 추모사를 할 것이며, 누구를 특별히 초대할 것인지를 미리 알고 싶어한다. 말할 필요도 없이 그러한 준비에는 가족과 친구들의 적극적인 협조가 요구된다. 그들은 환자의 죽음이 임박했음을 수용하고 더욱 개방적인 대화를 해야 한다.

갑작스럽거나 예상치 않게, 또는 폭력에 의해 죽는 어린이 중에 죽기 전에 그런 이야기를 하는 경우가 많다는 것을 알게 되었다. 이는 자기가 곧 죽을지 모른다는 것을 무의식적으로 알고 있음을 의미한다. 아이들은 전부터 그런 말을 해왔지만, 최근에서야 어른이 듣기 불편하고 미신적이라고 무시해 버리지 않고, 관심을 가지고 그런 아이들의 요구를 받아들이게 되었다.

전에도 말했듯이 갑작스러운 죽음을 당했을 때 그 육체를 눈으로 확인하는 것은 중요하다. 손상된 부위는 헝겊 등으로 가리면 되고, 가족은 겁내지 않고 도움을 줄 수 있는 가까운 친구와 함께 가야 한다. 감정표현은 허용되어야 하고 진정제를 주어서는 안 된다. 그것은 일시적으로 고통을 덮어놓을 뿐 뒤늦게 불필요하고 견디기 어려운 슬픔을 겪게 만들기 때문이다.

아이의 시신을 즉각 안치소로 옮기고 위로나 사랑이 없는 차갑고 비인격적인 냉동실에서 아이를 꺼내어 보거나 확인하는 과정은 너무도 고통스러운 일이다. 반면, 아이의 시신을 장례식까지 집에 둔다는 것이 소위 문명사회에서는 여러 면에서 힘든 일이지만 사랑하는 사람의 죽음을 받아들이는 데 도움이 되는 것으로 밝혀져 있다.

가족은 원한다면 죽은 아이를 씻기고 옷을 입히고 머리를 빗겨주거나, 잠시 동안 안아주는 등 이별할 준비를 하도록 허용되어야 한다. 집에서 이렇게 할 수 없을 경우, 부모가 장의사의 차까지 죽은 아이를 안고 가거나 직접 운전해서 장례식장이나 빈소로 운구한다.

부모와 조부모, 형제자매는 호기심을 갖고 대하는 제삼자나 선의로 위로하는 이웃들이 없는 곳에서 마지막 작별 인사를 하는 시간을 가져야한다. 형제자매는 편안하게 마음 놓고 질문을 할 수 있는 믿을 수 있는 친지와 함께 그들만의 시간을 가지는 것이 좋다. 어떤 장의사는 이에 협조적이지만, 어떤 장의사는 아이들이 죽은 형제를 만지거나 화장은 왜 하고 신발은 왜 필요한지 등 묻는 것을 못마땅해 한다. 유족은 될 수 있으면 일찍 이러한 문제에 대해 의논하고 원하는 것을 표현함으로써 후에 겪을지도 모르는 불쾌한 경험을 피할 수 있다.

젊은 부부, 특히 결혼하지 않고 사산아를 낳은 가난한 소녀들은 커다란 고통과 수치심과 방황, 고민 속에서 아기의 장례비가 얼마나 드는지 묻는다. 그들은 아기에게 '훌륭한 장례'를 치러 주고 싶지만, 겨우 생계를 유지할 정도의 돈밖에는 없다. 우리는 항상 병원의 사회복지사나 원목에게 알리라고 조언하지만, 아기를 낳은 병원에서 도움을 받지 못할 경우 그 지역의 장례사협회나 친구 또는 이웃이 상당한 도움을 주고 세심하게 배려하기도 한다. 여기서 다시 한번 강조하는 것은 땅에 묻히는 것은 '아기'가 아니라 그의 '고치'라는 점이다. 이는 장례식을 제대로 치러 주지 못한데 대해 갖고 있는 죄책감을 없애줄 것이다.

이혼했거나 별거 중인 부모가 아이를 잃었을 경우 또 다른 문제에 직면하게 되는데, 편부모의 숫자가 매년 증가하기 때문에 이러한 특수한 경우에 대해서도 몇 가지 문제를 언급할 필요가 있다. 아빠, 엄마 (새엄마, 새아버지)와 번갈아가며 함께 지냈던 아이는 가장 편하게 느꼈던 곳이나 친구가 가장 많은 곳에 묻히는 것이 좋다. 다니던 학교가 있거나 어떤 아버지 말대로 아이의 '본부'가 있는 곳이다.

이혼한 부모의 경우, 아이가 죽었을 당시에 아이를 데리고 있던 쪽은 아이와 함께 있기 때문에 그 아이의 시신을 볼 수 있다는 이점이 있다. 그리고 목사님이나 랍비, 학교 선생님과 교목, 반 친구들과 동네 친구들, 간호사, 구급차 운전사, 지역 응급실 의사, 경찰관 등으로 이루어진 지원 체제를 갖기도 한다. 그들은 적어도 아이를 잃은 슬픔에 공감하며 얘기를 들어줄 수 있고 마지막 '순간의' 기억과 이야기를 함께 나누면서 아이가 살아 있을 때나 죽은 후에도 다리가 되어준다.

이혼한 부모 중 따로 살고 있던 쪽은 이 모든 유대관계가 없다. 이들은 최후의 대면도 하지 못했기 때문에 죄책감, 슬픔, 충격, 자책은 더욱 크다. 가족 중 누군가가 이러한 부모에게 특별히 관심을 갖고 도움을 주어야 하며, 아이를 화장하거나 의과대학에 기증하거나 관에 넣어 묻기 전에 반드시 아이를 볼 수 있게 해주어야 한다. 아이를 묻는데 참여할 기회를 잃으면, 이는 병적인 슬픔을 가져다줄 수도 있다. 비행기 사고, 익사 등 갑작스러운 죽음 후에 시신을 찾지 못했거나, 시신을 보지 못하게 할 때 자주 일어나는 일이다. (03 갑작스러운 죽음, 참조)

『죽음, 성장의 마지막 단계』라는 책에서 우리는 한 장의사한테 어린이의 시신을 집에서 운반할 때 사용한 새로운 빙법과 부모가 아이의 시신을 화장시키는 과정에 참여하게 했을 때의 경험을 이야기해 달라고 부탁했다. 갑작스러운 죽음을 당한 부모를 돕는 이 새로운 방법이 아직 일반화되지 않았지만, 앞으로 좀 더 많은 장의사들이 전문가로서 당연히 해야 할 이 방법을 받아들이기를 희망한다.

나는 옛날의 단순한 시절로 돌아간 것처럼 부모들이 아이를 씻기고 옷을 입히는 것을 권한다. 아이의 시신을 가방에 넣어 낯선 사람들이 옮기고 검고 멋진 장례차에 사무적인 태도로 싣는 방식이 아니라, 부모 중 한 사람, 대개 아버지가 아이의 시신을 차로 안고 가고 안치소, 장례식장, 빈소까지 함께 차를 타고 가도록 허락되어야 한다.

부모는 마지막으로 딸의 머리를 빗겨주거나 아기에게 자장가를 불러주고 떠나보낼 준비가 될 때까지 안고 얼러주도록 허락된다. 안아주고, 껴안고, 울고, 노래한 다음 아이의 시신을 장례절차로 넘겨주는 것은 부모만의 소중한 의식이다. 이렇게 함으로써 부모는 친척이 도착했을 때 복받치는 괴로운 심정을 억제할 수 있고, 그들을 관 있는 데로 안내할 수 있다. 학교 학생들과 친구들도 친구의 마지막 의식에 큰 기여를 한다. 자기가 그린 그림이나 다른 사람의 그림을 조문할 때 가져오기도 하고, 교가를 합창하기도 하고, 예전에 부모가 집으로 데리러 올 때처럼 나중에 부모와 함께 조문하기도 한다.

유럽에서 용감하게 암과 싸우고 있던 죽음 직전의 젊은이를 만났다. 그는 죽기 전 자신의 장례식 초대장을 평소의 독립적인 자기 성품에 맞게 준비했다. (자기 사진 뒷면에 다음과 같이 썼다.)

나는 긴 여행을 떠납니다.

와서 작별 인사를 해주십시오.

(그 뒤에 날짜와 장례식 장소가 있었다.)

또 어떤 젊은이들은 장례식을 하는 대신 친구들이 함께 모여 좋아하던 노래를 부르며 그들이 짧은 기간 맺었던 우정을 기억할 것을 부탁했다. 다행히 오랜 관습이 남아 있는 시골에서는 친구들이나 할아버지, 할머니, 또는 이웃이 모여 함께 관을 꾸며 부모를 감동시킨다. 그렇게 함으로써 친구들은 유족의 고통뿐 아니라 자신의 고통도 치유하게 되는 것이다. 한 80대 노인이 이것을 자기 나름대로 다음과 같이 아름답게 표현했다.

*

목수 일을 한 지가 하도 오래 되어서 손이 많이 굳어 있었다. 그러나 내 손자를 그렇게 예기치 못하게, 잔인하게 잃은 지금 그애를 위해, 또한 나 자신을 위해 할 수 있는 유일한 일은 내 손으로 그의 작은 관을 만드는 것이었다. 작은 관을 완성하고 끝마무리할 때 내 마음은 손자에 대한 사랑과 세상에 대한 사랑으로 가득 찼다. 나는 적어도 10년간 손자와의 시간을 가지지 않았는가? 다른 사람들은 그조차 가져보지 못했는데.

*

형제자매는 관 속의 베개 밑에 작은 장난감이나 사랑의 쪽지를 몰래 넣는 등 훌륭한 작별 선물을 한다. 우리는 어린 형제자매에게 작은 선물을 고르라고 권하는데 이들의 선택은 놀랍고 감동적이다. 어린 수우는 오빠가 시력을 잃기 직전에 샀던 퍼즐을 선택하였다. 리치는 소위 '걸작'을 완성시킬 수 없게 된 데 대해 몹시 속상해 했다. 수우는 겨우 일곱 살이지만 집에서 보낸 마지막 몇 주 동안 오빠의 간호를 도울 수 있었고, 오빠의 죽음에 대해 준비가 잘 되어 있었다.

수우는 오빠의 침대 곁에서 학교에서 일어난 일과 TV에서 무슨 방송을 하는지 얘기해 주었고, 첫눈 소식같이 오빠가 볼 수 없는 작은 일까지 얘기하면서 몇 시간씩 보냈다. 리치의 학교 친구들을 장례식에 참여시키자고 제안한 사람도 바로 수우와 그의 언니였다. 리치의 선생님과 이해심이 많은 장의사가 (그도 몇 년 전 어린 아들을 잃었다) 리치의 장례식 준비를 도와주겠다고 제안했을 때, 남편도 없이 이 일을 겪으며 지쳐 있던 리치의 어머니는 크게 마음을 놓을 수 있었고 고마워하였다.

장례식은 유족들이 아이들이 쓴 시들을 함께 읽고 죽어가는 아이로부터 어떤 삶의 철학을 배웠는지 이야기 나누는 시간이다. 그리고 그 자리에 있던 모든 사람들이 수평선 너머로 사라진 배는 완전히 없어진 것이 아니라 단지 일시적으로 눈에 보이지 않는 것뿐이라는 사실을 깨닫는 계기가 될 것이다.

지구라는 이 작은 행성에 사는 사람들은 빠른 속도로 의식이 깨어가기 때문에 다양한 종교와 문화권에 사는 모든 사람들이 몇 십 년 안에 깨닫게 될 것이 하나 있다. 그것은 지구상에서 우리의 삶은 하나님이라고 불리는 근원으로부터 와서 최후의 집인 하나님께로 다시 돌아가는 긴 여정 중의 극히 짧은, 하지만 가장 어려운 한 부분이라는 사실이다.

스위스 친구 하나가 죽음에 대해 생각하는 바를 내게 나누어주었는데 그 내용이 나의 사생관(死生觀)과 놀랄 만큼 일치하고 있어 그의 양해를 얻어 이 책에 전문을 싣기로 하였다. 그것이 우리가 사는 짧은 인생을 살아가는 동안 함께 나누고, 즐기고, 배우고, 성장하며, 특히 서로를 무조건

적으로 사랑하면서 삶을 용납하고 감사하는 생활을 하는데 도움이 되기
를 바란다.

*

나는 이렇게 믿는다

삶에 대해서

하루하루 충실히 살아라. 날마다 오늘이 마지막 날인 것처럼 살아라.

　나는 이렇게 기도한다.

내가 가졌던 높은 이상이 결코 흔들림 없이

인생의 시련을 직면할 수 있고

삶을 정면으로, 두려움 없이 대할 수 있도록

나에게 용기를 더하여 주옵소서.

나에게 비틀거리며 의지하는 사람에게

보다 관대할 수 있게 하소서.

실수로부터 교훈을 얻게 하시고

내 기억에서 사라지게 하소서.

그리고 나를 신뢰하는 사람들에게

언제나 충실할 수 있게 하소서.

하늘에 계신 주님 나의 오늘 하루가

가치 있는 삶이 되게 하소서.

일을 하는 것에 대해서

하기 싫은 일이라고 뒤로 미루지 말라. 전혀 그렇지 않을지도 모른다. 만일 싫은 일이라면, 그 일을 끝내 버린 데 대한 깊은 만족감을 맛볼 수 있을 것이다.

선행(善行)

대가를 생각하지 말고 하루에 한 가지씩만 아는 사람에게 선행을 베풀려 애쓰라.

나 자신에 대해

네 이웃의 성전에서 들려오는 불협화음에 신경 쓸 시간이 없을 정도로 내 자신의 영혼의 성전을 청결히 하기에 부지런하라.

인내에 대하여

인내한다거나 넓은 마음을 갖는 것으로 충분하지 않다. 우리는 마음을 열어야 한다.

종교에 대하여

종교는 수레바퀴의 살과 같아서 모두가 바퀴의 축으로 이어진다.

모든 사람의 형제됨

다른 사람을 인종이나, 종교, 또는 피부색에 따라 판단하는 사람은 자신의 결함과 무능함을 드러내는 것이거나 감정적으로 불균형한 사람이다. 능력 있고 정신적으로 건강한 사람에게는 그러한 구별이 아무런 의미도 없다. 결국 그들의 행함, 오직 그들의 행함에 의해서만 그들을 판단할 수 있다.

친구에 대해서

좋은 친구를 갖기 위해서는 당신이 먼저 좋은 친구가 되라.

미소

언제나 미소 지으려고 노력하라. 사람들은 모두 각자 문제를 안고 살고 있다. 당신의 미소가 영혼의 창문이 되어 다른 사람의 삶을 비춰주고 밝혀주는 빛이 되게 하라.

생의 고상한 목표를 갈망하는 일

언제나 두 발을 단단한 땅 위에 딛고 있으라. 광신적인 사람은 정신병원에 가기 쉽다.

죽음과 영생에 대해서

많은 사람들이 죽음을 두려워한다. 우리는 모르는 것에 대해서 두려워한다. 사람은 무지할 때 겁에 질릴 수밖에 없다. 우리의 육체는 영혼이 깃드는 장소일 뿐이며, 그것은 우리 각 사람이 이 지상에 사는 동안 자신을 표현하는 데 쓰도록 주어진 형체에 지나지 않고, 그 시간은 영원한 것에 비춰볼 때 극히 짧은 것일 수밖에 없다. 그러므로 죽는 것은 단지 육체뿐이고 진짜 '너'와 '나'와 '우리'는 계속 살고 있는 것이다.

죽음이란 낡은 헌 옷을 벗어 버리듯이, 아니면 한 방에서 다른 방으로 옮겨가듯이 우리의 육체를 벗어 버리는 것을 의미할 뿐이다. 전도서 12장 7절에 보면 '흙은 여전히 흙으로 돌아가고 신은 그 주신 하나님께로 돌아가니'라고 쓰여 있다. 예수님은 '내가 너와 함께할 장소를 예비하러 가노라'고 하셨고 십자가에 달린 도적을 보고는 '너는 이제 나와 함께 하늘나라에 갈 것이다'라고 말씀하셨다.

프랑스의 저명한 대문호인 빅터 위고(Victor-Marie Hugo)는 다음과 같이 썼다.

• 나는 영혼이다. 무덤에 묻히는 것은 진짜 내가 아님을 잘 안다. 진짜 나는 어디론가 다른 데로 갈 것이다.
• 내가 무덤으로 들어갈 때에 다른 사람들과 마찬가지로 "오늘 하루일은 다 마쳤다"라고 말할 수 있을 것이다. 그러나 "내 생애를 다 마쳤다"라고는 말하지 않을 것이다. 하루의 일과가 다음날 아침이면 다시 시작될 것이다. 무덤은 막다른 길이 아니라 넓은 통로이다.

그 길은 석양에 닫혔다가 동이 틀 때 열린다. 죽음을 올바로 이해하자. 죽음을 슬퍼하지 말자. 앞서 말했듯이 죽음은 멸망과 올가미가 아니므로 열려진 무덤의 어두움 속에서 모든 것이 재발견된다. 무덤은 회복의 장소이다. 거기에서 영혼은 그 충만함을 회복하며 육체와 욕망으로부터, 그리고 모든 부담과 죽음으로부터 자유로워진다. 죽음은 가장 큰 해방이다. 최선을 다해 산 사람은 더욱 높은 곳으로 가고, 지상에서 도덕적인 삶을 산 사람은 더욱 아름다워지고, 아름다웠던 사람은 숭고해진다.

• 저녁 황혼이 지상에서의 내 여정을 끝내게 했으므로, 나는 더욱 아름다운 삶의 다른 지평을 맞게 될 것이다.

• 여러분이 나를 그리워할지 모르나 나는 진짜로 가는 것이 아니고 그저 형태를 바꾸었을 뿐이며, 낡은 옷인 내 육체에서 자유로워진 것이다. "지금은 근심하나, 내가 다시 너희를 보리니 너희 마음이 기쁠 것이요"(요한복음 16:22)

• 하늘에 계신 우리 아버지께서 여러분에게 이러한 이해와 함께 평화를 주시기를 빕니다. 우리가 다시 만날 때까지 축복해 주시고, 인도하시고, 보호하시고, 지켜주실 것을 기원합니다.

*

죽어가는 어린이를 위한
영적 도움

나는 '의학'을 전공한 사람으로서 소위 '영적인 문제'에 너무 깊이 관여한다는 비판을 받아 왔다. 나의 영적 인식을 성장시키는데 대해 사람들은 내가 하는 모든 일을 하찮은 것으로 돌리거나 '로스 박사가 죽어가는 아이들을 너무 많이 대하더니 정신이상이 됐어'라고 대놓고 말한다. 심지어 '적그리스도'부터 '악마'까지 별별 이름으로 다 부른다. 나에게는 여러 가지 딱지가 붙었고 배척당하고 비난을 받았다. 하지만 때로는 이러한 비난이 오히려 칭찬으로 여겨진다. 내가 일하는 분야를 마주하기가 너무나 두려운 나머지, 사람들이 나를 공격함으로 자신을 방어하려는 것이기 때문이다.

그러나 죽어가는 환자들이 어린이나 어른이나 할 것 없이 나에게 들려준 그 수많은 경험담들을 외면하는 것은 도저히 불가능하다. 그 환상은 과학적인 언어로는 설명할 수 없다. 이러한 것을 수없이 듣고 경험한 사람으로서 나의 강의와 워크숍에서 언급하지 않는다면 그것은 위선이고 솔직하지 못한 것이다. 그래서 나는 지난 20년 동안 나의 환자들에게서 배운 것을 모두 이야기했으며, 앞으로도 계속할 생각이다.

나처럼 배척당한 의학의 선구자가 많았다. 18세기에 제멜바이스(Semmelweiss) 박사는 의학회에서 산파와 간호사, 의사는 아기를 받기 전에 반드시 비누로 손을 씻으라고 당부하고 호소하였다. 그는 비난을 받고 파멸당하였으며, 폐인이 되어 죽었다. 그가 죽은 지 얼마 되지 않아 그가 옳았다는 과학적 증거가 발견되었다. 그렇지만 그때는 이미 한 뛰어난 사람이 동료들의 무지와 오만으로 인해 파멸당한 후였다. 이와 유사한 운명을 겪은 훌륭한 연구가들이 많이 있었다. 나는 혼자가 아닌 것을 알기에 내 연구를 저버릴 의사가 전혀 없다.

나의 경험을 여러분과 함께 나누고자 한다. 어린이의 죽음 과정에서 유사한 경험을 한 사람은 그들이 혼자가 아니고 정신이 이상한 것도 아니라는 사실에 위로받을 것이다. 사실 나는 세계 각지에서 체외이탈 경험이나 근사체험을 한 환자의 수많은 사례를 연구하였다. 그것은 내가 레이몬드 무디(Raymond Moody)의 책 『삶 이후의 삶』의 서문에서 쓴 것과 유사한 경험이다.

이들 중 많은 사람은 목숨이 위태로웠던 사고 전에는 아무런 병도 없던 사람들이었다. 그들은 갑작스럽고 예기치 못한 심장마비나 사고를 당했기 때문에 일부 사람들이 말하는 것처럼 그들의 경험이 소망하는 것의 투사라고 보기 어렵다. 이러한 체외이탈 경험의 공통점은 그들이 육체를 빗어나는 것을 완진히 자긱하고 있었다는 것이다. 공기 또는 바람이 획 불고 나서 그들이 처음에 죽었던 장소 근처에 와 있는 자신을 보았다. 사고의 광경, 병원 응급실 또는 수술실, 집의 자기 침대, 또는 일하던 곳까지 보았다. 그들은 고통도 걱정도 느끼지 않았다. 자동차에서 자신을 구출하려고 사람들이 도착하는 것, 구급차가 도착하는 것까지 포함하여 아주 자세하게 묘사하였다. 부서진 차에서 엉망이 된 몸을 꺼내는 데 사용한 금속을 녹이는데 필요한 발열램프가 몇 개인지도 정확히 말했다.

의료진이 그들을 살리기 위해 심폐소생을 하면서 필사적으로 노력하는 모습도 묘사했으며, 자기는 괜찮으니까 그렇게 애쓰지 말라고 전하고자 했던 것도 묘사하였다. 그리고 자기는 모든 것을 인지했지만 다른 사람은 자기의 말을 알아들을 수도, 인지할 수도 없다는 것을 깨닫기 시작하였다.

이러한 체험에서 그들이 두 번째로 깨달은 것은 자신이 다시 온전한 몸이 되었다는 사실이었다. 절단한 다리가 다시 생겨났고, 휠체어를 타던 사람은 힘들이지 않고 춤추거나 움직일 수 있었고, 눈먼 사람은 볼 수 있었다. 우리는 당연히 몇 년 동안 빛을 인지하지 못한 시각장애 환자를 조사했다. 놀랍게도 그들은 옆에 있던 사람이 입었던 옷과 보석의 색과 모양을 묘사할 수 있었다. 어떤 과학자라도 이것을 투사라고 말할 수는 없다. 어떻게 볼 수 있었냐고 물었을 때 그들은 비슷한 대답을 하였다. '꿈을 꿀 때나 눈을 감고 있을 때 보는 것 같다'고 하였다.

세 번째 공통된 사실은 먼저 간 사람 중 사랑하는 사람을 만났다는 것이며 거기에는 언제나 가까운 가족과 친척이 포함되어 있다. 어린 손녀를 기다리는 사랑하는 할머니가, 열 달 전에 돌아가신 가까운 삼촌이, 불치의 병에 걸리기 2년 전에 총기사고로 죽은 친구가 곁에 있었다.

비판적이고 의심이 많은 연구가가 어떻게 이러한 체험이 사실이라고 믿겠는가? 우리는 사랑하던 사람이 죽은 줄 모르는 상태에서 소위 '돌아오지 못하는 문'에 갔을 때 거기에서 그 사람을 만났다고 얘기한 사람들의 자료를 모았다.

한 어린이는 매우 위험한 심장수술 중 거의 생명을 잃었다가 깨어났다. 거기에서 그 아이는 아주 편안하게 느껴지는 한 오빠를 만났다고 아버지에게 말했다. 그들은 마치 서로 아는 사이이고, 함께 생활을 했던 것처럼 느껴졌다. 그러나 그에게는 오빠가 없었다. 아버지는 딸의 말에 감동을 받았고, 오빠가 있었는데 딸이 태어나기 전에 죽었다고 고백했다.

아메리칸 인디언 여인이 고속도로에서 뺑소니차에 치어 얼마 지나지 않아 죽었는데, 죽기 전에 지나가던 사람이 차를 세우고 보살펴주었다. 그는 여인이 그렇게 심하게 다친 줄 모르고 어떻게 도와주면 좋을지 물었다. 그 여인은 처음에는 아무것도 해줄 것이 없다고 했다. 그러나 잠시 생각하더니 '이 근방 인디안 보호구역에 가서 우리 어머니께 난 괜찮다고 전해 주세요. 괜찮은 정도가 아니라 벌써 아버지와 함께 있어서 행복해하더라고요'라고 부탁하였다.

그 여인은 몇 분 후, 구급차가 도착하기도 전에 죽었다. 그 선한 사마리아인은 자기가 꼭 필요한 시간에 그 장소에 있었다는 사실에 감동했고, 가던 길과는 전혀 다른 방향인 인디안 보호구역으로 차를 몰았다. 어머니는 700마일이나 떨어진 곳에 있었는데, 사고 한 시간 전에 아버지가 관상동맥질환으로 들아가셨다는 것이었다. 그것이 우연일까? 나는 그렇게 생각하지 않는다.

이 이야기는 이미 전 세계에서 많이 출판된 '근사체험'을 그저 하나 더 수집한 데에 그친 것이 아니라 나의 연구가 앞으로 어떤 방향으로 가야 할 것인가에 대해 아이디어를 제공했다.

274

미국에는 많은 사람이 한꺼번에 죽음을 당하는 일이 특히 노동절, 현충일, 독립기념일 등 공휴일이 낀 긴 주말에 흔히 일어나는 것을 볼 수 있다. 여러 사람이 동시에 다쳤을 경우 어린이들은 상해 정도에 따라 가까운 병원이나 큰 전문 병원으로 이송된다. 그런 경우 어린이에게는 부모나 가족 중 누가 죽었는지에 대해 정보를 주지 않는다.

병원직원이나 다른 가족은 대개 사실을 숨기려고 한다. 그렇게 진실을 숨기면 어린이가 의심도 하지 않고 걱정도 하지 않을 것으로 생각한다. 그들은 아이가 충격을 받을 것이고, 또 그런 말을 일러주기에 아이의 상태가 심각하다고 (보통 그런 경우가 많다) 합리화하거나 아이가 그 사실을 받아들이기에 어리다고 생각한다.

우리는 그렇게 심하게 부상당한 아이들과 아주 많은 시간을 보냈다. 우리는 아이에게 가족에 대해서 아무 말도 하지 말라는 약속을 결코 어겨본 적이 없다. 나는 주치의가 아니라 단지 환자의 '방문자'에 지나지 않기 때문에 치료하는 의사의 규정들을 존중해야 한다고 생각했다. 그런 약속을 할 때면 젊었을 때 대학병원에서 죽어가는 환자들과 함께 지냈을 때가 생각난다. 거기서는 환자에게 치명적인 병에 걸렸다는 말을 절대로 하지 않기로 약속해야 했다. 이 약속을 지키기는 쉬웠다. 환자들 편에서 나에게 먼저 말했기 때문이었다.

어린이들이 숨을 거두기 직전에 '정신이 맑은' 순간이 있다. 사고 이후 혼수상태에 빠져 있던 사람이나 수술을 받고 난 환자가 눈을 뜨고 정신이 맑아 보인다. 심한 고통과 괴로움 속에 있던 사람이 고요하고 평화로워진다. 이 순간이 바로 그들에게 경험한 것을 말해 달라고 할 때이다.

한 소년이 '네. 지금은 모든 것이 편안해요. 엄마와 피터가 벌써 나를 기다리고 있어요'라고 대답하였다. 그는 만족스러운 듯한 미소를 살짝 지으며 혼수상태로 다시 빠져 들어갔고 우리가 죽음이라고 부르는 '변화'를 했다.

나는 그의 엄마가 사고현장에서 죽었다는 것을 잘 알고 있었지만 피터는 죽지 않았다. 그는 심한 화상을 입고 다른 병원의 특수 화상치료실로 옮겨졌다. 피터를 부서진 차에서 꺼내기 전에 차가 불길에 휩싸였기 때문이다. 나는 단지 자료를 수집할 뿐이었기에 그 소년의 이야기를 그대로 받아 적고 피터에 대해 알아보기로 했다. 그러나 그럴 필요도 없었다. 내가 간호실을 지나갈 때 피터가 몇 분 전에 죽었다는 전화가 내게 걸려왔기 때문이다.

나는 캘리포니아에서 호주의 시드니까지, 백인과 흑인 어린이, 원주민, 에스키모, 남아메리카, 리비아를 막론하고 죽어가는 어린이로부터 조용히 자료를 수집했는데 누군가가 자기를 기다리고 있다고 말한 어린이는 바로 전에 죽은 사람, 조금이라도 먼저 죽은 사람을 언급했다. 그러나 그 어린이들은 아무도 그 사람이 방금 죽었다는 말을 들은 적이 없었다. 이것이 우연일까? 어떤 동료는 '산소 결핍의 결과', 또는 다른 '합리적이고 과학적인' 이유로 인해서 이러한 일이 일어난다고 주장하지만 나를 확신시킬 만한 과학자나 통계학자는 아직 없다.

몇 년 전 나는 산타 바바라의 호스피스 모임에서 강연요청을 받았다. 이틀 사이에 세 번째 강의였고 지치고 피곤해서, 그렇게 아름다운 사람들의 모임이 아니라면 그 초청을 거절했을 것이었다. 그러나 그때 나는 이미 서부 해안에 와 있었고, 호스피스 교육을 막 착수하였기 때문에 그 요청을 받아들였다.

많은 참가자들이 어떻게 해서 죽음의 실제경험을 이해할 수 있게 되었는지에 대해 이야기를 듣고 싶어했다. 강단에 섰을 때 나는 중얼거렸다. '하나님, 잠깐 동안 쉴 수 있도록 청중 중에 이런 경험을 한 사람이 하나라도 있어서 직접 이야기 해줄 수 있다면 얼마나 좋을까요?'라고 했고, 바로 그 순간 사회자가 '급한' 전갈을 전해 주었다. 나는 잠시 강의를 중단했다.

그 전갈은 산타 바바라에 사는 사람이 보낸 것으로, 자기의 근사체험에 대해서 청중 앞에서 증언할 수 있게 해달라고 요청하는 간곡한 글이었다. 자신을 회의 장소까지 올 버스비조차 없는 '부랑자'라고 묘사하였지만, 쪽지에 그가 있는 위치를 정확하게 썼고 자기를 앞으로 데려가 말할 기회를 줄 때까지 기다리겠다고 확신에 찬 어조로 적혀 있었다.

나는 이 남자를 앞으로 나오라고 요청했고, 자원봉사자가 '부랑자'라는 말과 어울리지 않는 꽤 잘 차려입은 남자를 데리고 왔다. 그가 쪽지를 보낸 사람임을 알아보았다. 나는 강연을 다시 시작했지만 바로 멈추고 그를 강단으로 올라오라고 했다. 그는 자기를 이렇게까지 믿어주는 것에 대해 어리둥절해 하는 것 같았다. (그는 내 기도가 응답되었다는 사실을 알 리 없지만 나는 확실히 그렇게 믿었다.)

그의 이야기는 내가 조사하는 중에 들었던 많은 이야기 중에 가장 감동적이었으며 청중에게도 많은 감동을 주었다고 생각한다. 특히 회의적이던 많은 전문가 집단으로부터 기립박수를 받았다. 그 내용은 다음과 같다.

*

그는 열심히 일하였고, 다섯 자녀의 아버지로서 행복한 결혼생활을 하고 있었다. 어느 날 그의 가족은 친척이 다 모이는 가족모임에 가기로 되어 있었다. 아내와 아이들이 한 차로 그를 데리러 오는데 그만 유조차와 충돌하여 모두 불길에 휩싸이고 말았다. 전 가속이 불에 타 숨졌다. 그 남자의 삶은 그 순간부터 변해 버렸다. 일도 못하고, 생각도 못하고, 움직일 수조차 없었다. 직장을 잃었고 나중에는 집도 잃었다.

폭음을 하기 시작하였고, 구할 수 있는 진정제는 모두 구해서 먹었다. 그의 비극적인 '전력' 덕분에 원하는 대로 얼마든지 많은 약을 처방받을 수 있었다. 그는 결국 보드카 하루 한 병, 코카인, 코데인, 헤로인으로 중독되었다. 여러 번 자살을 기도하였지만 이루어지지 않았다. 어느 순간 자기 자신을 바라보았을 때 그는 저 밑바닥에 있었다.

숲이 우거진 어느 시골길에서 마약과 술에 취하여, 큰 트럭이 가까이 오고 있는데도 피할 수 없을 만큼 병들어 있었다. 언제나 자신은 '자살하고 싶다'고 생각했음에도 불구하고, 트럭을 피하기 위해 무거운 몸을 움직이려고 필사적으로 애썼던 자기모순을 회상하였다. 그는 트럭이 자기 위로 지나가는 것을 반의식 상태에서 보았다. 그리고는 아무런 고통이나 불안 없이 자기의 몸에서 빠져나왔음을 알게 되었다. 그는 둥둥 뜨면서 어떤 빛으로 다가갔다. 갑자기 그 빛에 그의 가족, 즉 아내와 아이들이 그가 기억하고 있는 그 행복하고 건강한 웃음을 가득

띤 얼굴로 함께 모여서 왔다.

"그들은 아무 말도 하지 않았지만 나는 모든 것을 이해할 수 있었습니다. 갑자기 그들이 잘 지내고 있다는 것을 알게 되었습니다. 그들에게는 상처도 없었고 불에 덴 자국도 없었습니다. 그저 자기들이 잘 지냈고 함께 있다는 것을 나에게 보여주려고 거기에 있었습니다. 나는 나의 가족, 내 아이들을 잃었다고 생각했기 때문에 내 삶을 파괴시키는데 온 시간과 정력을 소비하고 있었음을 그때 깨달았습니다."

그 순간, 그는 아직은 그들이 있는 곳으로 가지 않을 것이며, 다시 자기 육체로 기꺼이 돌아가겠다고 결심을 했다. 그는 그동안 잃어버린 시간을 보충할 것이며, 가능한 한 많은 사람에게 이 경험을 알리리라 마음먹었다. 그렇게 해야만 후에 가족과 재결합할 수 있게 될 것이라고 믿게 되었다. 그가 내 강연을 광고 포스터에서 보았을 때 이 결심을 실천할 수 있는 날이 왔음을 알았다. '누군지도 모르는 부랑자'로서 많은 사람들 앞에서 이야기 할 수 있도록 믿어준 데 감사하였고, 청중은 그의 감동어린 이야기에 깊은 감명을 받지 않을 수 없었다. 그는 견디기 어려운 생의 가장 큰 비극을 겪은 뒤에 비로소 생명의 기적에 감사하는 것을 배운 것이다.

*

L.D.라는 호주 뉴캐슬에 사는 어머니는 전국적인 토크쇼 〈마이크 월시쇼(Mike Walsh Show)〉에 참여해서 할아버지의 죽음에 대해 보였던 자기 아들의 반응에 대해 이야기했다.

*

1979년 10월, 남편과 나, 그리고 두 살짜리 아들 저스틴은 영국 북부의 체셔에 살다가 6주 후에 호주로 돌아가기로 되어 있었습니다. 우리 집에서 18마일 떨어진 맨체스터 살포드에 살고 있던 할아버지는 암에 걸렸는데 많이 편찮으셨지만 돌아가시리라고는 생각지 않았었습니다.

10월 18일 아침 9시 30분, 아들이 아래층에서 혼자 놀고 있을 때 누군가와 얘기하는 소리가 들렸습니다. 1~2분 후에 그가 우는 소리가 들렸습니다. '그래도 가고 싶어. 같이 가고 싶단 말이야'라고 말하더니 그는 부엌에 들어와서 쇼핑백에 컵, 접시, 곰인형을 집어넣었습니다. 어디 가냐고 물으니 다음과 같이 대답하였습니다.

"할아버지(나의 할아버지)가 지금 가셔야 한대요. 할아버지는 이제 괜찮으시대요. 엄마 말씀 잘 들으래요. 나도 할아버지랑 가고 싶은데 안 데려 가신대요. 나는 엄마랑 있어야 한대요."

9시 40분에 빌 삼촌에게서 전화를 받았는데 할아버지께서 10분 전, 9시 30분에 돌아가셨다는 것입니다. 저스틴은 이 이야기를 그대로 기억했다가 아빠가 직장에서 돌아왔을 때 또 하는 것이었습니다.

다음날 옆집에 사는 이웃이, 전날 무슨 일로 나를 보러 왔다가 누군가와 있는 것을 보고 그냥 돌아갔다고 했습니다. 왜 누군가가 와 있다고 생각했냐고 물으니까 저스틴이 홀에서 남자에게 말하는 것을 들었다고 했습니다. 그 이웃은 9시 30분쯤 왔다고 했습니다.

우리가 저스틴에게 할아버지는 이제 집에 안 계시고 할머니를 만나러 멀리 가셨다고 설명하자, 그는 '그래요. 할아버지는 이제 괜찮아요'라는 말뿐이었습니다.

전형적인 근사체험

도로시는 제왕절개로 아이를 출산하였는데 수술대에서 쇼크에 빠져 잠깐 동안 목숨이 위태로웠다. 23년 전 그 당시에는 아무도 이 젊은 엄마가 근사체험을 했다고는 알지 못하였다. 여기에 그녀가 경험한 것을 적어 본다.

수술대 위에서 의사가 제왕절개 수술하기를 기다리는 동안 정신을 잃기 시작했습니다. 나는 곁에 있던 마취과 의사에게 말했습니다. 그녀가 산소를 대주었지만 소용이 없었습니다. 그녀가 의사에게 내 혈압이 떨어지고 있다고 소리지르는 것을 들은 기억이 납니다.

그리고 나는 천국에 있었습니다. 거기는 너무나 아름답고 평화로웠습니다. 나도 평화로웠습니다. 예수님이 말씀하기 시작하셨습니다. 얼굴은 보이지 않았지만 내게 말하는 목소리가 들렸습니다. '도로시야, 나는 너를 지상에 두는 목적이 있다. 네가 지금 겪고 있는 일을 아무도 알지 못할 것이다'라고 하셨고, 내게 모든 것을 알게 하셨습니다. 예수님께서 말씀하는 동안, '왜 나를 선택하여 모든 것을 알려주는가?' 생각했습니다. 그리고 '그가 내게 모든 것을 알려주었고 그래서 확실한 경험을 하였으니 다른 이들에게 도움을 줄 수 있겠다' 하고 생각했습니다. 그가 말을 마치셨을 때 나는 아름다운 곳을 떠나 더럽고 추한 곳으로 떨어지는 것을 느꼈습니다. 그것은 천당과 지옥의 차이였습니다.

그렇게 다를 수가!

그러자 내 자신이 수술대 위의 육체로 되돌아온 것을 느꼈습니다. 의사가 배 위에 반창고를 붙이는 것을 느낄 수 있었으나 눈이 떠지지는 않았습니다. 누군가가 내게 주기도문을 외워주고 있었습니다. '아멘'이라고 하자 나는 눈을 떴습니다. 방으로 돌아왔고, 남편과 어머니께 내가 방금 겪은 일, 즉 예수님과 얘기한 것은 아무도 모를 것이라고 말했습니다.

그날 밤 침대에 누워 예수님이 보여준 것을 기억하려고 했지만 기억이 나지 않았습니다. 지금까지도 기억해낼 수 없었지만 그 경험은 그때와 마찬가지로 생생하고 확실하게 남아 있습니다. 성경에 바울도 저와 아주 똑같은 경험이 일어난 것을 묘사하였습니다. 고린도후서 12장 2-6절입니다. 그리고 이 경험을 남들에게 이야기하면서 그녀는 짧았지만 도저히 잊을 수 없는 하나님의 나라에서의 경험을 담은 시편 구절을 소개했습니다.

오늘은 하나님께서 만드신 날

오늘을 도전으로 맞이히지!
태양을 향해 눈을 들고,
그늘은 보지 말라
어느 곳을 다니든지
가슴 속에 찬송이 가득 차도록 하라

오늘은 하나님께서 만드신 날이니까!

그대가 갖고 있는 계획을 이루겠다는

목표를 갖고 오늘을 맞이하자!

결코 사라지지 않을

기쁨을 마음속에 품으라

하나님께서는 기뻐하라고 오늘을 주셨으니까!

기도하고, 하나님의 도우심을 조용히 구하면서

오늘을 맞이하자

그리고 무슨 일을 하든지

하루 종일 기뻐하라.

오늘은 하나님께서 만드신 날이니까!

"이날은 여호와의 정하신 것이라,

이날에 우리가 즐거워하고 기뻐하리로다."(시편 118:24)

*

다음은 어린 소녀가 손으로 쓴 편지이다. 누가 그 글을 나에게 주었는지, 그 소녀가 죽기 얼마 전에 이런 신비한 경험을 하였는지 모르지만 이 이야기는 워크숍이 있을 때마다 꼭 따라다니곤 한다. 내가 아는 것이라곤 그것이 수많은 사람들이 죽기 전에 잠깐 본 '저 세상'과 비슷하다는 것뿐이다.

이러한 경험은 사람에 따라 다르지만 어떤 공통점이 있다. 그들은 모두 그들과 친근한 사람을 만난다. 그리고 두려움이 없고 오로지 고요와 평화와 사랑의 느낌만이 있다. 자기 육체로 돌아가고 싶어하는 사람은 거의 없지만, 지상에서 못다 한 일이 남아 있기 때문에 돌아가야 한다는 말을 듣는다. 이러한 경험을 한 사람들은 죽음에 대한 두려움이 없고 떠나야 할 때가 오면 그들이 어디로 가는지를 알고 있다.

*

그렇게만 된다면!

얼떨떨한 상태에서 눈을 뜬 나는 깨끗하고 신선하고 따뜻한 공기를 들이마셨다. 그렇게 밝고 푸른 하늘은 본 적이 없고 새들이 그렇게 아름답게 지저귀는 것도 본 적이 없다.

나는 우아한 소나무가 솟아 있는 수풀가의 부드러운 초록색 잔디가 깔린 목장에 누워 있었다. 일어나 앉자, 햇빛 속에서 사슴과 뛰노는 즐거운 아이들의 모습이 보였다. 나이 든 사람들과 젊은이들이 삼삼오오 무리를 지어 산책하거나 앉아서 이야기하고 있었는데 그토록 행복하고 평화로운 사람들을 본 적이 없었다.

무언가 이상했다. 아무도 아이들을 지켜보고 있는 것 같지 않았다. 거기에는 차도, 길도, 건물도, 전깃줄도 없었다. 그리고 모든 사람들이 길고 헐렁한 옷을 입고 있었다. 실제라고 하기에는 너무 아름다웠다. 한 젊은이가 웃으면서 다가왔다.

"이떻게 된 기예요? 니는 이디에 있이요?"

"나를 따라오세요, 안내해 드리겠어요."

그가 부드럽게 말했다. 나는 어리둥절해하며 그를 따라갔다. 우리는 시원한 숲속으로 걸어 들어가서 작은 폭포가 시원하게 떨어지는 그늘진 호수가로 갔다. 그 옆에 긴 갈색 머리와 수염을 가진 남자가 긴 옷과 샌들을 신고 홀로 앉아 있었다. 그 사람은 내가 아는 어떤 사람을 강하게 연상시켜주었다. 이상하게도 나는 전혀 두렵지 않았고 만족감을 느꼈다. 그 사람은 깊은 연못을 응시하고 있었으나, 우리가 다가가자 슬프고도 아름다운 갈색 눈으로 나를 바라보았다. 그가 미소 짓자 평범하던 얼굴이 아름답게 빛났다.

"네가 왔구나. 내 곁에 앉아라."

나는 경이로움에 압도되어서 아무 말 없이 그의 발 앞에 무릎을 꿇었다.

"얘야, 아직 네 때가 안 되었다."

나는 작은 연못을 바라보았다. 갑작스러운 현실감이 나를 무겁게 짓눌렀지만, 나는 행복과 평화를 느꼈다. 나는 천국에 있었던 것이다.

'돌아가요? 왜요? 여기 있게 해주세요'라고 하자 '안 된다'고 그는 부드럽게 말했다. '너는 지상에서 12달 동안 더 있어야 해'라고 했고, 나는 '제발'이라고 알 수 없는 감정에 복받쳐 떨며 말했다.

"아들을 한 번만 만나게 해주세요."

"너는 실수로 여기 왔다. 너는 돌아가야만 한다."

나는 빌고 있었다.

"제발 가기 전에 그를 볼 수 있게 해주세요."

교회 오르간 소리가 내 귀에 울렸다. 그것은 꿈의 세계에서 울려 퍼졌다. 목사님은 설교를 시작했다.

"우리는 마지막 경의를 표하고자 여기에 왔습니다."

내 아들아.

*

딸을 잃은 또 다른 어머니가 꿈속에서 딸을 찾아간 이야기를 썼다.

*

꿈

나는 어떤 방을 지나 걸어가고 있었습니다. 방문이 활짝 열려 있어서 안을 힐끗 보았습니다. 3명의 소녀들이 둥그렇게 손을 잡고 춤추고 있었습니다. 한 소녀가 나의 딸 캐티와 비슷하게 생겼다고 생각했습니다. 보면 볼수록 그 아이가 캐티 같았습니다.

"맞아, 맞아. 우리 캐티다."

나는 말할 수 없을 만큼 기뻐서 자꾸자꾸 말했습니다. 다른 아이들은 내 딸 옆에서 사라진 것 같았습니다. 내 눈은 딸만 보고 있었습니다. 그런데 무슨 일이 있었는지 설명할 수는 없지만 그녀의 눈은 완전하고 완벽히 평화롭고 고요하였습니다. 우리는 서로의 생각을 즉시 알 수 있었기 때문에 서로 말을 하거나 만질 필요가 없었습니다. 그러한 평화, 사랑, 행복을 전에는 느껴 본 적이 없었습니다. 그 눈은 몸 중에서 내가 유일하게 집중할 수 있는 부분인 것 같았습니다. 그는 모든 지식을 갖고 있었습니다. 이 '꿈'이 얼마나 오래 지속되었는지 모르겠습니다.

아침에 일어났을 때 내 방이 낯설게 느껴졌습니다. 내가 어디에 갔는지는 모르지만 자고 있는 동안 분명 방 안에 있지 않았다는 사실을 알 수 있었습니다. 이 모든 것이 꿈이었는지 아니면 정말 내가 캐티와 함께 있었는지 묻는다면, 내 마음속의 대답은 오직 '그렇다. 캐티와 함께 있었다'는 것입니다. 그것은 여태까지 내가 경험했던 어떤 것과도 달랐습니다. 딸이 다시 내 곁에 없다는 생각이 들자 마음이 고통스러웠습니다. 내 사랑하는 딸과 다시 그런 순간을 보낼 수 있기를 얼마나 바라는지 모릅니다.

내 꿈을 정확하게 묘사할 만한 말을 알았더라면 얼마나 좋을까요. 캐티와 나 사이에 흘렀던 이 평화와 사랑의 강도를 당신은 이해하리라고 생각합니다.

어린이가 되는 것은 삶의 기쁨을 아는 것,
어린 자녀를 갖는 것은 삶의 아름다움을 아는 것

이 글을 쓴 사람이 누군지 모르지만 그 말은 나에게 꼭 맞는 말입니다. 나는 내 딸의 삶과 비극적인 죽음을 통해 경험했던 모든 것에 대해 하나님께 매일 감사드립니다. 내 이야기를 들어주신데 대해 다시 한 번 감사합니다.

*

이 책의 목적은 근사체험과 되살아난 것에 대해 조사한 것을 자세히 설명하려는 것은 아니다. 단지 비슷한 경험을 함께 나눌 수 있도록 몇몇의 예를 덧붙이고 싶었을 따름이다. 세계 각지에서, 그들이 종교적인 사람이건 아니건, 믿는 사람이건 믿지 않는 사람이건, 어떤 문화적 배경을 갖고 있건 간에, 이러한 만남은 일어나고 있으며 이는 자라온 환경에 관계없는 인간의 공통적인 경험이라는 것을 말할 수 있을 뿐이다. 내 생각으로는 죽음 안에서 우리는 결국 모두 형제자매인 것 같다.

다음의 사건은 근사체험에 대한 연구자가 거의 없었을 때인 15년 전에 일어난 일이다. 당시 환자는 2살이었고 그때로서는 이러한 연구에 대해 전혀 모르고 있었다. 그애는 혼수상태에서 깨어났을 때 흥분해서 아빠, 엄마에게 자기가 마리아와 예수님과 함께 아름다운 곳에 있었다고 말했다. 마리아가 계속해서 돌아가라고 했지만 그는 마리아의 말을 듣지 않았다. (이는 2살짜리 아이에게는 있을 수 있는 일이다.) 마리아는 마침내 가만히 팔을 잡고 말했다.

"돌아가야 해. 가서 엄마를 불에서 구출해야 해."

이 꼬마가 '집으로 빨리 돌아가야겠다고' 결심한 것은 바로 이때였다고 엄마에게 말했다. 이 아이는 건강히 잘 살고 있고, 그러한 경험을 한 다른 사람과 마찬가지로 그는 죽는 것을 두려워하지 않는다.

치명적인 부상을 당하거나, 괴롭힘을 당하거나 성폭행 당한 여러 젊은 이들도 비슷한 경험을 했다. 그러나 그것은 어쩔 수 없는 곤경에서 오는 고통과 괴로움을 피하기 위해 '체외이탈' 경험만 한 것이었다고 분명히 말했다.

앞으로의 연구와 출판으로 점점 더 많은 사람들이 우리의 육체는 단지 고치일 뿐이며 사람의 겉껍데기일 뿐이라는 것을 '믿는' 게 아니라 '알게' 될 것이다. 우리 내부의 진짜 자신인 나비는 죽거나 파괴되지 않고, 우리가 죽음이라고 부르는 순간에 자유로워진다. 우리의 『두기 편지(Dougy Letters)』[4]는 죽어가는 어린 소년에게 죽음이란 무엇인가를 설명해 주려고

---

4 Dougy letter는 13세에 뇌종양으로 죽은 Dougy라는 어린이에게 저자가 쓴 편지이다. (역자 주)

시도한 편지로 나비와 고치의 상징 언어를 사용하고 있다.

에두의 훌륭한 삶과 죽음

5년 전 〈샌프란시스코 크로니클(San Francisco Chronicle)〉지에 어른보다 훨씬 뛰어난, 삶과 죽음에 대한 이해와 지식을 세상에 알린 놀랍도록 훌륭한 7살짜리 꼬마의 기사와 사진이 실렸다. (이렇게 유명한 신문에서 이미 문제로 가득 찬 이 세상에 공포와 부정적인 생각만을 퍼뜨리는 비극이나 쓰레기 기사가 아닌 좋은 소식을 다루기 시작하다니 희망적이다.) 그 기사 내용은 산타바바라에 사는 백혈병 말기였던 7살짜리 소년이 모든 의료장치를 멈추게 하고, 보기 드문 신비주의와 개인적인 용기를 가지고 죽음을 맞았다. 그의 엄마는 회상하였다.

"엄마, 산소장치를 꺼줘요. 더 이상 필요 없어요'라고 말했어요. 내가 산소장치를 끄자 그가 내 손을 잡았고 환한 미소가 그의 얼굴에 떠올랐어요. 그리고 '때가 되었어요'라고 말하고는 떠났어요."

그애는 백혈병과 싸우는 3년 동안 집에서 엄마의 돌봄을 받기도 했고, 병원에 있기도 했는데, 병원에서는 의사들이 생명을 살리기 위해서 170파인트의 피를 수혈하였다. 에두의 죽음과 어린이의 철학에 대한 자세한 이야기는 어머니에게 듣거나 그녀가 이 책에 쓰라고 준 녹음테이프를 통해 들은 것이다. 그 테이프는 죽음, 고통, 부활에 대한 그애의 생각을 담기 위해 평소 자원봉사자에게 녹음을 부탁한 것이다.

다음은 그 꼬마, 어리나 늙은 현자(賢者)의 삶과 죽음에 대한 이해 중 일부이다.

자원봉사자 삶과 죽음에 대해 어떻게 느끼는지 사람들과 함께 나누고 싶었던 것을 물어보고 녹음해 달라고 했지. 에두, 너는 3달쯤 전에 7살 생일까지 살고 싶다고 했어. 자, 어떻게 그런 결정을 내리게 되었지?

에두 하나님께 7살까지만 살고 싶다고 기도했기 때문이에요. 그날이 지난 다음 아니면 조금 더 있다가, 내가 죽고 싶으면 죽을 수 있을 거예요.

자원봉사자 왜 죽고 싶다고 생각했지?

에두 너무 아파서요. 죽으면 영혼은 천국에 있고 모든 아픔과 고통은 더 이상 없어요. 원한다면 아무런 아픔과 고통이 없는 건강한 삶으로 되돌아올 수도 있어요.

자원봉사자 너는 부활을 믿니?

에두 네, 믿어요.

자원봉사자 부활에 대한 네 느낌을 우리 모두에게 설명해 주겠니?

에두 네. 죽으면 나는 그냥 건강한 삶으로 돌아올 수 있어요. 삶으로 전혀 돌아오지 않을 수도 있고요. 아니면 아픈 삶이 어떤 건지 알려고 병든 삶으로 돌아올 수도 있어요.

자원봉사자 너의 다음 생이 어떨지 알겠니?

에두 건강한 소년, 아니면 지금처럼 아픈 소년이요.

자원봉사자 다시 돌아온다면 또 아픈 사람이 되고 싶니?

에두 아니요, 다시 돌아올 때는 정말 건강한 삶을 살고 싶어요.

자원봉사자 에두, 이번 삶에서 왜 네가 건강하지 않은 삶을 선택했는지 알겠니?

에두 아니요, 모르겠어요. 천국에서 삶을 선택할 때 세상에 건강한 삶으로 돌아오거나, 아픈 삶으로 돌아오거나, 아니면 오지 않을 수도 있어요. 그렇지만 무엇을 선택했는지는 기억하지 못해요. 건강한 삶을 선택했지만 그대로 되지 않았을 수도 있어요. 선생님은 건강한 삶인 것 같아요. 제 말을 아시겠어요?

자원봉사자 그런 것 같아, 에두. 몸이 그렇게 심하게 아픈 것은 어떤 느낌인지 우리에게 설명해 주겠니?

에두 네. 몸이 고통스러울 때는 마치 누군가가 번개나 뭐 그런 것처럼 아주 심하게 충격을 주는 것 같아요. 그리고 병에 걸리면 아주 오래 고통을 느낄 수도 있어요. 때로는 잠깐 동안만 고통을 느끼기도 하지만 몇 년 후에 다시 고통이 오기도 하지요. 같은 것이거나 아니면 처음 것과 다른 것이요.

자원봉사자 그것이 너를 두렵게 하니?

에두 아니요, 그렇지 않아요. 그건 충격 같은 거예요.

자원봉사자 에두, 천국이 어떻게 생겼는지 말해줄래? 본 적이 있거나 그쪽이 어떻게 생겼는지 기억나는 게 있어?

에두 아니요. 하지만 어떻게 생겼는지 정확하게 예를 들 수는 있어요. 그건 다른 길로 건너가는데, 벽을 그대로 통과해서 다른 우주나 그런 데로 가는 것과 같아요. 마치 뇌 속으로 걸어 들어가는 것 같아요. 구름 위에 사는 것 같은데 영혼은 거기에 있지만 몸은 가지 못하지요. 육체를 떠났어요. 그건 정말로 벽을 뚫고 우리의 마음속으로 걸어 들어가는 것과 같아요.

자원봉사자 그러면 그건 굉장히 쉬운 일이겠네. 그런데 사람들은 왜 그렇게 죽는 걸 무서워할까?

에두 어떤 때는 죽을 때 아프기 때문이에요. 너무나 아플까 봐 죽는 걸 그렇게 무서워해요. 사람들은 육체에 붙어 있으려고 하고 영혼이 되어 떠나려고 하지 않아요.

자원봉사자 죽음을 무서워하는 사람들을 위해 경험을 말해 줄래?

에두 글쎄요. 죽음을 무서워하지 않고 그냥 죽는 사람도 있지요.

자원봉사자 죽음을 끔찍이도 무서워하고 아무리 고통스럽더라도 살기 위해서라면 무엇이든 하려는 사람들에게 해줄 말은?

에두 글쎄요. 너무 육체에 집착하지 않고 자신을 놓아 보내면 그리 고통스럽지 않을 거예요.

자원봉사자 집착하지 않고 그냥 놓아 보낸다고?

에두 네, 그래요.

자원봉사자 엄마와 이별하는데 대한 느낌을 말해 줘.

에두 엄마를 떠나는 것은 슬퍼요. 하지만 엄마가 죽으면 함께 있을 수 있어요. 그리고 원한다면 영혼으로 돌아와서 사랑하는 사람들을 만날 수도 있어요.

자원봉사자 네가 죽으면 우리를 만나러 영혼으로 돌아올 거야?

에두 네, 그럴 거예요.

자원봉사자　많은 영혼들은 어째서 사람들이 무서워하는 밤중에 돌아
다닌다고 생각하니?

에두　　　아마 그들이 낮뿐 아니라 밤에도 함께 있고 싶어서이겠
지요.

자원봉사자　밤에는 더 무섭게 보일 것 같은데.

에두　　　겁내지 않으면 무섭지 않아요. 한 번은 한밤중에 무엇이
집을 지나가는 소리를 들었어요. 할아버지의 영혼이지요. 엄마도 들었
을 거예요.

자원봉사자　너는 그곳에서 할아버지를 만나고 싶어?

에두　　　네.

자원봉사자　할아버지가 널 기다리고 계실까?

에두　　　네.

자원봉사자　너를 무척 사랑하는 엄마를 떠나 너를 사랑하는 할아버
지에게 가는 것은 좋은 느낌이야. 안 그래?

*

에두는 계속해서 천국에 있을 때와 육체 안에 있을 때의 의미에 대한
생각을 이야기했다.

*

자원봉사자　전에 너는 천당이 고대 이집트나 고대 로마와 비슷하다고
말했지. 아직도 그렇게 생각해?

에두　네. 하지만 나는 전생에 여러 삶을 살았을 거라 생각해요. 지금
지상에 살아 있는 다른 사람들도 여러 삶을 살았을 거예요. 고대 이집

트 시대같이 아주 먼 옛날부터요.

자원봉사자 죽고 난 뒤에 땅에 묻힐지, 화장을 하게 할지 결정했어?

에두 글쎄요. 내가 죽으면 꽃밭에 묻히고 싶어요.

자원봉사자 어째서이지?

에두 그냥 꽃밭에 묻히고 싶으니까요. 그래요. 내 위에 작은 꽃밭이 있었으면 좋겠어요.

*

이 인터뷰를 한 후 6개월이 지나 에두가 땅에 묻혔을 때 장례식에 온 사람들은 그의 모국인 브라질의 풍습에 따라서 장미를 한 줌씩 뿌렸다.

*

자원봉사자 네 삶에 대해서 사람들에게 남기고 싶은 말이 있니? 사람들은 이렇게 말할 거야. '오, 너무나 슬프구나. 겨우 7년 밖에 못 살다니!' 사람들이 네가 겨우 7년 밖에 못 살았고 그게 전부이고 끝이라서 슬퍼할까? 그것에 대해 어떻게 생각해?

에두 엄마는 그래서 울 거예요.

자원봉사자 7년이 네 삶의 전부라고 생각하는 사람들에게 무슨 말을 해줄래? 그들은 너에게 단 한 번의 삶 밖에 없다고 생각하고 그게 끝이라고 생각해.

에두 그들이 틀렸어요. 나는 다시 돌아올 거니까요.

자원봉사자 네가 돌아올 때는 사람으로 올 거니? 아니면 동물이나 바위, 꽃 아니면 무엇으로 올 거니?

에두 사람이요.

294

자원봉사자   다시 남자로 태어날래? 아니면 여자아이로 태어날래?

에두   아마 남자일 거예요.

자원봉사자   네 친구들을 다시 만날 수 있는 이곳으로 돌아올 거니?
아니면 멀리 다른 나라로 갈 거니?

에두   내가 있던 곳에 태어나고 싶어요.

자원봉사자   브라질에?

에두   네.

자원봉사자   브라질을 그렇게 좋아하는 이유가 있니?

에두   있어요. 거기에는 내 사촌들도 있고, 할머니 한 분과 아주
머니들이 있으니까요.

자원봉사자   그분들을 만난 지 꽤 오래 되었지, 안 그래?

에두   네, 나는 거기서 태어났고 2살 때 이곳으로 왔어요.

자원봉사자   에두, 넌 몇 살 때 아프기 시작했지?

에두   3살 때부터요.

자원봉사자   거의 평생 동안이구나. 그렇지?

에두   네.

자원봉사자   엄마에게 굉장히 짜증을 낼 때, 엄마에게 화가 난 거니?
아니면 욕구불만을 엄마에게 푸는 거니?

에두   욕구불만을 푸는 거예요.

자원봉사자   이런 것에 대해서 너의 느낌을 말해줄래? 많은 사람들이
너처럼 굉장히 아픈 사람에게 어떻게 대해야 할지를 모르거든. 누가
소리를 지르면 그들은 무척 기분이 나쁘단다.

에두   나도 그렇게 느껴요.

자원봉사자 네가 소리 지를 때 너도 기분이 나빠?

에두   아니요. 다른 사람이 나에게 소리지르면요.

자원봉사자 너도 알면서 아플 때 엄마에게 소리를 지르는구나.

에두   어떤 때는 너무 아프기 때문이에요. 골수나 척수를 빼는
데 엄마가 침대 곁에 없으니까 여기로 오라고 소리를 지르는 거예요.

자원봉사자 네가 아플 때는 엄마가 곁에 있었으면 좋겠니?

에두   네.

자원봉사자 의사들에 대해서는 어떻게 느끼는지 말해 줄래? 꽤 잘 치
료해주고 있다고 생각하니?

에두   의사들은 내 병을 치료할 약이나 그런 걸 찾으려고 하지
만, 그러지 못해요.

자원봉사자 네가 생일이 지나면 죽고 싶다고 했는데도 의사가 계속
살리려고 한다면 어떻겠니?

에두   내가 하나님께 기도했기 때문에 그렇게 할 수도 없고, 못
죽게 할 수도 없어요.

자원봉사자 네가 몸을 떠나기로 결정하면 의사들은 그걸 막을 수 없
다고?

에두   네, 그럴 거예요.

자원봉사자 의사가 육체를 떠나지 못하게 막으려 한다면 넌 화가 날
까?

에두   네. 그럴 거예요.

자원봉사자 어떤 사람이 죽기로 결정하면 의사는 그저 '좋아요. 그럼 죽으세요. 나는 이해해요'라고 해야 한다고 생각해?

에두   네. 나는 그렇게 생각해요.

자원봉사자 어떤 의사들은 왜 환자가 죽는 꼴을 못 보는 거지?

에두   글쎄요. 어떤 때는 환자가 낫기를 간절히 원해서 못 죽게 하겠지요. 의사들은 병을 치료하거나 시도해 보기를 원해요.

자원봉사자 에두야, 만약 생일 이후에 죽기로 결정했는데 의사가 골수를 또 뽑거나 수혈을 더 하려 하면 어떻게 할 거니?

에두   8월쯤이면, 아마 그때쯤이면 나는 죽을 거예요.

자원봉사자 넌 진짜 죽음을 기다리는 것 같구나.

에두   네.

자원봉사자 어째서 살기보다 죽기로 결심했지?

에두   상태가 나쁘고 계속 살아가기에는 너무 아파요. 내 병은 불규칙하고, 어떤 때는 일어나서 뛰어다니지만 점점 더 약해지고, 너무 아파서 수혈 받아야 해요.

자원봉사자 백혈병에 걸린데 대해서 어떻게 느끼지?

에두   썩 좋진 않아요.

자원봉사자 영화에서 백혈병에 걸린 사람들을 보면 어떤 기분이 들지? 그들에게 관심이 많이 가니?

에두   네. 하지만 TV에 백혈병에 걸린 사람이 많이 나오지는 않아요.

*

에두의 어머니에게서 온 편지를 보면, 이 어린 7살짜리 꼬마가 그 짧은 생애에 얼마나 많은 것을 이루었는지 알 수 있다. 그 편지에서 어머니의 사랑과 자부심이 느껴진다. 어머니는 어머니 방식대로 에두가 했던 일을 계속 하고 있다.

*

엘리자베스 선생님, 지난 12월 뉴스레터에서 선생님이 버지니아주의 '아동호스피스'에 대해 쓰신 글을 읽었습니다. 그런데 우리 집에서 가까운 캘리포니아주의 산타 바바라에 또 하나가 생겼음을 알려드립니다. 그것은 1978년, 제 아들이 죽은 해에 설립되었는데 시작하는 데는 제 아들의 역할이 컸습니다.

1977년에 저는 아들에게 살아날 가망성이 희박하고 곧 죽게 될지도 모른다고 말해 주었습니다. 그는 자기도 그런 줄 알고 있었다면서 잠을 좀 자도 되겠냐고 했습니다. 그 아이는 말을 안 함으로써 엄마를 보호하려는 것 같았습니다. 그건 제게 무척 힘든 일이었어요. 그래서 가까운 친구들에게 아들과 얘기해 보라고 부탁했지만 모두 거절했어요. 차마 그럴 용기가 없다는 거죠. 마침내 이야기를 나누겠다는 학교 자모회 회장을 찾았어요. 그분이 병원으로 찾아와 조용히 상태가 어떤지 알아보았어요. 한 시간 정도 얘기를 나누면서 아이에게 호스피스에 대해 얘기했답니다. 저는 호스피스에 대해서 그때 처음 들어봤어요. 그녀는 막 호스피스 강좌를 시작하려고 준비 중이었습니다.

그녀가 돌아간 후 아들은 호스피스에 큰 흥미를 나타냈습니다. 그는 바로 침대에서 내려와 휠체어에 앉혀 달라고 해서 다른 병실을 돌아다니며 죽어가는 사람들을 도와주겠다고 나섰습니다.

"내가 죽음을 두려워하지 않는다면 다른 사람을 도와줄 수 있을 거야. 저 사람들은 살 만큼 사신 분들이잖아요. 내가 전에 할아버지 돌아가실 때 도와드린 것처럼, 죽음이 절대 두려운 것이 아니라는 것을 알려줄 거야."

저는 그애를 말려야 했습니다. 허가를 받지 않고 남의 병실에 들어가는 것은 안 되고 또 병원에는 아이들이 지켜야 할 규칙이 있다는 것을 설명해 주었습니다. 그애는 그러면 허가를 얻어 달라고 말했습니다. 제가 혹시 남을 성가시게 하는 일을 시작한 것은 아닌지 모르겠습니다.

의사들은 그러한 의견에 대해서 격노했고 또 제가 아들에게 죽을 거라고 이야기한 데 대해서도 언짢아했습니다. 그들은 어린이들은 아직 죽음을 이해하지 못한다고 했습니다. 또 그 말을 해주는 것이 옳지 않다고 했습니다. 어린이들은 나이와 상관없이 임종과 죽음에 대해서 이해할 수 없다고 했습니다. 그 당시에 호스피스는 죽어가는 아이들의 문제에 무관심했습니다. 말할 것도 없이 아들은 이 모든 것에 대해 슬퍼했고, 아무도 그애와 이런 이야기를 직접 나누려 하지 않았습니다. 그애는 죽어가는 아이들이 죽음에 대해서 더 잘 설명할 수 있다고 느꼈으며, 호스피스 일에 적극 참여해야 한다고 주장했지요. '아무튼 난 하나님께로부터 방금 왔어요. 나는 천국을 기억해요. 거기서는 하나님과 항상 이야기를 했어요'라고 말하곤 했습니다. 그애는 6살짜리 꼬마도 죽음에 대해 안다는 믿음을 사람들에게 주기 시작했고, 들으려는 사람들에게 공개적으로 죽음에 대해 이야기했습니다.

호스피스에서 어린이만의 특별한 요구를 고려하게 되었고, 우리는 이야기하기 시작했습니다. 저는 어린이와 가족들에게 호스피스 같은 기관이 필요하다고 설명했습니다. 불치병은 홀로 감당하기가 너무 힘들고 가정은 파탄에 이릅니다. 질문과 고민을 이해하는 의지할 사람 하나 없이 몇 달, 몇 년이 흐릅니다. 아들은 부모와 의사들이 죽음에 대해서 말할 수 없거나 말하기를 꺼리기 때문에 많은 아이들이 외롭게 죽어가는 것이고, 그래서 아이들은 침묵을 지키는 거라고 말했습니다. 그애는 어린이도 성인들처럼 죽음에 관해서 결정할 권리가 있다고 말했습니다. 그애는 유언을 남겼고 자신의 장례식에 대한 소망도 말했습니다.

이제 산타 바바라에는 아동 불치병 환자와 가족들을 돌보는 훌륭한 프로그램이 운영되고 있습니다. 에두의 죽음은 그애가 원하던 것의 일부를 실현시켰습니다. 즉, 죽어가는 다른 어린이를 도와주는 일이죠.

_사랑과 함께, B.M.C. 드림

*

에두의 어머니는 또 다른 편지에서, 아들과 많은 대화를 나누었지만 그가 전달하고자 하는 메시지, 즉, 삶의 소중함과 무조건적인 사랑의 중요성을 이해하는 데는 꽤 많은 시간이 걸렸다고 했다. 이러한 진리를 널리 알리게 해준 에두와 어머니에게 진심으로 감사를 드린다.

*

이제야 에두가 이야기 한 것을 이해합니다. 그애는 자기 말에 귀를 기울이는 사람들이라면 누구에게든지 죽음의 문제를 이야기하곤 했습니다. 사람들은 듣고 나서 미소를 지었지요.

어린이를 치료하는 것은 처음이라며 겁내던 젊은 작업치료사가 있었습니다. 나중에 그들은 좋은 친구가 되었지요. 아들이 죽은 후 그녀와 얘기를 나누었는데, 그애가 얼마나 내 행복에 관심을 가졌고, 내가 충분히 휴식을 취하는지에 마음을 썼는지 얘기해 주었습니다. 일에 매달리는 편이 비탄의 과정을 견뎌내기 쉬우니, 자기가 죽으면 엄마가 직장으로 돌아가기를 바랐다고 했습니다. 또한 그녀는 내 아들 덕분에 죽음을 직면하고 이해할 수 있었고, 호스피스 환자 돌보는 일을 하게 되었다고 말했습니다.

저와 제 아들은 이 세상에 오직 단 둘뿐이었습니다. 그애가 좋아하는 노래 중에 'You and Me Against the World(세상을 등진 그대와 나)'가 있었어요. 사실 그런 심정이었어요. 말할 대상도 의지할 대상도 없었거든요. 때로 나는 미친 듯이 소리지르고 울며 베개나 외투 속에 머리를 파묻고 울부짖었지요. 그러고 나서 다시 정신을 가다듬고 나의 가엾은 아들을 위한 투쟁을 계속했던 것입니다.

저는 병원에서 골칫덩어리였고 의사들은 슬슬 내 눈치를 보며 피했지요. 제 자신이 경우에 어긋난 사람이라고는 생각지 않지만 그들이 가끔 저지르는 어리석은 행동을 보면 아들을 보호하기 위해서 덤벼들었지요. 물론 의사들이 다 나쁘다는 것은 아닙니다. 대부분이 좋은 분들이었고 몇몇은 훌륭했습니다. 그러나 그것이 죽느냐 사느냐의 문제이다 보니 작은 실수도 용납할 수 없었어요. 그것은 전쟁이었어요. 가장 마음이 상했던 것은 '당신은 엄마에 지나지 않고 아무것도 모르니까 잠자코 있으면 좋겠다'고 하는 병원 측 태도였지요. 난 모든 치료과정을 알기 원했고 그 목적이 무엇인지를 알려고 했으며 대답을 못 얻을 때는 의학도서실에서 공부를 했습니다.

　나는 또 우리 아들에게 왜 그러한 치료방법을 쓰는지 설명하라고 요구했습니다. 나는 아들에게 거짓말을 하지 않기 위해 노력했습니다. 그러나 절대로 그로부터 희망을 앗아가는 말은 하지 않았습니다. 많은 의사들이 내가 한 일을 못마땅하게 생각했고. 내가 척추, 골수검사 등을 하는데 입회하려는 것을 좋아하지 않았습니다. 부모는 자기 자녀와 함께 있을 권리가 있으며 자녀 또한 부모와 함께 있을 권리가 있다고 생각합니다. 엄마로서 문 밖에서 아이가 울부짖는 것을 듣기보다 안에서 아이와 함께 있는 편이 훨씬 나았습니다.

　그애는 나빠졌다 좋아졌다를 반복하면서 3년 반 동안을 끌었습니다. 나중에 척추가 망가지기 시작했고 큰 뼈들도 상하기 시작했습니다. 그애는 뒤집고, 앉고, 기고, 걷는 연습을 세 번이나 되풀이해야 했습니다. 아이는 고통을 못이겨 소리지르는 일은 있어도 절대로 불평을 하지는 않았습니다. 그런데도 할 수 있는 거라고는 타이레놀과 코데인을 진통제로 주는 것이어서 이 상황은 모두를 힘들게 했습니다. 우리는 최면에 의지하기 시작했고, 돌아가신 아버지가 처방해 쓰셨던 진통제를 아들이 원할 때마다 당뇨용 주사기로 놓아주곤 했습니다. 또 숨쉬는 것을 돕기 위해서 친구들의 도움으로 산소호흡기를 서둘러 만들었습니다. 그는 죽을 때 미소를 띠고 작별 인사를 할 수 있도록 의식이 있는 상태로 죽기를 원했습니다.

아이들은 부모와 함께 영혼이 성장하도록 부모를 선택한다고 저는 믿습니다. 내 아들의 어머니로 선택되어 그와 삶의 여정을 함께할 수 있었던 것은 내게는 축복이었습니다. 그는 너무나 많은 멋진 것을 가르쳐주었습니다. 무엇보다 큰 것은 삶의 소중함과 무조건적인 사랑의 기쁨을 가르쳐준 것입니다.

_사랑을 담아, B.M.C. 올림

*

퀴블러 로스의 죽음 해석

　각당복지재단 '삶과죽음을생각하는회'는 1991년 김옥라 명예이사장(당시 이사장)이 남편을 갑자기 사별한 후 뜻을 함께하는 분들의 모임으로 창립되었다. 김옥라 명예이사장은 죽음을 배우기 위해 관련 서적들을 탐독하며 스스로 공부하였다. 특히 알폰스 디켄 박사와 엘리자베스 퀴블러 로스의 책을 통해 삶과죽음을생각하는회 죽음교육의 바탕을 삼았다. 지금은 퀴블러 로스의 책이 다수 번역되어 출간되었지만 그 당시는 원서를 읽으며 교육에 적용하였다.

　각당복지재단에서 상임이사의 책무를 맡은 지 벌써 4년의 시간이 흘렀다. 재단 일을 본격적으로 하면서, 우리 사회에 죽음에 대한 관심과 인식이 크게 확산되고 있음을 직접 확인할 수 있었다.

　그러나 어린이의 죽음에 대한 연구와 저술은 아직 거의 이루어지지 않고 있다는 것을 알고, 1983년에 미국에서 출판되었으나 아직 한국어 번역판이 정식으로 발간되지 않은 『어린이와 죽음』을 내어놓게 되었다. 비교적 초기 저술로 그녀가 미국 전역을 다니면서 주최한 '죽음과 슬픔 세미나'의 단편들, 참석자들이 보내온 편지와 그에 대한 답장을 담고 있다.

이를 통해 그녀가 얼마나 열정적으로 죽음과 사별 연구를 위해서 애썼는
지 알 수 있다.

저자가 가장 좋아하는 말은 '깊은 계곡에 폭풍우가 몰아치지 못하게 하
였다면, 그 아름다운 절경은 볼 수 없었으리'라는 구절이다. 이 책을 통하
여 느낄 수 있는 것은 아픔을 피하기보다 직시하고 깊이 수용할 때 아픔
은 병이 되지 않고 오히려 성숙의 기회가 된다는 사실이다. 죽음을 두려
워하는 것은 어른들이지 어린이들이 아니다. 올바른 사랑의 관계에서 이
루어지는 죽음의 과정은 두렵거나 비참하지 않고, 오히려 그 과정을 통
해 부모와 자녀 사이에 깊은 사랑의 교환이 이루어지며, 이는 영적 성장
으로 이어진다.

나이가 어리다는 이유로 죽음에 대해 모를 것이라고 단정하는 것은 잘
못된 생각이다. 죽음에 대하여 어린이는 어른과는 다른 방법으로 생각하
고 받아들인다. 어떤 의미에서 어린이는 죽음에 대해 어른보다 잘 알고
있다. 어린이에게는 어른이 알지 못하는 지혜가 있는 것이다. 말로 표현
하지 못하는 어린이들의 예지는 시와 그림으로 나타나기도 한다. 어린이
들은 순수해서 맑은 마음으로 죽음을 대하기 때문이다.

자녀를 잃는다는 것은 상실 중에서도 가장 고통스러운 경험일 것이다.

오랜 병고 끝에, 또는 예기치 않은 순간에 갑작스런 사고로, 심지어 타살이나 원인 모를 실종, 자살로 인해 사랑하는 자녀를 잃은 부모의 마음은 이루 헤아릴 수 없을 것이다. 그 아픈 경험을 잊지 못하고 평생 슬픔과 고통 속에 살아갈지도 모른다. 이 책에 나오는 모든 부모들도 마찬가지였다.

하지만 그들은 퀴블러 로스의 애정과 따뜻한 격려에 힘을 얻었다. 더군다나 그들이 보내 온 편지는 자녀의 죽음 이후에 알게 된 신비로운 체험과 오히려 부모를 위로하고자 남긴 사랑의 메시지를 담고 있다. 마치 모든 사람은 죽을 수밖에 없는 존재이며, 죽음을 통해 삶을 완성하고, 삶에 있어 사랑의 가치가 얼마나 소중한지를 이미 알고 있기라도 한 것처럼 죽어간 아이들의 영적 혜안은 신비롭다.

죽음은 벽이 아니라 문이다. 새로운 세계로 나아가는 큰 변화이다. 퀴블러 로스는 수많은 임종과 근사체험, 체외이탈 경험을 지켜보면서, 죽음이란 나비가 고치에서 나오듯이 영혼이 없어지는 것이 아니며, 육체를 벗어나 다른 차원의 세계로 가는 것임을 '믿는' 것이 아니라 '알게' 되었다. 그렇기 때문에 죽음을 두려워하거나 슬퍼할 필요가 없고, 사는 동안 사랑을 배우고 베푸는 삶을 살아야 한다고 강조한다.

우리 모두는 언젠가 반드시 죽는다. 죽음은 삶의 끝이 아니다. 고치를 벗고 새로운 영혼의 세계에서 다시 만날 것이라는 소망은 남은 자들에게 큰 위로가 된다.

나의 어머니가 1년 전에 돌아가셨다. 1주기를 앞두고 남겨놓으신 삶의 자취들을 정리하다 보니 어머니는 내게 사랑의 가치를 선물해 주셨다는 것을 깊이 느끼고 있다. 슬픔에 간혹 홀로 눈물 흘릴 때도 있지만, 다시 만나게 될 어머니를 생각한다.

내게 삶이 주어졌다는 것은 퀴블러 로스의 말대로 사랑을 배우고 실천하며 사는 열정적인 삶을 위한 것이라 믿는다. 그리고 그 사랑이 아들 영환이와 딸 선영에게도 이어지길 바란다.

죽음에 대해서 깊이 생각하고 연구하는 분들에게 이 책은 좋은 배움을 선사해 준다. 또한 자녀를 잃고 슬픔 가운데 있는 분들에게는 깊은 위로를 전해 줄 것이라 믿는다. 끝으로, 이 책의 번역을 권면하신 김옥라 명예이사장님과 책을 함께 읽으며 손보아주셨던 어머니, 출판에 도움을 주신 삶과죽음을생각하는회 윤득형 회장님, 그리고 도서출판 샘솟는기쁨 강영란 대표님께 진심으로 감사드린다.

옮긴이 오혜련

307

어린이와 죽음

초판 1쇄 인쇄 | 2019년 03월 25일
초판 1쇄 발행 | 2019년 04월 08일

지은이 | 엘리자베스 퀴블러 로스
옮긴이 | 오혜련
펴낸이 | 강영란

편집 | 이홍림, 권지연
디자인 | 트리니티
마케팅 및 경영지원 | 이진호

펴낸곳 | 도서출판 샘솟는기쁨
주소 | 서울시 충무로 3가 59-9 예림빌딩 402호
전화 | 대표 (02)517-2045
팩스 | (02)517-5125(주문)

이메일 | atfeel@hanmail.net
홈페이지 | www.vivi2.net
출판등록 | 2006년 7월 8일

ISBN 979-11-89303-15-0(03190)

이 도서의 국립중앙도서관 출판예정도서목록(CIP)은
서지정보유통지원시스템 홈페이지(http://seoji.nl.go.kr)와
국가자료종합목록시스템(http://www.nl.go.kr/kolisnet)에서
이용하실 수 있습니다. (CIP제어번호 : CIP2019010815)

※책값은 뒤표지에 있습니다.
※잘못 만들어진 책은 바꿔 드립니다.